姜小波 / 著
余丹阳 / 译

渔业时代

以激活渔村为目标的地区挑战

復旦大學出版社

前　言

　　地区建设是一个历久弥新的课题，也是一个极具难度的课题。由于后继无人且老龄化日益加剧，日本渔业的中坚力量面临持续减少的情况。因此，渔村地区的建设变得难上加难。尽管如此，很多渔村地区还在为了重振不断努力。本书瞄准激活渔村地区经济的靶心，力图描绘出挑战着这一古老难题的渔村地区的真实面貌。谨以此书作为一曲声援歌，献给一直以来坚持不懈、努力向前的渔村地区。

　　本书重新对海洋资源、渔村文化和传统等地区资源进行了价值创造并拓展，将各个地区的各种对策、因之活跃的地区"生计"，以及地域经济的面貌理解为海洋产业（简称为"海业"）。本书旨在对这一孕育于渔村地区、既非渔业也非水产业的地区产业的情形进行分析。这也是对至今支持着渔村地域经济，一直以来被称为"渔业""水产业"的古典而传统的渔村地区的生计，给予新的产业扩展的一种尝试。为了支持渔村

海业时代
——以激活渔村为目标的地区挑战

地域经济，传统渔业和水产业几乎达到极限，因此，我们提出创建另一产业支柱——海业，试图达到解决地区问题的目标。

不过，笔者并非十分拘泥于所谓的"海业"这一词语。振兴渔村地域经济的方略多种多样。由于渔业从业人员的参与方式和当地的产业内容可能迥然不同，进而相应的对策也可能大相径庭。因此，根据地区的实际情况安排各种对策，可以说是理所当然的选择。进一步地，这些对策也有可能被定位成渔民的传统兼业形态之一。以传统的产业分类来看，这并非没有意义。

尽管如此，凭借"海业"这一综合概念，就有可能将现在渔村地区蓬勃兴起的形形色色的新"生计"置于正面，以整体地理解。正因为此，本书将"海业"设为关键词，并以之为题。我认为能够借此找出今后渔村地域经济发展的一个新方向。

例如，如果说到与所谓"兼业"有关的概念，虽然一直以来的确有一部分休闲渔业作为渔业从业人员的兼业形态而用来赚取外快，但是，既然将其定位为"兼业"，就无法看出其作为一个独立产业的可发展性。可是，核心的休闲渔业经营主体，基本上是从被叫作渔业的兼业出发，正朝着专业道路摸索前进的。

所以，如果不把这种变化趋势当作传统渔业的兼业，而是当作"海业"来重新审视，更有可能透彻地认识到其积极性并展望其未来，从而也会更容易提出政策性论点。

2009 年 5 月，由日本水产厅设置的"渔村激活模式研讨委员会"（渔村活性化取り組み検討委员会）汇总的《关于渔村激活的模式（中期汇总）》中，"海业的振兴"被明确提出来。为落实这一提案，《2010年度水产预算概算要求》中也给为振兴海业而采取的措施编制了预算。但遗憾的是，这个预算因民主党上台被大幅重编，"海业"关联的政策措施被收缩为所谓的"渔业的6次产业化"政策规划。

渔业的6次产业化是一个重要的方向。但是，由议员立法确立的《6次产业化法》制定的6次产业化政策框架，却将为实现农业和渔业中产品价值创造的措施放在政策的中心位置。

因此，特别是在这个法律框架下，明确支持围绕以下核心的价值创造型策略，似乎颇为困难。这个核心是：将早已包含加工和流通的"水产业"作为其外延概念的渔业，支持着渔业的渔村地区中丰富存在的海洋性娱乐资源或海洋休闲性地域资源，以及对应蓝色旅游、生态旅游的地域文化和自然资源等。因此，"海业"作为关键词，比"兼业"更具积极意义。与流行的"渔业的6次产业化"相比，期待它更能反映出内涵扩展以便更能适应所谓的渔村激活这一现实课题的综合性地区产业的面貌。

如前所述，本书着眼于支持着渔村地域经济的，可以说是作为"第三支柱"的海业。同时，本书的根本目的是通过研究海业如何振兴并以此激活渔村地域经济。在这个意义上，振兴海业似乎是以渔村地区产业的创生为目标，但更本质地说，它是要通过这个创生以达成地域社会再生的目标。

渔村地域社会的再生，不但对当地民众以及广大普通消费者实现"丰足"具有巨大贡献，而且它也必须如此。以海洋休闲需求为代表，虽然沿海地区的开发利用随着经济发展变得多样化、高度化，但与此同时，围绕海洋利用的调整成为课题，如何管理沿海区域的疑问也被提出。海业也是旨在解决涵盖众多课题的沿海区域管理问题的一个构想。不过，在经济全球化和食品产业成长的背景下，"食"（餐桌）和"农"（农业、渔业生产场所）之间的经济距离似乎逐渐变大了。一方面，在"安全、放心问题""面对面关系""食物里程"等慢慢被视为问题的今天，人们都在询问：应该怎样重新构筑食品体系？另一面，人们也期待着海业的振兴能在渔业、渔村这些经济活动发生的现场，为形成围绕水产品的全新食品体系做出卓越贡献。海业正是响应这类课题而出现的。

没有渔村地区，作为生计的渔业就无法再生。当下，渔村地区逐渐不再由渔业支撑，海业这一新产业的创建也就变得越发重要。很难想象一个渔村衰落而渔业繁荣，或者渔业衰落而渔村繁荣的世界。我也不认为那是现代社会最理想的状况。渔业和渔村有着难以割舍的关系。我只是希望并祝愿海业能成为支持渔村的新产业支柱。

因此，在回应沿海区域管理和食品体系再构筑这类国民需求的同时，本书将探索下列契机：如何让附带许多课题的渔村地区再生？如何让地域经济的持续性得以落实？如何保持地域经济的多样性？为了达成这个目的，本书共设有十一章。

第一章《渔业、渔村的现代百态》描绘了日本渔村所存在的问题百态；第二章《从渔业到海业》在对渔村地域经济的动向和特征予以把握的同时，还对本书所举的九个案例进行了定位。

从第三章到第九章，是对这九个案例的实证分析。基于

"事实胜于雄辩"的观点,第三章到第九章的案例分析中,尽量对详细介绍实际情况加以注意。虽然不乏烦冗之嫌,但之所以如此,是因为通过这种方式,即便不能使读者全面了解这些情况,我也想要勾勒出当今渔村中所见的又一"生计"的胎动。尽管说是烦冗,但寄托于各个案例中的笔者之思却各不相同。

第三章《海业的产生与发展——以福井县常神半岛的渔家民宿经营为例》。主要讨论了海业到底是怎样作为地区产业产生并开展的?在其中可以看到具有怎样特点的对策?换言之,本章承担着使读者了解海业整体面貌的任务。本章还记述了笔者致力于海业研究的原委。笔者在1995年作为学生实习的负责教员初次访问了常神半岛,这次经历成为了一个契机。常神半岛也可以说是笔者海业研究的起点。

第四章《休闲渔业的开展和渔协的新任务——以神奈川县平塚市渔协为例》。由于海业的开展,以渔协为中心的渔业从业人员组织,逐渐成为沿海区域管理的主体,并获得相应的新任务。本章对此进行了分析。从本章的案例中可以看出,海业也是规范沿海区域多方面利用的沿海区域管理的一个有效框架。

以上述总论式的案例分析为根据,从第五章到第九章,本书着眼于共同推进海业的各类事业的结构和特质。具体而言,第五章《地区资源的价值创造和中间支援组织——以岩手县田野畑村"体验村•田野畑"为例》分析了对推进事业起到重要作用的"中间支援组织";第六章《海业、旅游业的联合协作与区域内利益循环系统的形成——以爱知县南知多町日间贺岛为例》阐明了,"区域内利益循环系统"的形成起到作为维系各经济主体的纽带及它们之间的润滑油的作用;第七章《地区资源的管理和海业的成立——以冲绳县恩纳村渔协为例》分析了"区域资源管理"对于振兴海业的重要性;然后,第八章《适应海洋休闲需求的渔村社区商业——以静冈县伊东渔协和德岛县中林渔协为例》及第九章《适应鱼类食品需求的渔村社区商业和地区市场的创建——以保田渔协餐厅"番屋"及江口渔协"蓬莱馆"为例》,从"社区商业"视角出发来理解并分析适应海洋休闲及水产食品这两个需求而开展的海业措施,并以此进一步关注地域市场的创建这一特征。

先说结论,从这些案例的检验中显露出来的渔村地域经济激活事业的结构特征,可以分为两类。如果中坚力量是个别经济主体,可以提取出三个特征:"区域内利益循环体系""地域资源管理"以及"中间支援组织";如果中坚力量是渔协等全地区组织,可以提取出两个特征:"社区商业"以及"地域市场的创建"。

渔村区域激活对策的案例还有许多,如岛根县海士町那样的行政主导型构建和冲绳县石垣岛"海业旅游"之类取决于富有企业家精神的渔业从业人员个人的对策,作为有特色的事业推进方案,也都非常值得评价。但鉴于本书篇幅的关系,不得不忍痛割爱,诚为遗憾。这类有特色的结构的检验将成为今后的课题,本书目前就选取上面的五个结构特征尝试进行检验。

第十章《地区资源价值创造的构想及其经济含义》。本章将由此前的实证分析而得到的上述见解放到普遍化理论的位置上来探讨。换言之,即试图对下列问题进行考察:"区域内利益循环体系""地域资源管理""中间支援组织"以及"社区商业""地区市场的创建"这五个事业结构特征，在地区建设或渔村地域经济激活上，是基于怎样的机制而起作用的；这个作用的理论背景又是什么；等等。

根据以上分析，第十一章《海业的现代意义和渔村的再生》在现代社会中重新思考了海业在历史行程中的意义，同时考察了目标为振兴海业、使渔村重获新生的政策课题。

许多体制虽然一直以来支持着地域社会，但是已经引起了制度疲劳。为了振兴并使渔村地区重获新生，有必要对这些体制进行再构筑。在这个意义上，以全部体制作为对象的综合讨论必不可少。但遗憾的是，笔者还不具备足以考察这些的能力。

因此，本书中的考论始终只是以经济的视角来把握的，其结论始终只是以有助于"经济体制"的重新考量为目标的。不言而喻，虽然可以充分设想，这会触及作为结果的地域社会结构和生活体系，进而触及政治体制改革，但为了检验这种综合体制的重新考量，必须进行更进一步的工作自不待言。衷心希望本书能起到抛砖引玉的作用。

娄小波

目　　录

第一章　渔业、渔村的现代百态　/1
一、渔业地位的降低　/1
二、渔业的危机　/4
三、渔村的危机　/11
四、渔村社区的重要性　/15
五、克服渔业、渔村危机　/19

第二章　从渔业到海业　/23
一、渔村地区的新"生计"　/23
二、渔家经营的多样化　/24
三、所谓海业　/32
四、渔村地区资源的存在形态和利用动向　/36
五、海业的各种形态和案例的定位　/44

第三章　海业的产生和发展

　　——以福井县常神半岛的渔家民宿经营为例　　/49

　　一、偏僻渔村的"奇迹"　　/49

　　二、作为纯渔村地区的常神半岛　　/51

　　三、地区经济的卓越表现　　/53

　　四、常神半岛海业的产生和发展　　/57

　　五、渔家民宿的意义和地区资源的价值创造　　/65

　　六、海业的开展过程和成立条件　　/66

第四章　休闲渔业的开展和渔协的新任务

　　——以神奈川县平塚市渔协为例　　/71

　　一、休闲渔业和渔业的利用竞争　　/71

　　二、平塚市的渔业和渔协　　/74

　　三、支撑地区经济的事业——从渔业到海业　　/78

　　四、地区资源的多方面利用和渔协的新任务　　/84

　　五、作为地区资源管理系统的海业　　/89

第五章　地区资源的价值创造和中间支援组织

　　——以岩手县田野畑村"体验村·田野畑"为例　　/95

　　一、中间支援组织的任务　　/95

　　二、田野畑村的地区经济和地区问题　　/98

　　三、"体验村·田野畑"的挑战　　/102

　　四、中间支援组织的功能与成立条件　　/110

　　五、灾害以来的复兴

　　　　——"体验村·田野畑"的复兴能力　　/115

六、NPO 组织的意义和课题　　　　　　　　　　　／117

第六章　渔业、旅游业的联合协作和区域内利益循环系统的形成
　　　　——以爱知县南知多町日间贺岛为例　　　　／121
一、地区振兴的关键词"联合协作"　　　　　　　／121
二、地区经济的激剧变化　　　　　　　　　　　　／123
三、渔业和旅游业的合作——区域内利益循环系统的形成／128
四、区域内利益循环系统形成的主要原因　　　　　／138
五、扭转岛的劣势　　　　　　　　　　　　　　　／143

第七章　地区资源的管理和海业的成立
　　　　——以冲绳县恩纳村渔协为例　　　　　　／146
一、海洋休闲和渔业的联合协作有怎样的可能性　　／146
二、从渔村到度假地　　　　　　　　　　　　　　／148
三、开发与环境的矛盾——渔业与旅游业的冲突　　／157
四、渔业和海洋休闲的共存共荣关系
　　　　——新地方性章程的形成　　　　　　　　／163
五、为了管理地区资源的渔协的任务　　　　　　　／168

第八章　适应海洋休闲需求的渔村社区商业
　　　　——以静冈县伊东渔协和德岛县中林渔协为例／171
一、海洋休闲能成为社区商业吗？　　　　　　　　／171
二、伊东渔协的渔协主导型潜水服务事业的展开　　／174

三、德岛县中林渔协的旅游地拖网事业的开展 /186

四、海洋休闲对应型社区商业的成立条件 /195

五、作为渔村社区商业主力的渔协 /197

第九章　适应鱼类食品需求的渔村社区商业和地区市场的创建
——以保田渔协餐厅"番屋"及江口渔协"蓬莱馆"为例 /201

一、开发最宝贵的地区资源——鱼类食品 /201

二、千叶县锯南町保田渔协的餐厅"番屋"和市场战略 /203

三、鹿儿岛县江口渔协的复合设施"蓬莱馆"的开展和意义 /213

四、地区市场的创建 /220

第十章　地区资源价值创造的构想及其经济含义 /225

一、从事业的构造来看海业 /225

二、地区资源价值创造的构想——案例分析的经验 /226

三、关于区域内利益循环系统 /229

四、关于地区资源管理 /232

五、关于中间支援组织 /235

六、关于社区经济 /241

七、关于开拓地区市场 /248

第十一章　海业的现代意义和渔村的再生 /255
　　一、海业的现代意义 /255
　　二、作为业态转换的海业 /258
　　三、作为渔村地区经济激活对策的海业 /262
　　四、海业的理念和课题 /270
　　五、渔村的再生——写给日本"3·11"大地震的复兴 /275
　　六、走向海业的对策 /281

后记 /287

第一章

渔业、渔村的现代百态

一、渔业地位的降低

1. 日本经济中渔业的地位

渔业承担着为国民供给食品的使命,是食品产业的一个部门。同时,渔业为渔民和流通、加工、零售等的相关企业提供经营和经济活动基础,是构成国民经济的一个部门。作为食品产业,渔业的发展为国民经济的发展做出了贡献,国民经济的发展也给渔业提供了发展的条件[1]。一个国家的渔业与经济的动向有着密不可分的关系,但是这种关系会随着经济发展的各个阶段发生变化,有时因为国际经济和政治影响,也不得不做出相关的调整[2]。

根据配第-克拉克定理(Petty-Clark Theorem),随着经济的发展,第一产业在国民经济中的地位将会降低[3]。其主要原因根据经济发展阶段的不同而不同[4]。一方面,在发展经济的阶段（或者说发展中国家），有回报缓慢特点的第一产业生产率的上升率相对工业等其他部门的上升率要低一些。也就是说，受到产业特点的制约，农林水产业追不上其他部门经济成长的速度，发展相对要慢一些。另一方面，在经济发展成熟的阶段（或者说发达国家），因为人们的胃容量有限，在对食物的需求饱和的背景下，产业发展的余地随之缩小，这是第一产业地位降低的主要原因。恩格尔法则明示出饮食费用所占消费支出的比率和经济发展的关系，这确实从消费方面，侧面地支持了配第-克拉克定理。这两个法则可以说是"硬币的正面和反面"之关系。

那么，伴随着日本经济成长的日本渔业的地位究竟发生了怎样的变化呢？图1-1从劳动力这一指标来确认日本渔业的地位[5]。随着日本经济的发展，即使在高水准的1960年代，渔业部门的劳动人口也仅占总劳动人口的1%左右，之后这个低水准的比率更是逐年下降。特别是被称为日本经济高度成长的1960—1970年代渔业部门的地位显著降低。这是因为在日本经济工业化的过程中，越来越多的人从农山渔村到都市中工作、生活，渔村人口急剧外流。到1980年代中期，日本经济从高度发展变为稳定发展，渔业就业人数占总劳动人数的比率虽然仍然在变少，但基本稳定下来了。劳动市场的扩大基本告一段落了，渔业经营仍然坚挺。

日本渔业部门地位降低的倾向从1990年代开始。到1990年代中期，虽然国民的人均所得有降低的倾向，但渔业劳动人口比率仍然处于平稳的状态。其主要原因是从1980—1990年代因老龄化而停业的劳动人口中渔业就业人口的占比

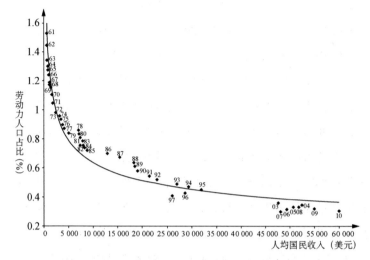

注：① 劳动人口占比＝渔业从业者÷总劳动人口；
② 图中数字代表公历年份。

图1-1 渔业在日本经济中所处地位的变化

(资料来源：日本总务厅，《日本统计年鉴》；日本经济企划厅，《国民经济计算年报》；东洋经济新报社，《昭和国势总览》；日本农林水产省，《口袋农林水产统计》；娄小波，《从渔业到海业的转换》，2003)

较低。事实上，不仅是渔业劳动人口，渔业占国民总生产的比率也很低。因此，尽管日本渔业经历了外延式扩大的时代，还是无法逃离配第-克拉克定理。

2. 渔业地位降低的两个局面

如果渔业的地位是按渔业部门的总生产值（或者就业人数）占国民总生产值（或者劳动力）的比例来判断的话，渔业的地位降低根据分子和分母的变化会产生两种典型的局面。一种是相对分母的增加，分子增加缓慢（或者说停滞）而产生的局面。第二种是相对于分母处于平稳状态或是有微增倾向，分子减少而产生的局面。如果把第一种地位降低的局面称为"相对的降低"的话，第二种地位降低的局面因为是由于渔业部门内部缩小而引起的，所以可以被称为"绝对的降低"。

直到1980年代初，渔业的地位降低确确实实是因为渔业落后于日本经济发展而发生的，也就是相对的降低过程。可是，1980年代中期以后，我们能看到，地位降低的现象与其说是伴随着经济全体的发展而产生的相对的结果，倒不如说是渔业规模的缩小而产生的绝对结果。例如，1990年日本渔业的生产总额是2.7万亿日元，总就业人数有38万人，但到了2010年生产总额是1.5万亿日元，就业人数21.3万人，在20年间生产总额降低了44.4%，就业人数减少了46.6%。

因此，虽说伴随经济的发展渔业地位降低是配第-克拉克定理的一个经济现象，但从1980年中期起渔业进入绝对缩小的过程中则潜藏着日本渔业的"危机"。这种根本性的"危机"，可以分为以下两方面。一个是渔业自身的危机（或者说"渔业危机"），另一个是渔业的生产基础——渔村社会崩溃的危机（或者说"渔村的危机"）[6]。本章中，首先就这两个"危机"来纵观日本渔业、渔村的现代诸相。

二、渔业的危机

根据1980年代中期以后，日本渔业输出的捕鱼量和输入的渔业经营体、渔业就业人数、渔船数量等生产力的变化从侧面对进入绝对缩小阶段的日本渔业进行简单的统计分析。

第一章　渔业、渔村的现代百态

1. 生产的缩小

首先，以1985年生产量100为基准，从后来渔业生产量指数的变化来看，如图1-2所示，渔业生产量逐年减少，到2010年生产量已降低到43.6%。在1984年取得1 282万吨的史上最高捕鱼量纪录，并成为世界第一渔业国的日本，但自那之后渔业生产量一直减少，到2010年生产量跌到531万吨。

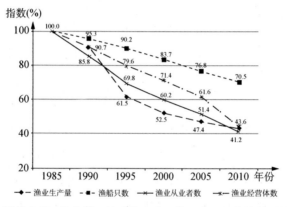

图1-2　渔业产量、渔船数、渔业就业者人数、渔业经营体数的指数变化
（资料来源：《渔业、养殖业生产统计年报》《渔船保险统计表》）

从历史的角度来看，日本渔业有渡过危机再重新发展起来的情况。1970年代初因为200海里经济区的冲击，日本丧失远洋-海上渔场，发生"倒卖鱼""鱼价高涨"，结果是"远离鱼"活动的进行，之后以石油危机为开端，因为油价高涨而导致作业成本变高等问题。到1980年代，日本渔业面临着沙丁鱼数量减少、劳动力不足、日元升值、进口水产品数量骤增等困难的局面，而这些问题还没有解决就已经进入1990年代了。

1990年代确实是日本渔业将稽延已久的结构问题公开化的时代。例如，不能再生产的渔场的经营问题、骨干人手不足和老年化问题、渔场环境恶化和海洋环境恶化等环境问题，鱼类资源滥捕和减少等资源问题、价格低迷和"下游市场主导"而形成垄断市场等市场流通问题。另外，伴随着过度捕捞力度的消减，船只减少和捕捞努力量管制等问题也一次性爆发出来。从2000年开始，全球鱼产品消费增加，水产品市场扩大，但在通货紧缩的经济形势下，日本国内市场缩小，鱼价一直维持在低迷状态，渔业在油价暴涨等高开销状态下勉强开展。这样一来，以缩小经济规模来保持收支平衡的渔业生产陷入越来越衰退的窘境。

2. 渔业经营体的减少

与渔业生产缩小有必然关系的是支撑渔业的生产力的衰退。从之前的图1-2中我们可以确定，自1985年100%的渔业经营体数量一直在下降，到2010年变为43.6%，这与渔业生产量指数降低基本为同一水平。根据《渔业·养殖业生产统计年报》，渔家经营体从1985年的20.5万家变为2010年的9.1万家，数量减少了一半多。但是，相对于渔业生产量在1990年代初期的急剧减少，渔业经营体数量的减少是缓慢的，到2000年代初期渔业经营体才急剧减少，这是两者的不同之处。

如果把以渔业作为职业或是商业来经营的民众、组织、企业称为渔业经营体的话，在资源多样化和地理条件多样化的背景下，日本渔业经营体被分为渔家经营体、中小渔业资本、大渔业资本三种形式。中小渔业资本和大渔业资本有作为企业等法人的经营形式，它们主要以近海渔业和远洋渔业为中心开展渔业；渔家经营体主要从事沿岸渔船作业和养殖业等沿岸渔业，大多数是采取以家族经营为中心的小规模经营形式。

当然，与渔村地区经济有密切联系的主要是经营沿岸渔业的渔家经营体。根据《渔业、养殖业生产统计年报》，近几年渔家经营体捕鱼量占总生产的65%左右，经营体数占总经营体数的94%左右。

因此，日本渔业经营体的减少可以说大部分是因为渔家经营体减少而造成的。虽然在现代社会职业选择的余地正在急速扩大，然而从生活和生产，或者说生活和经营处于未分离状态的渔家经营体转向其他职业并不容易。一方面，考虑到经验和技能的熟练程度的制约和资本投入，生产量的减少和渔获量暂时减少通常是促使渔业经营体从渔业经营中迅速撤出的主要原因。另一方面，就渔家经营体而言，渔船和设施的老化与经营者老龄化互相影响造成撤出渔业经营的情况也有很多。近几年，经营者和渔船正在急速老龄化，这也成为渔业经营体加速减少的主要原因。

3. 渔业从业者的老龄化

根据1953年的记录，约80万人是渔业从业者，从中可以得知，当时渔业提供了重要的劳动市场。但是，之后的渔业从业者人数在不断减少，到2010年人数骤减到17.8万，渔业作为创造就业机会的产业所发挥的作用急速降低。在1985年渔业从业者指数为100的情况下渔业从业者指数也直线下降，在2010年达到最低值41.2。与创造就业的第二产业、第三产业相比，依靠有限的渔业资源养育的渔业者的人数在相应减少。随着渔业省力化、机械化，过去作为典型的劳动力密集产业，渔业正在变得高效化，劳动力变得不再那么重要等，都有其背后的主要因素。

与渔业相关的从业者人数减少的同时，有必要指出的另一大问题应该是老龄化。我们用1983年和2008年的《渔业普查》统计数据来分析渔业从业者的年龄结构。1983年共有44.6万名渔业从业者，其中15～19岁的青少年从业者约有7 500人，占总从业人数的1.68%。另外，20～49岁的中青年从业者的比例为55.84%，占总人数的一半以上；50～59岁的中老年从业者的比例为28.01%；60岁以上的高龄渔业从业者占17.11%（其中，70岁以上的从业者占4.6%）。与之相对，2008年的渔业从业者人数为22.2万人，人数减少了约一半，其中青少年从业者仅有1 253人，相当于1983年青少年从业人数的17.3%，占总从业人数的0.58%。其他年龄段分别是：20～49岁为29.7%，50～59岁为22.9%，60岁以上的高龄渔业从业者为46.8%（其中，70岁以上的老年从业者约占50%）。因此，我们可以发现，1983年渔业从业者老龄化现象已经开始出现，但到2008年，渔业从业者人数减少了一半，高龄渔业从业者人数的比例也在快速上升，尤其是70岁以上的高龄渔业从业者占比在急剧上升。

延后退休的高龄渔业者还是非常精神的，虽然也存在以此揶揄沿岸渔业"福利产业化"的意见，但在老龄化问题和福利问题已经变成严重的社会问题的当代日本社会中，维持住这种状态具有极高的社会意义。而且，依靠精气神的高龄渔业者支撑起来的渔村区域社会并没有暮气沉沉，相反，很多情况下是幸福而富有朝气的。话虽如此，无法确定持续老龄化的渔村，或者说没有接班人的渔村还会有未来。也就是说，如何构造"幸福而富有朝气的有未来的渔村"是当今至关重要的课题。

另外需要指出的是，高龄渔业从业者的存在一定程度上限制了新的从业者参与到沿岸渔业中来，这也是确凿的事实。也就是说，按照现在的渔业权制度，渔业者一旦取得了渔业权的行使资格，只要本人不主动退出渔业，该权利便会持续下去。因此，即使是高龄渔业者，如果自身没有退休的意愿就能一直从事渔业，又因有限的资源条件限制，新从业者的加入变得格外困难。换句话说，在近海渔场资源有限的情况下，只要没有人退出，地区渔业就没有给新加入者的多余资源。

就像没有退休制度的企业在一步步老龄化却没有接班人一样，因为不存在从渔业退出的规则，从而导致了渔业从业者后继无人的现象。从这个意义上来说，因为在无条件的"渔业权开放"原则下，用鼓励加入渔业的促进论来讨论社会公平性和资源分配等是不现实的。当然，在确保社会公平的前提下，讨论因年纪过大而退出渔业的退出原则是出于照顾靠海而生的渔业者的权利。

4. 渔船的减少

从《渔船保险统计表》可以看出日本渔船船只数的变迁，1960年代数量稳定在37万艘左右，1970年代数量大幅上升，1980年代迎来了43.5万艘渔船的数值巅峰。之后开始有数量减少的倾向，尤其是1995年以后加快了数量减少的步伐，到

2010年仅剩29.9万艘渔船,在30年间减少了约3成。

渔船数量减少的原因我认为有以下几点。一个原因是,在资源减少的背景下,国际化渔业资源管理加强,伴随着渔业经营萧条,渔家退出和政策导致渔船数量减少。过去有对以西底拖网和北洋渔业等实施过大规模减船计划,1990年以后以金枪鱼延绳钓渔业为对象进行了数次大规模减少船只数量的行动。这个原因是,渔船老龄化和没有接班人导致渔船退出的现象。一般来说渔船的寿命在30年左右,20年以上船龄的渔船通常被称为高龄渔船。根据《水产白书(2010年版)》,日本渔船的平均船龄在19年,21年以上的渔船占总体的41.9%,如果加上沿岸渔船渔业,船龄超过21年的渔船占总体的56.2%。特别是在中型捕捞鱿鱼的渔业中,船龄在30年以上的渔船占30%以上,日本帝王蟹渔业船龄21年以上的渔船占总体的80%以上,日本渔船老龄化已经成为十分严重的问题。第三个原因是,在渔业成本高涨和鱼价低迷的背景下导致的渔业经营萧条。在萧条的渔业经营下,打消了人们对渔业投资的念头,并退出渔业,这是渔船一直推迟更新换代的一个主要原因。

5. 渔业恢复潜力降低

作为产业发展所不可或缺的要素,资本、劳动力、技术、资源(渔场、环境资源)的投资是很必要的,尤其技术革新更是必要条件。很遗憾的是,现在的日本渔业还没有达到这种发展要求。新的革新技术开发停滞不前,海洋环境条件和资源条件恶化越发严重,减少船只数量会消减捕捞力度,国际渔业规定还会进一步加强。这样的结果导致渔业资本持续流出,并流向海外，而渔业从业者和渔船老龄化更加严重，越来越难以确保渔业的接班人。

因此，现在的"渔业危机"不是单指捕鱼量减少，而是支撑渔业生产的各个方面都已经面临缩小的局面，并且每一个方面恢复起来都极为困难。为了确保渔业和渔家经营的持续性，连渔业恢复的潜力都在被消减，"渔业崩溃"越发带有现实色彩了。

三、渔村的危机

在如此严峻的局面下，作为日本渔业生产活动基础的渔港及其背后形成的渔村到底面临何种情况。

1. 渔村的地区特点

渔村的第一要义是指主要由从事水产业和与水产相关行业的人员构成的空间性、社会性村落。由于日本暖流（又叫"黑潮"）、千岛寒流（又叫"亲潮"）交织，日本周边海域有足够的渔场，同时因复杂的海岸线，以天然良港为中心形成了大大小小的渔村。日本水产厅渔港港势调查的结果显示，2011年日本全国共有2 914个渔港，根据日本《渔业普查》的统计结果，2008年日本共有6 298个渔村[7]，沿海岸线平均每五六公里就有一个渔村。

虽然在沿岸区域有很多渔村，但因为是以渔场和渔港为中心形成的，考虑到渔业以外的产业布局和生活便利性，离岛地带和半岛地带不易形成渔村。但实际上，渔港背后村落[8]有二成位于离岛地带,三成在半岛地带,六成处于过疏地带。由于平地少、与城市联系困难、容易受自然灾害影响等,渔村具有生活不方便和不利于开展渔业以外产业的地区特点,这极大地影响了人口、经济和社会环境。

2. 面临人口减少和老龄化问题的渔村

日本的总人口数在 2004 年达到巅峰,之后趋于减少。存在人口增加倾向的都道府县仅仅只有 7 个都县(根据日本 2011 年人口增减率),9 个都道府县的人口分布为总人口 50% 以上而且集中在城市。日本人口减少并且人口向城市集中,导致渔村人口一直在减少,2000—2010 年渔村约减少了 34 万人(图 1-3)。

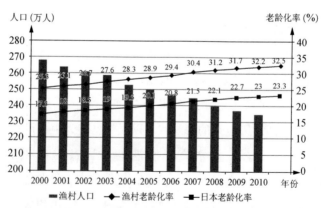

注:2011 年由于日本 3·11 大地震的影响,岩手县、宫城县、福岛县未做调查,因此渔港背后村落的老龄化率不包括这三县在内。

图 1-3　渔港背后村落人口和老龄化率的变化

(资料来源:日本水产厅,《水产白书》2012 年版,第 126 页。
渔港背后村落人口和老龄化率的变化根据水产厅调查数据得到。
日本全国的老龄化率根据 2000 年、2005 年日本总务省
《国势调查》得到,其他年份根据《人口推算》得到)

另外,渔村正在显著老龄化,2011年渔村老龄化比率为32.5%,比日本总体老龄化比率高出了10%。渔村人口减少和老龄化的一大主要原因是前述的渔村的地区特点。因为难以形成其他产业,渔村规模小且渔家多(图1-4),另外还存在渔家越多人口减少越明显的倾向(图1-5)。

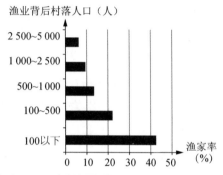

注:2011年由于3·11日本大地震的影响,排除岩手县、宫城县、福岛县三县。

图1-4 渔港背后的渔家率(2011年)

(资料来源:日本水产厅,《水产白书》2012年版,第126页)

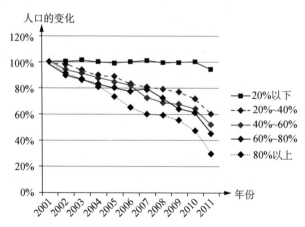

注:① 人口变化率以2001年为基期计算;
② 2011年由于日本3·11大地震的影响,排除岩手县、宫城县、福岛县三县。

图1-5 渔港背后村落的按渔家率分人口变化

(资料来源:日本水产厅,《水产白书》2012年版,第126页)

3. 渔村生活环境的恶化

渔村承担着供给国民水产品资源基地的职责，同时也是居民的生活场所。然而，现在渔村的生活环境恶化，渔业劳动力产出和居民生活的功能正一步步弱化。

例如，渔村的污水处理人口覆盖率低于全国水平，2010年末，相对于87%的全国普及率，渔村普及率仅为54%[9]。根据水产厅的资料，因为学校设施的整合，学校在小城市和村町中有减少的倾向。2000—2010年的10年中，人口不满250人的渔村到小学的平均距离由2.9 km增加到3.5 km，渔村地区的公共教育设施的减少趋势也十分明显。据资料显示，人口不满250人的小规模渔村到医院的平均距离由8.3 km增加到8.6 km。由此可以看出，保障人们健康和安全的相关医院设施也同样存在减少倾向。这样的小规模渔村对于养育孩子非常不利，渔村作为定居地的吸引力也在逐渐消失。随着老龄化的持续，在渔村地区，提高公共服务能力十分重要。但是由于基层产业的低迷而引起的长期的经济不景气和人口的减少，地方财政的破产使公共服务能力反而越发降低，导致之前的社会经济功能也在持续下降。

4. 渔村的危机

现在因为渔业的衰败导致渔村人口的减少，进而导致公共服务能力的降低和渔村生活条件的恶化。这使渔村人口进一步减少、渔业衰退，从而陷入了恶性循环。虽然现在在不断提出渔业振兴、地区振兴、加强基础设备建设等措施，但很难说这些措施对渔村人口的减少、老龄化、渔村地区的活力降低等问题的解决能够充分发挥作用。

以农村山村为对象，村落人口中65岁以上的成员超过半数，并且难以维持社会公共生活的村落又被看作是边缘村落[10]。我们以同样的方式来分析渔村，抽出渔村人口不满5 000人且65岁人口占据50%以上的渔村作为边缘渔村，发现这样的渔村占了整体的10%，总计达到459个渔村[11]。在以红白事和公共劳动等社会公共生活为基础的互助性持续崩坏的边缘渔村，可以预见，只要渔业生产和鱼价低迷的状态和低收入结构持续下去，这种现象就会愈演愈烈。然而，劳动力是不可能重新生产的，其结果就是破坏了渔村的持续性，而地区的持续性无法得到维持就会形成一个恶性循环，应该说这才是"渔村危机"。

四、渔村社区的重要性

那么，我们是否就可以忽视这样的渔业、渔村？答案是否定的。渔业、渔村，除原本的水产品供给这个功能以外，还有保全自然环境、保障国民生命财产、提供居住与交流的场所、维持地区社会形成等多样功能。我们需要重新认识渔村、渔业拥有如此诸多功能的重要性。

渔业是人类社会以自然为对象而从事的生计。这种生存方式会因为自然变动的影响而产生巨大的变化。对于生活在渔村里的人来说，共同有效地进行渔业活动，互换海上作业信息，在海难发生的时候进行共同救援，在台风还有大浪等自然灾害发生的时候传授将渔船转移到安全地带等安全策略，还有为了祈求安全和富裕的生活而进行丰富多彩的地区活动等，也就是说在渔村有着共通的相互扶持的集体作业。此外，渔村还是渔业者及其家庭物质的、文化的，富裕且舒适生活的场所，渔村的存在支撑着各种各样社会的基础设施。

如果将能够彻底实现这种功能的渔村地区冠以"渔村社区"之名的话，那么渔村社区的存续将会被定位为渔村振兴的目的。

渔村社区具有支撑渔业生产和人们日常生活的功能。维持渔村社区的第一个条件是居住在这里的人口数量，或者说居民户数要达到一定规模。也就是说，为了渔业生产和渔业生活的共同作业，必须保证人口在一定规模以上才能确保渔业生产的实施。不过话虽如此，最低人数和最低户数也是受到当地的生产、地理条件以及时代的背景规定而有所不同。

维持健全的渔村社区的第二个条件是年轻人和渔业接班人留在当地，使村中的年龄构成达到平衡，以及本地区的人们互相紧密联系，拥有共同意识。随着过度老龄化和地区城市化，维持渔村社区功能变得越发困难。现在的渔村逐渐脱离了过去那种单纯的物理性地理空间的定位和认知，作为有效的社会集合体的意味增强了。

此外，发挥渔村社区功能的第三个条件是渔村地区要具备完善的，涉及交通、教育、医疗、文化等生活所需的全部基础设施。其实这一点不言而喻，但现实是至今为止由于基础设施的落后以及功能降低的影响，优秀的渔业接班人出于对家庭和孩子的教育等考虑中途放弃渔业，离开渔村这样的案例屡见不鲜。因此，为了渔村的存立，给予从事渔业的人们富裕生活的同时，加强基础设施建设是不可或缺的必要条件。这个就是"生活的逻辑"。总之，不仅要保证经济的富裕，还需要保证生活水平上的富足，不然就无法实现渔村作为生活场所的功能，人口必然会渐渐地流失。在很多情况下，教育、医疗、交通等渔村社会基础由政府提供，因此，充实的程度容易受到政治的左右。不得不说，在现今的社会状况下，由于渔村地区住民的减少，少数精锐有效率的渔业经营团体为了能达到维持渔村社区的功能所作出的所谓正确的政治性判断也极其不容易。

在日本，维持渔村社区的建设还带来另一个重要的效果，即对沿岸渔业资源管理起到积极作用。渔业遵循着"无主之物先到先得"的原则，为了获得自然资源，经常会引起典型的自然产业方面的"共享地的悲剧"。实际上，全球渔业发展史也是资源滥取的历史。而且，几乎在所有国家，水产资源的乱捕都是从沿岸发展到近海，从近海蔓延到远洋的逐步扩大的过程。在这种情况下，日本的沿岸渔业在长达一个世纪的时间跨度中，一直维持了大约200万吨每年的生产量，可以说是世界上唯一的例外，有效阻止了沿岸资源被乱捕的状况。以渔村社区为基础的自主管理制度的存在可以说在世界上也是很少有的案例，形成了日本沿岸渔业管理的成功经验[12]。

从以上案例可以看出，为了实现渔村社区的存续，渔业的振兴必须直面进退两难的事实。也就是说，一方面要遵循市场规律，培养具备高国际竞争力的有效率的从事渔业的精英人才（或者核心的合作企业以及企业型的经营体等）迫在眉睫。另一方面，基于生活常理和自然规律，为了维持渔村社区，不得不确保一定规模的经营体数量和从事渔业的人员数量。

以前，近海、远洋渔业以中小型渔业经营体和大规模渔业经营者为主力，他们比以家庭经营为中心的零散的沿岸渔业经营者更容易享受到一定程度上的"规模经济"，实际上在日本能够见到高效开展营业的经营者团体。因此，在近海、远洋渔业，培养高效率的企业经营者可以说是十分重要乃至非常现实的政策性课题。原本，近海、远洋渔业经营，尤其是远洋渔业经营，很容易受到200海里制度的定论和国际资源管理措施的强化等国际环境变化的影响，又因资本逻辑，渔业经营者退出也很容易，以企业形式经营的渔业是否确保持续还留有悬念。

沿岸渔业存在更大的问题。在有限的渔业资源和渔产品的国际竞争越发激烈，以及经济低迷的背景下，由于鱼价低迷等，从沿岸渔业得到的总经济利益已经大幅下降，甚至低于仅能维持沿岸渔业经营体充分经营的水平。从这个角度出发，本书认同由少数高效的经营者成为渔业的主力的政策具有合理性。但是，只是少数的渔业经营者真的可以实现渔业的持续吗？答案或许是否定的。

为什么这么说呢？如果渔业只有少数的经营者的话，就无法期待之前所提到的维持渔村社区的能力和政治力，即不能贯彻"生活逻辑"。也就是说，会出现无法确保共同作业和共同实行的最低人数和最少户数规模的地区，而且为了维持渔村社区的功能，最基本的生活基础设施也无法满足。现在公共服务能力降低且人口显著过少的地区，特别是在持续老龄化的离岛渔村，几乎没有出现过有效的经营体。

那么，在沿岸渔业地区，为了提高竞争力，有必要培养少数精英渔家经营者。同时，为了确保渔村社区功能，必须确保经营体数量和培养后继者，乍一看现在需要提出能够实现两个相反目标的政策。

五、克服渔业、渔村危机

现如今，虽然渔业、渔村仍处于危机状况，但是渔业和渔村等在国民经济以及地区经济方面的作用依然十分重要。而且，如何维持和支撑渔业渔村社区已经成了重要的课题。

那么，到底能想到怎样的政策方向呢？作为其中的一个阶段，希望能有保证渔业资源的再生产、实现渔业经营的再生产、保障渔村地区的再生产的渔业、渔村地区政策。空洞的渔业、渔村赞歌，或者那种轻视渔业分配的政治批判以及渔业门罗主义式潮流的随声附和，是不可能诞生对策的。此外，也不存在仅仅是为了批判而批判的政策提议，如果放任现状不管，那么等同于对日本渔业、渔村的"安乐死"行为视而不见。

坂本庆一提出的包含渔业和林业的广义农业，是"通过利用和培养构成以地球上的生态系（ecosystem）为基础而成立的生命体系（living system）的特定生物，以获得对于人类的'生'的实现不可或缺的物质、信息的人类的主体性的、计划性的行为"。[13] 这里的人类的"生"（life，leben，vie）是指生命、生活、人生，或者是命、生活方式、生存方式等的总体意义。农业上"真正的危机是人类的'生'处于被迫走入极端、被不断疏远的状态"。[14]

祖田修把这种"人类的生"看作是为了生存下去所需的场所和生存内在的状况和境遇的"场所"，农山渔村地区就是追求经济价值、生活环境价值、生活价值这三个价值的和谐统一，提倡这个价值的综合实现成为可能的"场所农学"[15]，他提出了作为"场所"的地区的重要性。

　　基于这样的认知，现今的渔业、渔村被认定真正的危机是这个在人类"生"的基础上的主体性的、计划性的行为无法持续，面临"作为生产生活的人类活动的场所，经济的、社会的、自然的具有一定自律的个性的集中体的地理空间"这样的场所区域的崩坏[16]。因此，为了摆脱危机，这个主体性的、计划性的"生"的行为，只能继续作为渔业、渔村的"场所"。

　　那么，怎样的主体性的、计划性的"生"的行为能在作为"场所"的渔业、渔村中展开呢？本书试图通过"海业"的实现来找到答案。结论是不仅要依靠"经济理论"，还要根据"生活的逻辑"来实现这两个理论的和谐统一，渔村地区社会才能存续下去。在下一章节，就以这个话题来确认一下当今的渔家经营和渔村地区经济的新的迹象。

注释：

　　（1）小野征一郎的《200海里体制下的渔业经济研究的轨迹和焦点》（农林统计协会，1999）论述了日本渔业的发展条件。

　　（2）特别是在WTO体制下，贸易自由化推进了，可以想见与水产品市场相关联的IQ制度的废止和水产品贸易的完全自由化。贸易自由化背景下，作为比较劣势产业的特性很强的渔业时不时会成为经济发展的牺牲品。

第一章　渔业、渔村的现代百态

（3）速水佑次郎：《农业经济论》，岩波书店，1986。

（4）生源寺真一、藤田幸一、秋田重诚：《人口和食品》，朝仓书店，1988。

（5）国民经济中渔业所占据的位置除劳动力指标之外，还有总生产以及经营体数量等。娄小波：《从渔业到海业的转换》，祖田修编《对于持续的农业农村的展望》第八章，大明堂，2003，第183—201页。

（6）木幡孜：《渔业崩坏——抛弃国产鱼的饱食日本》，MANA出版企画，2010。

（7）《渔业普查》中关于渔业村落的定义发生了大的改动，第11次人口普查（2003年）出现了以下定义："渔业村落是以渔业地区的渔港为核心，利用该渔港的渔业从业者世代居住的范围，从社会生活方面一体性的居住范围来说，一般应该存在四户以上居住的渔业世家。"福田宏：《现在关于培养渔村计划论——渔村的过去和将来》，《水产振兴》第511号，2010，第19页。

（8）渔港背后的村落是指有2家以上、人口数量为5 000人以下的渔村村落。这是根据渔港法定义的渔村村落，其对象范围和经历数次变迁的《渔业普查》中定义的渔村村落并不一样。《渔业普查》是不同渔港的相关调查合并而成的历年调查数据，这里用渔港背后村落的数据来概览渔业村落的状况。

（9）2010年年末的数据，因为受到日本"3·11"大地震的影响，岩手县、宫城县、福岛县三个县没法调查，所以统计的时候也不包含这三个县。

（10）高知大学名誉教授大野晃把"65岁高龄者超过村落人口半数，独居老人家庭增加，因此村落的共同活动功能下降，难以维持社会共同生活的状态的村落"定义为限定村落（《山村环境社会学序论——现代山村的限定村落化和流域共同管理》，农文协，2005，第22—23页）。因为这是设想的农山村的定义，是否适用形成过程不一样的渔村村落还需要进行慎重的讨论。

（11）林浩志：《关于渔业从业者减少的原因的基础调查》，《调查研究论文集》，渔港渔场渔村技术研究所，2008，第20页。

（12）娄小波：《渔业共享区域的功能和管理组织的分配——从共享区域功能结构出发》，浅野耕太编《自然资本的保全和评价》第二部第八章，Minerva书店，2009。

（13）坂本庆一：《对于人类来说的农业》，学阳书房，1989，第3页。

（14）同上书，第2页。

（15）祖田修：《农学原论》，岩波书店，2000，第6—7页。

（16）同上书，第7页。

第二章

从渔业到海业

一、渔村地区的新"生计"

正如第一章所述,一方面,以渔业生产为根基的渔家经营,因资源恶化、鱼的捕获量减少以及鱼价的低迷等原因导致经营极其不景气,这也引起了渔协经营的恶化,造成渔村地区缺乏活力。

另一方面,暂且不说渔业低迷,从 1980 年代开始日本沿岸的游钓、冲浪、摩托汽艇、潜水,还有观察鲸鱼、海豚等观光渔业开始崭露头角,然后以"旅游生态""蓝色旅游""体验学习""地产地销"为代表,日本的海、渔业、渔村向着多元化的深层需求转变。

渔村地区为了积极地应对多样化的居民深层需求,诞生了新型"生计"。本书把这种充分利用海洋和地区文化、传统和地区景观等地区资源开展起来的沿岸渔村地区人们的新生计作为"海业"来整体看待。"海业"这个词在1985年三浦市的市长选举中被首次使用，被赋予了"海边布局的产业"这样广泛的内涵。进入1990年代，神奈川县根据此内涵来限定渔业地区产业的渔业促进经济活力政策，现已成为国家和地方促进渔村地区经济活力政策的一环[1]。

但是，即使有以上历程，这个有望成为促进渔村地区经济活力重要部分的海业的概念并非已经达成共识，而且还未形成一个明确的产业"形式"。这与作为第一产业的渔业和第二产业所包含的水产业等既存产业不一样，既具有第三产业所具备的特性，又拥有外延丰富等海业所具有的复杂特性，同时也因为包括海业研究在内的围绕着渔村地区激活的研究极其低调，导致影响面小[2]。

因此，在本章我们首先分析渔村地区经济的动态，在明确此项经济动态感染力的基础之上，再来探讨海业是什么，然后分析支撑海业的市场条件到底是什么，以这些作为下一章进一步分析海业构造的铺垫。

二、渔家经营的多样化

1. 渔业依存度的下降

首先，让我们从对渔业的依赖程度来确认沿岸渔家的经营动向。一般来说，渔业依存度根据"（渔业所得/渔家所得）×100％"计算得出。曾经，渔家所得中的渔业所得和渔业外所得截然不同，渔业所得的定义是"从渔业收入中扣除渔业的经费",渔业外所得的定义是"从渔业外的收入中扣除渔业外的诸多经费"。

这样计算的话,渔业依存度是渔家在这一年中的总所得中渔业部门所得所占的比例。并且,日本农林水产省为了便于统计,把渔业依存度100%的渔家称为专业渔家,渔业依存度为50%以上100%以下的渔家称为第一类兼业渔家,50%以下的渔家称为第二类兼业渔家。渔业依存度越高,渔家经济中渔业地位也就越高;相反,如果渔业依存度低,渔家经营中渔业所占的地位也会相对地降低。

根据统计来看,日本全国沿岸渔家经营体的平均渔业依存度的变化如图2-1所示。1970年渔业依存度为64%,在这之后虽然伴随有若干的变动但在渐渐地下降,进入1990年代的后半期保持在45%左右。所以说,曾经占据较高地位的渔业经营的地位已经相对降低了。当然,这个渔业依存度是日本沿

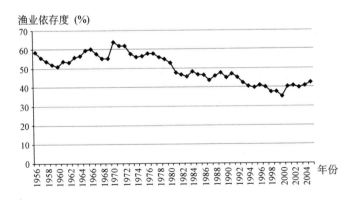

图2-1 渔业依存度的变化

(资料来源:日本农林水产省,《渔业经营调查报告·家庭型经营调查》)

岸渔家的平均值，也只是依据个别渔家经营平均情况得出的结果而已。事实上，根据地区以及个别经营体的不同，渔业依存度也大相径庭。

2. 渔家经营的兼业种类

那么，支撑着渔家经营的渔业外所得到底是如何形成的呢？前文已经提到渔业从业者的老龄化正在持续，首先能考虑到的是养老金，其次被经常提及的是劳动收入。渔业和农业一样，受自然影响极大，根据季节的变化，一年分为繁忙期和渔业淡季。根据地区不同，有的地方甚至有半年的休渔期。因此，在部分渔业地区，经常会有渔业从事者在休渔期间会打临时工去从事农业或者土木建设，又或者是到外地去打短工。这样的工资收入就是所谓的传统兼业所得收入。

时至今日，不断增长的渔业外收入真的能够从这样的传统兼业收入中获得吗？为了确认这种情况，我们来看一下兼业渔家（第一类兼业渔家以及第二类兼业渔家）的兼业种类构成（表2-1）。

表2-1中，从全体性的动向来看，①"从事渔业以外的职业"的兼业减少；②相对地，自营性质的兼业和"投资渔业经营"以及"被渔业雇佣"等的兼业正在增加；③有自营性质的兼业内容的"旅馆、民宿""其他"和"水产加工"这些特征明显增加了。

表 2-1 主要的兼业种类经营体数(第一类兼业以及第二类兼业)构成的变化

			1978 年		1988 年		1998 年		2003 年		2008 年		2008年与1988年的对比(%)
			数量	比例(%)	数量	比例(%)	数量	比例(%)	数量	比例(%)	数量	比例(%)	
合计			156 626	100.0	129 063	100.0	93 068	100.0	76 633	100.0	62 432	100.0	48.4
自营业	合计	小计	68 564	40.1	43 083	33.4	27 699	29.8	22 528	29.40	31 107	49.8	72.2
		农业	42 163	23.9	22 903	17.7	11 725	12.6	8 986	11.73	—	—	—
		水产加工业	1 985	1.0	1 828	1.4	1 217	1.3	1 116	1.46	2 189	3.5	119.7
		休闲渔业导游业	4 548	3.1	2 938	2.3	3 466	3.7	3 233	4.22	2 483	4.0	84.5
		旅馆、民宿业	3 144	2.1	3 239	2.5	2 348	2.5	1 792	2.34	5 075	8.1	156.7
		其他	16 724	9.9	12 175	9.4	8 943	9.6	7 401	9.66	21 360	34.2	175.4
	投资从事共同经营		—	—	5 924	4.6	4 916	5.3	4 360	5.69	5 083	8.1	85.8
	渔业雇佣		22 938	16.5	14 254	11.0	7 486	8.0	6 365	8.31	9 529	15.3	66.9

（续表）

		1978年		1988年		1998年		2003年		2008年		2008年与1988年的对比(%)
		数量	比例(%)	数量	比例(%)	数量	比例(%)	数量	比例(%)	数量	比例(%)	
合计	小计	65 124	43.4	65 802	51.0	52 967	56.9	43 380	56.61	16 713	26.8	25.4
从事渔业以外的工作	渔业关联设施 长期工	—	—	3 256	2.5	2 493	2.7	2 145	2.80	—	—	—
	渔业关联设施 临时工、日工	—	—	2 461	1.9	1 948	2.1	1 585	2.07	—	—	—
	其他 长期工	—	—	43 049	33.4	35 311	37.9	28 381	37.03	—	—	—
	其他 临时工、日工	—	—	17 036	13.2	13 215	14.2	11 269	14.71	—	—	—

资料来源：日本农林水产省，《渔业普查》。
注：2008年的《渔业普查》统计项目有若干变动。

这样，兼业的内容构成和传统的兼业内容明显不同。由此可见，像加工渔村等地区因为拥有新鲜鱼类，从而可以为旅馆或民宿等场所提供鱼类食品，这样一来就能利用该地区有价值的东西来创造价值，并且可以向消费者逐步开展直接提供产品这种模式。这些都表明兼业经营者数量激增的"其他类"的兼业实际上涉及了观光体验渔业和直接贩卖等多个领域。

可以看出，当今渔家的经济活动不仅仅是渔业生产，像发挥民宿和游钓向导的海渔村文化等各种资源类的其他经营活动也在轰轰烈烈地开展中。从中可以看出，人和海洋之间的新型关系已经显露，渔家经营的范畴已经超越了渔业既存的产业范围，新型的"生计"已经开始萌芽。

3. 渔家经营的多样化

在严峻的现实下再来审视渔家经营的内容的话，就会发现它拥有和以前完全不同的新的动向。也就是说：①不仅是渔家、渔协的渔业生产，就连流通和基层零售业、服务业也开始对它关注起来。②作为其中一环，与城市居民和附近地区的农村渔村的交流也正在积极开展中。例如，销售就有自产自销和直接销售等，其他如植树造林（"渔民之森"植树运动）和保护环境（环境美化活动）等活动亦为人所熟知。③实践将市场和经营相结合进行资源管理。④最关键的是响应国民的新需求（重新认识海洋休闲活动和海鲜等），树立起了以确保稳定性的经营为目标的态度。换句话说，就是不仅要关心部分渔家和渔协过去的生产，也要开始关注流通和基层零售业、服务业，自产自销和直接销售，体验型渔业、观光渔业、体验民宿和海洋性休闲娱乐的解决方法，还有植树运动和环境保护运动，也就是积极着手进行"交流型事业"。

在渔村地区萌芽的新职业最终会产生各种各样的渔家经营对策。根据消费者的不同需求，这样的渔家经营的前景，可以大致区分出如图 2-2 所示的内容[3]。

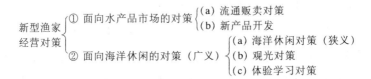

图 2-2　从不同需求来看渔家经营的多样化

对水产品市场的应对方法是在食物水产品市场中开展的各种各样的经营应对方式，分为流通销售的应对方法和新产品开发的应对方法两个方面。

一方面，流通销售的应对方法将着重点放在对流通过程的合理化和缩减差价以及构筑与消费者之间的"能看见对方脸的相互关系（透明的关系）"。其具体形式有：直产直销（直售、直贩）、产销合作、地区流通、供应链管理（SCM）等，具体的手段有产地市场的市场应对方法，直贩所、直售店、直产直销市场（早市、晚市和青空市等），合作社间的协同和协作、产地直送和快递、网络贩售，举行各类活动等。

另一方面，新产品开发可以理解为市场战略中非常重要的领域产品战略的应对方法。那么，从已有产品的改良到新产品的开发，以及从产品差异化到提升附加价值以及品牌化效应，各种各样的战略手段都有可能实行以创造新价值、重新发现价值为目标的策略。即使是在水产品市场，品牌化（地区品牌、商品品牌、家族品牌)、附加价值提升型加工产业、新产品开发、创造地区土产和特产等活动正在盛行。

在海洋性休闲娱乐的应对方法中,包括作为食物提供的水产资源,还包括各种各样对海洋资源充分利用的需求的应对方法,分为以下三种:①狭义的海洋性休闲娱乐应对方法;②观光应对方法;③体验学习。

狭义的海洋性休闲娱乐应对方法一般被认为是响应海洋的休闲活动需求的经营对策,主要内容有休闲垂钓、钓鱼池和钓鱼木筏和游船、潜水和浮潜、观赏鲸鱼和海豚、海水浴、拾潮、玩沙子等。

广义上的海洋观光不仅包括以上所述的狭义海洋性休闲娱乐活动,更是把一直以来作为观光部门之一的渔业、渔村地区社会提供的东西放在重要位置。内容有渔家民宿,提供食鱼和食鱼餐厅、水族馆、海底瞭望台、游船观光和玻璃观光船、定置网观光、地拖网观光、刺网观光、养殖观光、渔业博物馆、资料馆等。

体验学习也是近年来受关注的需求之一。体验学习的教育性效果比作为经济活动产生的效果更为人重视,在支撑当地人们价值观方面的作用也很明显。它的内容有市场体验观光、加工体验观光、料理教室讲习观光、渔村生活体验观光、渔村传统文化的体验观光、传统钓鱼方法的参观学习体验(帆曳船、利用鸬鹚捕香鱼)、体验渔业、修学旅行体验学习观光、养殖所有制、海龟产卵观察观光、萤鱿观察观光、海萤观察观光、游船和传统建筑参观学习观光、参加设计活动、参加宣传节日和传统活动等。

为了应对海洋和渔村、渔业的多样化需求的增加，渔村社会采取了各种各样的经营解决方法。本来这些应对方法、形态并不都能适用于日本全国所有的渔业地区。受到布局条件和自然环境、渔业生产和供给关系、人力资源等的经营以及资源和内在条件等规定影响，必须要采取符合各地区特色的形式。

如果我们把渔家经营解决方法的意义放在先前提到的由渔业所得和渔业外所得构成的渔家所得的结构上考虑的话，就会发现对水产品市场的解决方法最终是推动提高渔业所得，尤其是提高水产品价格和价值的因素。相对地，在对海洋休闲活动的解决方法中，主要是达到渔业外所得，特别是其中的地区资源通过价值创造来提高经营性能之目的。

渔业活动的多样性、渔村社会的多样性、居住在渔村地区的人们的生活多样性是渔村地区社会拥有的一个特征，这是由于各种渔村地区社会存在的海域和渔场的不同以及当地的传统、文化和技术的不同而形成的。新型渔家经营活动的多样性也可以说是由渔业生产和传统、文化等各种各样固有的地区资源的特性的不同构成的。

三、所谓海业

1. 海业的定义

本书着眼于前一节所描述的渔家经营的新生萌芽，把其形成的产业形式统一称作"海业"。因此，需要重新考虑海业这个词的概念。

这里所说的海业，是为了应对国民对海洋的多样性需求，不仅是对水产资源，还有对海洋、景观、传统、文化等多样的地区资源的充分利用而开展的，以渔业者为中心的地区从生产到服务一系列的经济活动的总称。

既然把海业作为产业的一种形态，提高产业主体的所得也势在必行。以渔业者为中心的地区民众都是海业产业的主体。也就是说，在这里我想强调的是海业不是由大企业家和大企业等的外部资本为主导的，而是与以渔业者为中心的地区的居民及相关的地区资源的价值创造相关的内在产业。

以渔业者为中心的地区的人们应该成为产业主导者，其根本在于让贯穿这个地区社会的生活逻辑得以维持，为什么这么说呢？其具体原因主要有以下三点。

第一，从维持利用海洋秩序这点来考虑。既然海业是利用海洋或渔村的地区资源，那么作为地区资源的开发者与当地居民之间的某种形式的竞争可以说是不可避免的。反之，外部同业者的进入会使当地的社会内部矛盾上升，且不论地区振兴，资源被破坏、地区社会崩溃这样失败的例子都有数起。

第二，和第一个理由是相关联的，地区资源和环境保护之间产生了问题。决定海业成功与否的自然条件之一就是包括环境在内的地区资源的丰富程度。但是，以追求利润至上为原则的企业逻辑偶尔会将资源挥霍一空，破坏环境。于是，协调资源和环境之间的关系和以实现开发为目的的调整和管制就成了当下艰巨的任务。

第三,为了能确保利益分配上的社会公正。海业的振兴在某种意义上与"金山银山"的开发相似。由外来同业者开发会导致只有一部分的人获得利益,当地人只会受到开发带来的危害,这样的例子不在少数。如果是地区主导型的价值创造,地区内产生新型经济循环的可能性就会很高,从社会公平的角度来看,这一点十分重要。

2. 海业的特性

渔村存在渔业和水产业。水产业的定义是在已有的海上渔业和养殖业等传统的渔业上又增加了水产加工业和产地流通业等的产业概念,这样的渔业和水产业一起支撑着渔村地区的经济。从这点上来说,虽然都属于第一产业,渔业和农业之间还是有很大区别的。

提起海业,虽然被认为是支撑渔村地区经济的第三产业的支柱,但是广义上和渔业、水产业一样,海业也是一种产业形态。但是和之前所说的海业的定义相比较,可以发现作为萌芽的新兴产业形式而成立并被寄予厚望的海业和狭义上的海业必须严加区别。

这个狭义上的海业和已有的海业在特性上有极大的区别[4](见图2-3)。首先,比如说对资源的认识有所不同。相对于只把食用、工业用等有用的水产动植物作为对象的渔业,海业不仅把这些水产动植物作为对象,还把海洋空间、海岸空间甚至将环境舒适性作为对象资源。而且,相对于只把从水产动植物的采集、捕捞到流通作为经济活动领域的渔业,海业还把活动领域扩展到零售业和业余消费以及服务业。不仅如此,渔业只是以食品市场为目标，而海业则是把休闲市场、教育以及文化市场等作为对象市场，范围更广。

(a) 海业

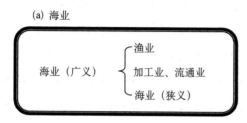

(b) 对比

	渔业	海业(狭义)
对象的认识	① 有用水产动植物	① 全部水产动植物 ② 海域空间（海面、空间） ③ 海岸区域
经济活动的领域	① 从生产到流通	① 从生产到消费 ② 休闲消费
对象市场的特性	① 食品市场	① 食品市场 ② 闲暇市场 ③ 教育、文化市场

(c) 产业性格

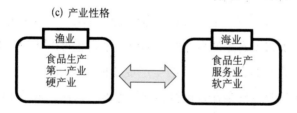

图 2-3 海业的特性

因此，相比于渔业只是直接地向人们提供食品，对食品安全保障起到直接贡献，海业则是在满足人们的需求和提供丰富供给的同时，还能维持供给力，这也间接地对食品安全保障起了贡献作用，对国土平衡发展有帮助。因此，与作为食品产业、属于第一产业的渔业相比，海业同时还属于服务业。

从渔业到海业的发展，海业超越了渔村社会至今为止只能提供"物"的界限，向国民提供"服务"和"观念"等多种的财富成为了可能，真正地实现了从"提供物品的产业"到"提供服务的产业"的转变，是产业结构的巨大转换。同时，由"以渔为生的职业"向"以海为生的产业"转变，可以说是回归原点。拥有这样特性的海业，在渔业活动时加上被需求的不可缺少的要素的资源管理，在环境维护、保全上作为更重要的经营活动要素而受人瞩目。

四、渔村地区资源的存在形态和利用动向

1. 所谓地区资源

重新思考一下立足于海业的渔村地区资源。一般来说，资源是对人类来说有用的自然的一部分，或者也可以认为是对自然的某种人为的影响而形成的生产要素的一部分[5]。比如说，降雨和天气等气候条件，地势和湖沼等地理条件，以及生物资源和非生物资源等天然资源是优越的自然资源，人口、劳动力等人力资源和资本、技术、制度等文化资源是人为形成的资源。像这样的资源终归只是自然和自然的关系、自然和人类的关系以及人类和人类之间的关系这种多层次关系的体现，是受到规定这个结构的人类社会的状况和时代背景所制约的一个相对的概念。

但是，迄今为止虽然以农村地区为中心对象对地区资源进行了各种各样的概念规定，但其定义本身未必完全明确统一。

第二章 从渔业到海业

比如，永田惠十郎把地区资源规定为拥有"非转移性""相互有机的连锁性""非市场性"等特性的资源[6]。一方面，在此基础上，非转移性就是表示和地区之间的黏着性，相互有机的连锁性是指某个地区的资源存在于和其他地区的资源之间的连锁关系中，而非市场性是指这个地区资源在这个市场上无法被供给。另一方面，生源寺真一把"离开当地就会损失本来功能的资源"称作地区资源[7]，强烈地意识到资源和地区的黏着性。另外，滨田健司就其非市场性特性这一方面特别表达了批判性的见解[8]，关于地区资源问题还没有完全达成一致见解。

因为地区资源有适应多样性的地区特性的特点，所以关于它的定义和分类没有得到统一。但是至少它是地区特有的资源，或者说在地区紧密相关这一点上是达成共识的。

水产经济研究探讨的每个主题中地区资源虽然有各种各样的形式，但是从为了振兴渔村而积极地有效利用这个角度来看，对地区资源有最广泛认知的大概是《水产白皮书》。如表2-2所示，在《水产白皮书》中，从渔业相关的东西到可再生能源相关的东西在渔村地区中存在并可以被发觉到的几乎全部资源都被认为是地区资源。渔村地区的核心很明显是渔业生产活动，活动中产出的水产品和加工品自不必说，作为生产要素的渔业、养殖业和加工业本身，支持这些活动的知识、生产活动和生活中形成的传统文化和习惯，作为交易场所的市场，都能够被广义地认为是地区资源。

表 2-2　渔村里存在的主要地区资源表

分类	主要地区资源
和渔业相关的	新鲜的鱼类、水产加工品、鱼市场、各种渔业、养殖业、传统渔业、水产加工业等
和自然、景观相关的	渔村景观、船屋、寺院、海、海岸、海滨、滩涂、海洋生物等
和海洋性娱乐有关的	海水浴场、小船坞、钓鱼池、收费钓鱼池、海上运动系列、垂钓、赶海等
和渔村的文化、传统等相关的	传统习俗、祭祀、早市、定期市场、生活习惯、乡土料理、渔师料理、造船技术、海、气象相关的民俗知识、民间传说、地区的传统文化保存等部门等
和可再生能源相关的	风、波、太阳能、生物能量、藻等
其他	海水温浴设施、藻盐设施、海水疗法、深层水等

资料来源：日本农林水产省，《水产白皮书》2012 年版。

因而，渔村地区的"地区资源"当然就是在渔村地区中存在的资源的一部分。尽管如此，再次为它加上"地区"这个定语是因为在被限定的"地区"这个地理范围内，该资源和当地人有关联性。因此，该资源如果离开了"地区"，就会失去本来的功能，即拥有"非转移性"的特性。例如，石油等自然资源被贩卖到哪里都能够实现其功能。地区的风土气候和景观、节日等传统文化和饮食文化等，虽然人类让它进行空间转移是完全不可能的，但是如果能转移的话，那么恐怕它的价值就会降低。另外，就算是渔村地区资源，它的连锁性被破坏的话，地区资源的有用性即价值就会丧失，也就是拥有"相互有机的连锁性"这样的特性的同时，也会拥有和从市场随时能够供给的一般的消费品不同的"非市场性特性"。从某种意义上来说，渔村的地区资源的确存在于渔村地区，是拥有以上所述的各种性质的稀有资源。这样的资源支撑着渔村地区的生存基础。

原本在渔村地区中存在的海洋生物或海洋，或者说是海面空间、地区和渔村的景观，以及地区的传统、文化和休闲资源等地区资源都拥有自己特有的性质和利用特性。比如说，大多数是共有资源，拥有资源的不安定性、分散性，利用时会有"先取先得"或开放获取、免费获取，或者是利用的排他性，地区消费性等特性。因此在利用过程中，规模性的经济性会较难起作用，容易引起公有地的悲剧。

在日本沿岸地区，如果构筑起以渔业资源为中心的地区资源自主管理架构的话，那么，可以发现它是当地人拥有的信赖关系和人际关系规则以及自主管理互相联系的产物。它本身就有一种作为社会关系的资本的特性，可以理解成它拥有优越的地区资源的一面[9]。因此，无论有形还是无形，渔村地区中存在的所有东西都可以成为渔村地区资源的对象。

2. 地区资源的价值创造

无须赘述，地区资源是资源的一部分。资源只有被使用才能创造价值，所以地区资源也是只有被使用才会创造价值。也就是说，渔村地区拥有的地区资源以某种形式被使用，或者是通过被意识到才能发现其价值。这里说的"被意识到"是指，具体来说被使用并非地区资源创造价值的绝对条件，通过环境经济学，发挥其作为非利用价值被整理出来的选择价值、馈赠价值、存在价值等之类的资源符合这个情况。

虽说如此，大多数的地区资源只有通过被利用才会实现其价值，或者是众多资源被复合型利用才能发挥其协同作用，这种情况很常见。例如，在节日期间访问渔村，能品尝到用传统的钓鱼方法捕获到的新鲜海鲜做成的海鲜料理，在渔村景色中品尝丰盛的美味，这样的情景设定并非极端例子，但是这样一来，各种各样的地区资源就会被复合地利用，创造出成倍的价值。

前面已经提到地区资源拥有的"相互有机的连锁性"这一特性，但并不意味着其只能存在于连锁性中，或者说正是在这样的连锁性中孕育出了亲和性，才能发现地区资源间通过相互关联就很容易能够产生相辅相成的效果这样的特性。从这样的地区资源的利用方法来看，以地区印象之间相辅相成的效果为目标的海鲜品牌化，这样的价值创造的方向更容易想到，也能让人联想到作为第六产业的海业的形态。

以上列举了通过以鱼类为中心的复合型利用来创造价值的形态的例子，其他的比如与传统钓鱼方法和海鲜料理这类传统文化相关联的地区资源之类，可以采用与之相关的学习和体验的形态来开展。此外，从渔村的景观也能带来平和的气氛以及其本身所具有的非日常性来看，单个个体也能成为价值创造的对象。而且，从观光、休闲娱乐利用这方面来看，包含了传统文化的渔业、养殖业本身就能成为旅游资源，这点也和渔者的知识和技术、海洋生物、景观等相关。如果附近海域的鲸鱼和海豚来访的话，那也可能成为地区资源从而创造价值。海洋和海洋生物，它们编织而成的海中景观在潜水利用方面也是十分重要的资源。

地区资源的重要价值创造的种类可以分为两种：① 未利用、低利用率的地区资源的利用[10]；②已使用的资源的多方面利用。前者是让未利用、低利用率的地区资源的潜在价值明显化，在地区资源利用方面能够实现其使用效率的改善。后者是随着已使用资源新形态的出现，很多资源的特性会发生大幅度的变化。例如，已经废止的节日和传统活动以及传统渔法的复活符合前者，观光定制和游钓等活动符合后者。

因此，在渔村地区中地区资源的种类是极其丰富的，由于根据地区资源的使用方法和组合方法会产生多种多样的价值，其价值创造的结构很难定型，有必要和当地的特性相协调，探讨出各种各样的方法。地区资源通过其利用方法能够创造出不同的价值。例如，把渔业、养殖业中的水产品利用放在游钓和潜水渔业上使用的话，就会创造出新的价值。或者，把新鲜的海鲜提供给直售市场或鱼类食品餐厅的话，通过加工、料理和服务等就可以创造出新的附加价值。

在利用拥有这种多样的存在形态的渔村地区的地区资源时，还要认清以下几个特征[11]。

第一，很多地区资源都作为共有资源被利用。例如，像海鲜这类的渔业资源，即使通过渔业权保证了渔业者的利用权利，但那不过只是渔业者能够从事渔业的行为权，并非所有权。因此，广义的解释就是休闲钓鱼者和潜水者等并非不能利用这些。而且，根据国民利用需求的增长和广域化的背景，一部分的地区资源本身已经逐渐"国际化、广泛化"。

第二，随着地区资源的利用，导致了外部浪费的现象。正因为很多地区资源都是共有资源，一种利用形态被使用的话另一种利用形态的效果就会降低，这样的情况屡见不鲜。比如，游钓中资源的利用一定会影响渔业资源，潜水业中的海域利用也一定会对渔业活动产生制约。像这样的资源利用的外部浪费是渐渐引起渔业和海洋休闲业之间摩擦的根源。

第三，随着地区资源利用而出现的外部经济现象。当下讨论热烈的渔业、渔村的多方面功能的确是这类外部经济的结果，但也不仅仅是附加的外部性的原因。地区资源的利用偶尔会在地区内部形成价值连锁，也能实现超越产业部门的部门间合作，这也就是前述的地区资源的"相互有机的连锁性"特质。

3. 地区资源的利用动向——海业的市场条件

接下来调查一下地区资源利用的市场动向。

根据日本内阁府对生活的着力点的调查结果来看，如图2-4所示，尽管对饮食生活的关心体现在对B级美食（物美价廉的食物）的关注和食品安全意识等的提高，但是休闲娱乐生活一如既往地处于首位，最受注目。2001年以后，汇总方式发生了若干变化，从该调查结果的倾向来看，对休闲娱乐生活的关注度从1983年开始超越了此前一直位于首位的居住生活，并在1990年迎来了顶峰，在此之后基本上一直保持此状态。1990年以来对饮食生活关注度的增长，也可以说是渔村地区所拥有的地区资源协调发展的结果。

海洋休闲娱乐生活是维持这种多样需要的市场之一。下面调查一下海洋休闲的几个动向。

第二章 从渔业到海业

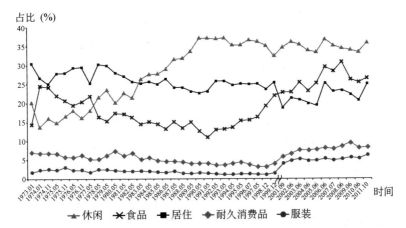

注：① 耐久消费品指汽车、电器、家具等；
② 1999 年及以前为单选，2001 年以后为多项结果。

图 2-4　生活消费重心的变化

（资料来源：日本内阁府，《国民生活的舆论调查》。1998 年 12 月为止的数据根据当时的日本总理府内政审议室调查）

取得 4 级小型船舶许可证的人数在 1988 年为 127 万人，1997 年为 202 万人，到 2004 年为 221 万人，载人数在不断增加。与之互为表里的是，船舶的持有数从 1985 年的 23.7 万艘增加到 2006 年的 33.9 万艘（1999 年为 43.9 万艘，达到顶峰）[12]。

潜水用的轻型潜水器的 C 卡的累计持有者人数从 1985 年的 34 万人增加到 1997 年的 85 万人，然后从 2001 年的 130 万人增加到 2008 年的 157 万人。其中，女性持有人数的比率从 1985 年的 20% 增加到 1997 年的 50% 以上。女性的积极进军是最引人注目的一部分[13]。

另外，依据《渔业调查》，从事渔业的总人数在 1978 年为 2 272 万人，到 1992 年达 3 724 万人，再到 1998 年的 3 868 万

43

人，近年来人数虽略有减少，但依然是休闲娱乐生活的一大构成形式。与此相伴的是与钓鱼相关商品的市场规模虽然有所变动，但是一直在扩大的倾向未变。

如此，海洋休闲娱乐得以在国民生活中扎根，价格更加便宜、能够接触到自然且形式多样的海洋娱乐生活被开展起来[14]。"海业"就是在这样的国民性的需要的条件下成立并发展起来的。

根据日本总务省《产业关联表》为依据的农林水产省的推算，国民最终饮食消费支出额在2000年为80.3兆日元，在2005年为73.6兆日元。其中，面向国内农业水产业以及进口生鲜的食用农水产品支出金额分别仅为15.3兆日元和10.6兆日元，而面向食品产业和外食等饮食产业的支出额为65兆日元和63兆日元，两者相差无几[15]。从这些数据可以看出，日本国内的农业水产业保留在国民的最终饮食支出列表中，如果改变思路的话，就意味着还存在农业水产业进军饮食产业的商务空间。这也是海业的发展空间。

五、海业的各种形态和案例的定位

我们一直强调海业是依据以渔业者为中心的地区的各处地区资源的价值创造活动所形成的维持生计的工作。这样的海业由于负责主体和地区资源的状态的不同，其中的内容也不同。但与此同时，海业的样态也意味着由于这个负责主体和使用的地区资源的特征差异，也有可能具备一定的形态区别。

一方面，作为海业的负责主体，最正统的是地区渔业的经营体和地区的个别经营体，还有在那里大规模化的企业经营体以及由地区组织起来的任意团体、协议会组织和NPO法人、渔协、根据渔协和行政部门等所组织起来的第三部门、地方自治体等。从这个负责主体的特征来看，既存在属于渔业者和企业等的私人部门的个别的经营团体，也存在看起来属于NPO和渔协和地方自治体等的第三部门和公共部门的共同经营体。所以，负责主体的特征是根据其经营形态是特别的还是常见的来进行区分的。

另一方面，渔村的地区资源不只是水产品和渔业生产活动，还有海中景观、渔村和海边的景观、海滨沙滩、海浪、渔村的历史和传统文化、鱼类食品文化、人们的生活等多种资源。当前我们如果着眼于这样的地区资源的利用的话，作为其主要利用形态，有将鱼的食用作为传统利用和伴随着经济发展的娱乐生活利用两种形式，这两者会有很大的不同。

因此在各种各样的情形下展开的海业的形态，根据负责人的特征和资源利用的特征，大致可以分为四个类型（图2-5）。也就是个人食、个人游、团体游、团体食四种类型。

在本书中，将通过9个案例来检验海业的事业组织及其特征，以及这些案例属于这四种类型的哪一种。从各案例所拥有的主要特征来分类的话，属于"个人食"的有爱知县的日间贺岛、福井县常神半岛的两个案例，属于"个人游"的是冲绳县恩纳村、神奈川平塚市渔协两个案例，属于"团队游"的是岩

海业时代
—— 以激活渔村为目标的地区挑战

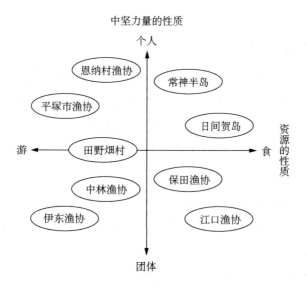

图 2-5　海业的形态和事例所处的地位

手县田野畑村、德岛县中林地区、静冈县伊东渔协三个案例，属于"团队食"一类的是千叶县保田渔协、鹿岛县江口渔协两个案例。

当然，即使在各种各样的类型中，根据使用的对象资源和渔村地区所处的地理条件、环境条件的不同，海业的内容也有很大的不同。像这种由于事业内容的不同而对事业的存在形式产生相关的影响，今后将作为课题进行详细的分析。作为对海业事业考察的第一步，在本书中将会按照上述的形态进行区分。也就是说，这本书首先要解决的是验证这样的形态的不同会给海业事业的状态带来怎样的差异，这其中有怎样的原理等几个课题。

注释:

(1) 日本水产厅的《关于渔村激活的模式（中期汇总）》(2009) 明确提出"海业振兴"政策。

(2) 激活渔村经济的代表性研究如下。日高健:《都市和渔业——沿岸区域利用和交流》，成山堂书店，2002；玉置泰司:《渔村激活》，渔业经济学会编《渔业经济研究的成果和展望》，成山堂书店，2005，第190—193页；岛典秀、滨田英嗣:《渔村地区激活的现代诸论点和课题》，《地区渔业研究》第44卷第2号，2004，第1—9页；小野征一郎:《海洋休闲和渔业》，《渔业经济论集》第35卷第1号，1994；矶部作:《"海洋旅游"和渔协——针对"海洋旅游"的渔协和渔业者的对应和组织》，《地区渔业研究》第40卷第3号，2000；关泉水:《支撑地区系统的海业的可能性》，《岛屿》第51卷第2号，2005；日高健:《都市和渔村——新型交流商业》，成山堂书店，2007；等等。

(3) 娄小波:《渔村地区激活和市场问题》，《地区渔业研究》第44卷第2号，2004年2月。

(4) 娄小波:《渔业的振兴和渔村的激活》，《农业和经济》第66卷第15号，2000年11月。

(5) 生源寺真一:《围绕农村地区资源管理的论点》，《共济综合研究》第44卷，2004。

(6) 永田慧十郎:《地区资源的国民性利用》，农山渔村文化协会，1988。

(7) 同注释(5)论文，第5页。

(8) 滨田健司:《农山村的地区资源利用上农协的作用

(I)——至今为止的研究以及地区资源利用的现状》,《共济综合研究》第 39 卷,2001,第 70 页。

(9) 同注释(6)书,第 84—87 页。

(10) 同注释(5)论文。

(11) 同上。

(12) 根据日本舟舰工业会的资料。

(13) 财团法人余暇开发中心:《休闲白书》以及《自然潜水产业动向调查报告》。

(14) 仓田亨:《对于渔业者来说的游钓问题》,《月刊渔协经营》第 236 号,1982 年 1 月;仓田亨:《海面(海洋)的高度利用化和渔业》,西日本渔业经济学会编《面临转机的日本水产业》,九州大学出版会,1988;梅野清治:《走向游钓和渔业共存的变迁》,《月刊渔协经营》第 303 号,1988 年 5 月;敷田麻实:《渔业的变迁和今后的沿岸区域利用》,《地区渔业研究》第 41 卷第 3 号,2001 年 6 月;矶部作:《针对旅游、度假的渔业者的对应和渔业的动向》,《渔业经济论集》第 36(2)号,1995 年 10 月;等等。

(15) 小田切德美:《农山村再生实践》,农文协,2011,第 246 页。

第三章

海业的产生和发展
——以福井县常神半岛的渔家民宿经营为例

一、偏僻渔村的"奇迹"

常神半岛属于福井县西南部的若狭町（2005年3月31日由旧三方町和上中町合并形成），大致位于若狭湾的中央像角一样突出的半岛上，它是由若狭湾国定公园美丽的三方五湖自然景观不断扩延而来的。但是因为常神半岛远离县中心的福井市和敦贺市，半岛上没有通铁路，交通手段只有公交和驾车。即使是当地最先进的常神村，也自嘲为"天涯海角"，半岛全部都处于条件不利的偏僻之地，因此成了半岛振兴法的指定地区。

处于这种不利地理条件的常神半岛，它的自然条件也极其恶劣。南北走向的半岛的东部是陡峭的山崖，从陆上到海面的通道基本处于不通的状态。只有西部沿岸的河口湾才适合出海。

海业时代
—— 以激活渔村为目标的地区挑战

以这些河口湾为中心，常神半岛形成了七个渔业地区，但是因为山势险峻，在河口湾建设大型的渔港极其困难。因此，进入1950年代以后，常神半岛就落后于其他渔业地区开展的渔船大型化和渔业外延扩大（进军近海、远洋渔业）的时代潮流，没能走上依靠大规模经营的渔业发展道路。

缺少平坦的农地，能够开展林业的山地也太少，离开传统的渔业便不能生存的常神半岛居民，因为没能实现渔业的现代化而变得落伍。实际上，即使到现在半岛上也没有经营像近海、远洋渔业这样的大规模渔业体，只有以零散的沿岸渔业为中心的小规模的渔业经营罢了。

但是，像这样的常神半岛的渔家经营，拥有可谓奇迹般的持续性和安定性。关于这一点我们会在之后再详细论述，在日本全国的多数渔村开始出现人口和渔家经营体的数量持续骤减、后继者不足等严重的地区问题背景下，在只能从事零散的渔业经营这样的恶劣条件下的常神半岛的渔家经营的持续和地区经济的活力还保持着相对的平稳。当然，受长时间低迷的日本经济的影响，即使是常神半岛也毫无例外要直面游客的减少和渔业经营的退出等问题，但与其他的渔业地区相比，到现在为止常神半岛的经济的坚挺还是引人注目的。

为什么在常神半岛会发生这样的"奇迹"呢？先叙述一下结论，这只有一个原因，进入1960年代，个别渔家自发开展的经营变革使渔家民宿等扩大到"享受型渔业""服务型渔业"[1]的领域，这就是从渔业转向海业的努力。

渔家民宿是自古便存在于渔村地区社会中的住宿形式，它的出发点是给因为务工或做生意等工作到访这片地区的人提供住宿和饮食。但是，进入 1960 年代以后，以海水浴热潮和游钓热潮为背景，因"游玩"而到访的人们逗留在此，渔家民宿起到提供设施的作用。渔家民宿为到访此地的人们提供服务，对本地的鱼类食品文化、景观和海等资源的价值创造方面起了很大的作用，成为激活当地经济活力的重要手段之一。

其实最初，常神的人们并非有意识地为振兴海业而采取各种各样的对策。常神半岛上形成的这种产业形态只是一个结果。尽管当地人对自己本地的产业是海业这一事件尚未有定论，但是可以确定的是，常神半岛上迅速繁荣起来的地区产业，既不是一直以来支撑本地经济的渔业，也不是单纯的民宿业，而是形成了带有独特产业特征的地方产业。在本书中，把这种本地产业通称为海业。

在本章中，通过分析在常神半岛展开的以渔家民宿为中心的地方经济，我们会探究海业作为渔村地区产业是如何生成、如何展开的，以及到底可以发掘出怎样的经验，作为地区产业的海业成立时到底需要什么样的政策上的支援等课题[2]。

只是随着 2005 年街道的合并，三方町渔协也更名为若狭三方渔协，以下部分如果没有特别提及的话就仅限用旧称表示。此外，本章的叙述对象采纳的是旧三方町，属于旧三方町在常神半岛地区的选址地区。

二、作为纯渔村地区的常神半岛

三方町内的渔村村落处于半岛的先端部位，由常神、神子、小川、游子、盐坂越、世久见、食见7个地区组成。根据第10次渔业国情调查，除去食见之外的6个地区的住户占渔业人家的比例高达56%～89%，这一片地区在历史上也一直作为纯渔村留存下来。

受地理和自然条件的制约，只能作为纯渔村留存下来的常神半岛的各个地方，其渔业也极其零碎。各村落独立成立的渔协通过1983年的大联合，三方町渔协诞生了，合并时有成员219名，渔业生产量1 000吨，生产额高达3.5亿日元，作为合并后的渔协，在组织规模和生产规模这两方面依然是小规模的。根据第10次渔业国情调查，三方町的渔获金额各阶层经营体80%的年收入不到200万日元，和全国其他地区相比，属于渔获金额较少阶层的经营体比较多。如果根据《渔业国情调查》的结果来看，在2003年当前地区并不存在专职渔业经营体，而兼职经营体中，150家经营体中也有138家是第二种兼职渔家，占了全体的九成。

渔业低迷的第一个原因是渔业生产的分散性。在这片地区，除4张大型固定设网的渔业和23张小型设网的渔业、4个鱼类养殖经营体（2008年）之外，钓鱼、延绳、刺网、鱼笼等零细渔业成为了主要渔业。第二个原因是地处偏僻，所以对贩卖、流通有很大的不利影响。因为渔业的零细性和不便的交通位置，当地没有有力的产地经纪人，产地市场的设施也不完备，水产的价格就是在这样不利的条件下形成的。

三、地区经济的卓越表现

一方面，不得不作为纯渔村而存在下去的地区却几乎没有渔业发展的余地，这对当地经济来说极其致命。另一方面，在常神半岛，日本全国性的渔协成员的显著减少和后继者不足以及老龄化现象等所谓的地区问题却发展缓慢。

首先，来确认一下渔业经营体数量的变化，如图 3-1 所示，所呈现出来的和全国性的倾向有若干不同。以 1983 年的经营体数为 100 来看，日本全国性呈直线下降趋势，相反地，在三方町一直到 1988 年为止呈上升趋势，至少到 1998 年还维持在相同水平，之后才逐渐趋向减少。可以看出，在当地至少到 1998 年为止渔业经营体数量大致维持在同样的规模，说明渔业经营体的再生产一直在进行。之后，当地经营体数量减少

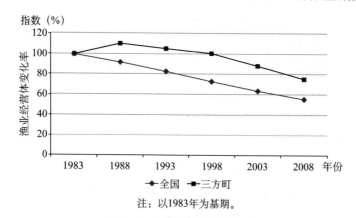

注：以1983年为基期。

图 3-1　渔业经营体数的变化

（资料来源：日本农林水产省，《渔业普查》）

的背后主要原因是根据村町合并和渔协合并所带来的组合员的资格再审以及老龄化所造就的自然减少。

接下来就到底是否存在老龄化的发展问题,让我们来将其所属成员的年龄阶层构成和全国的比较一下。在2008年,日本全国的男子渔业从事者的年龄构成如下:30岁以下占7.3%,30多岁的占10.1%,40多岁的占14.6%,50多岁的占22.3%,60多岁的占23.3%,70岁以上的占22.5%,相对于上述的日本全国状况,在三方町,30岁以下占9.3%,30多岁的占10%,40多岁的占14.3%,50多岁的占25.8%,60多岁的占25%,70岁以上的占15.7%。可见,常神半岛的渔业从事者的年龄阶层构成与全国相比更为年轻,因此可以看出这在一定程度上确保了这片地区的渔业后继者。

实际上,在常神、神子、盐坂越等村落,200年来渔家人数大致维持在相同的数目[3]。虽说一子继承制是长久以来这片地区的传统,但自第二次世界大战以后开始,在苦恼于人口从渔村、农村流向城市,随之出现人口过疏化、空洞化等问题的现代日本的农山渔村地区,像常神半岛这种能够持续维持渔家经营体的地区的数量也不是很多了。当然现在日本全国处于高龄社会的趋势中,常神半岛也不能逃过这个命运,然而在处于日本社会问题的先行地区的渔村地区中,当地的努力值得称赞。

遗憾的是,无法找到评价常神半岛渔家经营表现的公开统计数据,但根据基于在1990年实施的三方町渔协的问卷调查的推算结果,当地渔家的平均所得超过了1 000万日元。

在规模缩小再编进展过程中的日本渔业里我们反观三方町

渔协，同样处于低迷中的渔业行业，却在当地确保了渔家的高收入，渔业地区后继者不足和老龄化问题在当地结构中也相对并不明显。这片地区经济的高效所带来的地区产业构造，也在之前的三方町渔协的问卷调查中得到了确认，如表3-1所示。

表3-1 三方町渔业村落不同收入细项的比率（1990年）

（单位:%）

项目		地区名						
		常神	神子	小川	世久见	盐坂越	游子	合计
各项收入	渔业收入	17.8	15.6	7.6	15.9	11.3	1.2	12.7
	个人渔业收入	8.4	8.7	2.8	8.4	11.3	1.2	6.7
	定置网供给	9.4	6.8	4.8	7.5	0.0	0.0	6.0
	观光收入	62.9	57.4	61.0	64.6	40.3	58.9	60.0
	民宿收入	50.4	47.3	55.6	62.5	31.5	56.3	53.2
	店铺收入	8.4	3.2	2.6	0.8	5.5	0.3	3.4
	礼品收入	3.3	5.1	1.3	0.3	0.0	0.0	1.8
	钓鱼船收入	0.8	1.7	1.5	1.1	3.3	2.3	1.5
	津贴收入	13.6	18.6	23.7	12.8	32.8	25.9	19.0
	其他收入（农业、养老金等）	5.6	8.4	7.6	6.4	15.7	14.1	8.2
收入总和		100.0	100.0	100.0	100.0	100.0	100.0	100.0
生活费用		41.2	43.3	35.7	33.9	45.1	39.2	38.5
经济剩余金		58.8	56.7	64.3	66.1	54.9	60.8	61.5

资料来源：三方渔协的问卷及走访调查。

根据本地渔家的总收入构成的细目，相对于渔业相关所得占总比例的12.7%，观光所得占60.0%。对于渔业地区来说，相比渔业所得，观光所得反而更加重要。也就是说，仅靠渔业无法留存下去的地区，由于观光相关产业的展开，当地经济得到了很好的发展。

进一步分析观光所得的内容，发现民宿所得平均达到了53.2%，与此相关的饮食、饮品店等店铺收入占3.4%，土特产等礼品收入占1.8%，钓鱼船收入占1.5%。也就是说，支撑常神半岛的渔村地区经济的是渔家民宿业的发展。并且，在常神半岛，响应到访本地的游客的需求，形成了以渔家民宿为中心的综合性渔村观光产业。这种以渔家民宿为中心开展的生计正是海业本身。

从表3-2可以看出，在这种背景下，当地有多少家渔家开始从事渔家民宿经营。从渔业村落分别来看，游子、世久见、食见等地是80%及以上的渔家，而这些地方以外的地区一半以上的渔家从事民宿业和兼业经营，地方整体69.5%的渔家经营体是以民宿业作为兼业的。

表3-2 渔业村落中民宿业的经营状况

地区	总户数(2008.9.1)（户）	渔业经营个体数（个）	比例（%）	自营旅馆、民宿经营个体数（个）	渔业经营个体数所占比例（%）	渔业从业人员数量（人）
常神	44	39	88.6	25	64.1	63
神子	46	34	73.9	20	58.8	44
小川	57	32	56.1	21	65.6	48
游子	14	9	64.3	8	88.9	11
盐坂越	20	12	60.0	7	58.3	14

(续表)

地区	总户数 (2008.9.1) (户)	渔业经营 个体数 (个)	比例 (%)	自营旅馆、 民宿经营 个体数 (个)	渔业经营 个体数 所占比例 (%)	渔业从业 人员数量 (人)
世久见	30	23	76.7	22	95.7	33
食见	20	5	25.0	4	80.0	9
合计	231	154	100.0	107	69.5	222

资料来源：第十次渔业统计调查。

四、常神半岛海业的产生和发展

1. 渔家民宿的产生

首先，从地方产业的形成过程来看，常神半岛据说在1950年代的中期开始经营民宿[4]。以蜿蜒曲折的海岸、拥有安静湖滨的若狭湾成为国定公园为契机，两户渔家得到了正式的许可开始了民宿经营。道路也得到了修建，钓鱼的人和露营的人特别是来海泳的客人等逐渐来到这块地方。那个时候，一旦天气变得恶劣，当地居民（渔业从业者）希望钓鱼的客人等投宿在自己家里似乎就是民宿业的起点。最先开始经营民宿的是两户渔家，随着钓鱼热和海水浴热等的时代来临，顺应需求的当地居民（渔业从业者）开始相继发展民宿业，到了1960年前半期增加到了五六家。在那中间，有用自家的游船经营游钓向导业的，也有和其他兼营休闲渔业的渔家一起合作的人。

海业时代
──以激活渔村为目标的地区挑战

推进这种运转模式的是町。当时的地方领导者准确地抓住了在地方率先开展的新的产业创造的机会，通过町描绘出振兴观光的前景，期望振兴旅游业。例如，在1964年制定出的三方町观光开发计划书中，写有"水产品也是民宿料理或者特产土产品，必须策划提高其附加价值"这样的论述，为此"必须积极地推进特产的创新产品化，改善住宿设施、停车场，疏通观光道路、开发温泉（氡泉）等"(5)。另外，在1971年提出了"自然修养村修建事业5年计划"，并"根据捕鱼业、养鱼业的观光化和新鲜水产品的民宿料理化等来提高农林渔业的收入"(6)等，制定出了引领时代的策略并付诸实施。

1960年代的后半期开始到1970年代的前半期，三方町逐渐开始积极地推进旅游开发，依据事业计划的前景展望，町、旅游协会、渔业地区这三方协同合作，推进旅游开发。例如在町中修建观光道路的同时，1972年活用沿岸渔业改造事业，在渔业村落中修建广场和停车场，修建渔港相关设施、助力完善基础设施建设。另外，1971年由于三方海中公园的指定开发，从1974年开始花费了三年时间投入游钓对策振兴事业，在千岛这样的海上优良渔场设立船钓的人工鱼礁的同时，还修建了浮标钓鱼场、礁石钓鱼场、散步人行道、游钓船专用停靠场等。在这种背景下，当地六成以上的渔家经营体开始经营民宿，据说其中很多是给垂钓客作休闲渔业这种兼业的。

之后我们还会谈到的是因为没有确定明确的归属而引起的海域纷争并没有停止，而在这片千岛海域进行了休闲渔业设施整顿，被视为促进该地区民宿业的落实的划时代的事件。总之，由于渔业方面进行的地区资源的积极管理带动了新的地区生计，从而产生了地区经济发展的良好循环。

由于町观光政策振兴支援事业的持续进行，如1982—1984年，常神地区因为渔业群落环境整顿事业的补助而成为全日本第二个整顿了地下水库的地区，从而解决了一直因为供水不足而无法应对大量游客需求的问题，对常神地区的民宿业发展具有很大的贡献。

根据1955年国定公园的指定，促成了町的旅游协会的组织合并，那之后町组织了开业的渔家民宿，推进了各地区的协议会的设立，计划培养其作为城市旅游协会的部门。

以这种政策的推进为背景，到了1960年代的中期来地方参观的游客开始猛增，进入1970年代中期，根据城市的观光统计，来观光旅游的游客数量突破了140万人。为了应对游客的急增，加入民宿经营业的从业者络绎不绝，1975—1985年，据说在全部地区总计有近1 500家民宿。据说当时有民宿经营条件（接待客人住宿的房间和土地的空间）的渔家几乎全部开始经营民宿。

2. 渔家民宿的发展

（1）季节性民宿

主要以垂钓客为对象开始的常神半岛的民宿业，1965年趁着日本全国的海水浴热潮，逐渐向以海水浴客和垂钓客为中心的营业形态变化。到了1970年，为了应对游客的增加，民宿经营家数增加了，也继续增修了住宿设施。

然而达到了一定规模的民宿业又面临了新的问题。那就是既然是以海水浴客和垂钓客等为对象的营业，营业时间是受季节限制的，即必须是所谓的以夏季为中心的季节民宿。为了提高倾注了巨大设施投资的民宿业的周转率，从季节性民宿中摆脱出来可以说成了地区的课题。为此，很有必要推出吸引冬季游客的商品。

(2) 根据"鱼类食品菜单"展开的全年营业化

于是以町为中心，尝试了冬季旅游资源的开发，得出的结论就是"鱼类食品"。1986年受国家沿岸维修开发事业影响，町在小川地区推进了红鳍东方鲀的养殖，开发了以这种养殖的红鳍东方鲀作为地区通用食材的菜单，把它们作为冬季的特色进行大规模的销售。

烹饪河豚必要的条件是熟练的技术和河豚烹饪师执照。因此，为了能在各自的民宿烹饪河豚并在菜单上展示给顾客，必须要拥有熟练的技能以及取得执照。在这方面发挥很大作用的是旅游协会。町的旅游协会通过各地区的民宿联络协议会开展料理讲座，尽可能地提高从业者技术的熟练程度。经过两年的时间，超过1 000名民宿经营人员获得了营业执照。

以河豚料理的成功为契机，以鱼类食品为中心的菜单逐渐开发盛行起来，现在作为冬季特色的除了红鳍东方鲀以外，渐渐开始提供螃蟹（主要是帝王蟹），并受到欢迎。现在冲着冬季的河豚、螃蟹而去的游客，其中很多包括来自岐阜和大阪、京都、名古屋等地的因为忘年会而特地来的团体游客，据说在半年前就不能预订11月和12月周末的食宿了。而且，在旅游旺季也提供乌贼和比目鱼，还有鲷鱼等在当地新鲜捕捉来的活鱼，在常神半岛全年中，"鱼类食品"成为了吸引游客的重要地区资源。

因为可以全年度营业，而且提供鱼类食品菜单这样的"招待"和"服务"，实现了业务形态的进一步转变，民宿经营者也逐渐提高了顾客的满意度，采取了确保回头客的精密对策。其中既有把设施改装得像温泉旅馆一样，同时牢记以前的"民宿之心"的经营者；也有和常客通过邮件直接交涉，发出季节信函问候的经营者，常神半岛的渔家民宿经营逐渐迈入一个新的阶段。

（3）新需求的开拓

在这过程当中，特别要提及町和旅游协会等的支援组织所发挥的巨大作用。培训接待客人的礼仪，定期举办包括地区全体人员的热闹演出，为了发掘当地新的需求还进行了温泉的挖掘，并在2003年开始提供使用等。

而且，从1990年代中期开始，旅游协会成了营业主体，随着推进修学旅行的接纳体制，常神半岛作为修学旅行学生的体验学习项目的一个先驱地区，现在也接纳着很多来修学旅行的学生。

3. 民宿经营的实际情况

下面我们举出地区中具有代表性的大规模经营体和中等规模经营体为例子来看下在常神半岛展开的民宿经营的现状[7]。

（1）大规模经营体民宿A

民宿A是在1963年开始营业的并且是在三方町中也算很早的民宿，也屡次在电视和杂志上被报道，是町中具有领先地位的民宿。在1970年代前半期，整修了主屋和独间，1999年在临海的高台上新建了现在的设施。一年的营业额是

6 000 万日元，住宿客数达到 5 000 人左右，在当地民宿中属于大规模经营体。经营者是 60 多岁男性和妻子、儿子、儿媳四人。经营者和儿子都兼营渔业，经营者个人经营了小型固定网渔业，儿子作为船员参加了当地的大型固定网渔业。他们 20 年前就开始经营以住宿客为对象的大型固定网渔业的参观学习和小型固定网渔业的体验。虽然渔业部门从劳力和收入的平衡来看存在严重的赤字，但他们还是继续加入渔业部门的原因在于：当地有几乎强制加入的地区规定，同时，他们也强烈地意识到渔业部门组织发挥地区的旅游魅力是最重要的。夏季费用要 1 万日元，但因为有很多是带着家人一起来海水浴的，实际上人均变得更加便宜。到了冬季，因为公司的忘年会团体来访很多，河豚的价格是 1.2 万到 1.4 万日元，螃蟹的价格是 1.5 万日元。每年 8 月海水浴客的数量迎来高峰，但在 11—12 月迎来了人均营业额的高峰。民宿料理使用的鱼的供应商依赖专门提供螃蟹的批发商，但河豚和其他的鱼产品是从渔协进货的。宣传手段是利用运营网站以及杂志和电视的采访等，因为取材都是由对方提出，所以无须用花费很多宣传费的广告来进行宣传。

(2) 中规模经营体民宿 B

民宿 B 自 1970 年开始营业，现在由儿子作为第二代继承下来，设施于 1994 年重建。营业额达到一年 4 600 万日元，是一家年客人数量为 4 000 人到 5 000 人的中等规模经营体。以 30 多岁的夫妇两人为主，父母也参与帮忙，雇佣附近的 2~3 个亲戚的孩子来兼职。第一代和第二代都兼营渔业，第一代从事小型固定网渔业，第二代为刺网渔业。在夏天虽然费用是一个大人 8 000 日元，包括摆造型在内是 1 万日元，但是家人多的话，不需要用餐的小孩只需要 1 000 日元的被褥费，小学低年级左右的孩子有套餐，实际的人均费用至多 1 万日元。冬季的河豚和螃蟹料理价格在 1.5 万日元左右。夏季会看到很多海水浴客，冬季有很多利用忘年会等来吃美味佳肴的团体。因为一年中营业额最高的是从 11—12 月，这 2 个月占了总营业额的三到四成，而且住宿人数也是达到一个月 5 000 人左右的高峰。回头客率在一年里占八成，特别在冬天回头客率很高，在夏天就早早地预约好了 11 月和 12 月的周末旅程。来的客人中也有预约了第二年的住宿的。鱼几乎都是从渔协进货。宣传手段有在旅行相关书上刊登广告、运营专门网站等。

4. 渔协的支援

到此为止，我们说到了三方町和旅游协会在常神半岛支援开展渔家民宿的任务，事实上作为根据个别渔家支援民宿经营的另一支援组织，三方町渔协的任务也极其重要。例如，1965—1975 年，很多渔家开始兼营民宿业，但是新建民宿住所的资金供应大多是通过渔协来协调的。用系统金融的专门资金来整顿设施，这种由国家牵头的更有利的制度资金方式一直持续到平成初期。

而且，到了 1980 年代中期，当地开发出了"鱼类食品菜单"，因为渔家民宿在从季节性民宿到全年营业民宿变化的过程中，三方町渔协也根据渔家经营活动的多样化相应改变了协会版图，其中最典型的案例就数购买企业了。在渔协的购买事业中，满足协会成员使用的燃油和渔业材料一般作为企业的主要对象品种。然而，在三方町渔协的购买事业中，与一般对象不同，活鱼和冷冻鱼等成为占比最高的品种[8]。也就是说，三方町渔协根据订货，提供给进行民宿经营的协会成员们从附近产地市场进来的活鱼和冷冻鱼等货物来满足食材的需求。当然，渔协也会据此获得一定的收益来保持经营的稳定。这样一来，三方町渔协的购买事业构造和一般的沿海地区渔协有着很大的不同。

可以举出渔协方面的另一支援案例，以之前谈到的1974年的千岛海域为对象，它接受了"沿岸渔业特定地区休闲渔业对策振兴地"的指定。在福井县围绕千岛渔场的归属纷争持续了将近半个世纪，1972年虽然因为在相关渔协共同管理的方式下似乎看到了结果，但是站在获得了共同渔业权的渔协（1983年得以合并的"三方町渔协"的前身的各地区渔协）一方来看，考虑到将近67%的手下协会会员都开展民宿经营的情况，开始着手整顿了支援休闲渔业的设施[9]。这对之后方便管理有关渔场的资源利用和防患于未然有着非常重大的意义，能让休闲渔业甚至是民宿业可以安心经营。

在前文所述的案例地区，渔家经营体是以渔业为基础的，谋求让民宿、饭店、土特产、游钓导游业等事业多元化，与此同时三方町渔协也修正了事业版图，作为支援组织向协会会员提供事业支援。

五、渔家民宿的意义和地区资源的价值创造

1. 渔家民宿业的意义

很明显，三方町渔家民宿第一个也是最重要的意义是创造了就业机会以及提高了收入等，维持了地区经济的活跃。第二是根据民宿的收入来维持渔家经营，从而可以进行再生产。第三是维持了渔业生产。在该地区，劳动生产率低下、收益难以上涨的渔业之所以还能继续维持，正是因为创造出了"鱼类食品"这一地区最大的旅游资源。该地区的小型固定网渔业被较广泛使用也是因为即使有一点风暴也能捕获到一些渔获物提供给客人。由此在案例地区渔业展现出地区魅力，产生了旅游和维持渔业生产相互依存的良好循环。第四是对渔协经营的维持具有很大的作用。第五是借此可以有意识地保护水产品资源和沿岸地区环境。

2. 渔家民宿对地区资源的价值创造

常神半岛的地区资源，主要是由半岛和若狭湾组成的四季景色和美丽的海和海滨以及只有渔村才有的新鲜的食材。对于垂钓客来说吸引他们的是丰富的鱼类资源以及渔业本身和渔夫的智慧、技术和鱼类食品文化等。

常神半岛各渔业村落开展的渔家民宿的访客在夏天泡海水浴，冬天品尝河豚和螃蟹料理，春天到秋天垂钓，根据季节来体验享受地区资源。经过一年时间，自然而然地便熟悉了捕获

的海鲜。总之，在常神半岛开展的渔家民宿综合了各种各样的地区资源并展现出其独有魅力并据此创造出了应有价值。

这种作为第一产业的渔业是小规模的，因为地理的制约背负着流通和贩卖活动上的不利条件，所以就把本地新鲜的海鲜和鱼类食品文化、美丽的景色和招待的心，以及地方的传统和技术等优质的地区资源综合起来，给予访客最大的满足，我认为这种将地区经济的活力连接起来的常神半岛的案例可以作为开始新的渔村经济、新的渔村地区振兴理想状态的一个样本。

六、海业的开展过程和成立条件

把常神半岛的海业作为地区产业的开展过程分成地区支援面和地区力量的形成两个方面重新归纳，如图3-2所示。

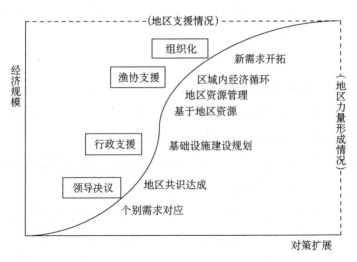

图3-2 作为地区产业的海业的开展过程

首先，极富企业精神的个别渔家在当地开始了垂钓、海水浴这些满足游客小需求的民宿业，成功之后，为了满足游客们日渐扩大的需求，其他大量的渔家也跟着进入民宿行业。此时，在地区领导者的决策下，逐渐形成地区认同，地方自治团体也加入民宿振兴的行列，提出了振兴民宿的蓝图。这之后，观光振兴成了行政机构的主要课题，以此为基础不断对道路和停车场等观光设施进行整备。

其次，渔协最初主要是为了筹集资金方便而对此进行支援，但随着民宿业的不断扩大，渔协以及行政机关制定了振兴休闲渔业的新的海面利用规则，专门为了休闲渔业而调整了设施。因为地区资源的创造和管理紧密相关，管理支撑着当地民宿业的安定经营。在渔协发挥的作用中，特别值得一提的是为了满足地区的民宿需要而开展的水产品购买案例。通过此案例，形成了当地的渔业部门和民宿部门的地区内经济循环系统，由此也形成了地区内利益循环。民宿业也取得了进一步的发展，形成了良好的循环。

然而，以海水浴和垂钓的游客为对象的民宿业容易受到季节变动的影响，民宿只能随季节变化而经营。为收回不断扩大的民宿业的资金，如何开展全年性民宿成为一个课题，为了解决这个课题，以旅游协会为中心的民宿业从业者的组织化管理也在不断推进。

再次，支撑着全年性民宿转变的是以旅游协会为中心的地区鱼类食品料理菜单的开发。以行政机关和渔协为主导，在地区内引入红鳍东方鲀的养殖，开发以此为食材的红鳍东方鲀料理来作为本地主打料理出售。红鳍东方鲀的成功与之后使用螃蟹的海鲜料理菜单的开发以及采用当地时令鱼（比如青墨鱼）的鱼类食品料理菜单的开发紧密相关，各个民宿提供了丰富多彩的极具特色的菜单，确立了常神半岛在美食上的地位。旅游协会以及各地区的协议会在鱼类食品料理菜单的开发上和烹饪技巧的提高方面起到了很大作用，而渔协在鱼类食品料理的原材料提供上也发挥了重要作用。

最后，从单纯地享受美食的民宿开始，当地的民宿业正向着能提供高质量服务、体验学习以及绿色主义的综合性民宿业发展。为此展开了设施的重建、温泉的开发等活动，以求更快地成为能满足修学旅行需求的地区。

通过这些方式，常神半岛由于地区支援而形成了地区力量，推动海业的发展不断扩大，地区产业的经济规模也不断扩张。重新梳理一下常神半岛之所以能达到这般规模的发展，可以总结出以下五点。

第一是因为富有企业家精神的个别渔家经营体和地区领导者的存在。民宿经营的先行渔业者抓住了地区萌生的机遇而开创了民宿业，跟随他们的步伐，大量渔家经营业者进入民宿业。我们可以从随后一系列的菜单开发、烹饪技术的学习以及高品质有特色民宿业的开展等活动看出，他们确实拥有了应对时代变化的能力。地区领导者最快地把握了地区经济的动向，在推进振兴地区经济方面达成了共识，决定了地区经济应该前进的方向。此时的决意和达成的共识，决定了之后地区经济的发展过程。

第二是政策性的支援。三方町并不是福井县常见的能够通过开发建设发电用设施促进发展的地区，在当地并没有像样的产业，自治团体也苦于严峻的地方财政，能更快地认识到作为地区产业的旅游业的重要性，制定了振兴策略，以策略为基础大力完善旅游设施。因此有必要指出作出政策性决定的地区领导存在的重要性。

第三是中间支援组织的存在。在常神半岛的海业的主体是以个别渔家为中心的个别经营体，为克服面临的各种各样的制约，对于像这种以家族经营为中心的经营体，渔协组织和旅游协会组织可以说是扮演了中间支援组织的角色，填补了个别经营体在经营资源和经营技术方面的不足，提高了地区整体的竞争力。特别是渔协组织通过提供鱼这样的食材，承担着地区内的经济循环的一部分任务。而且在观光体验项目的开发和招揽顾客方面，旅游协会扮演了非常重要的角色。

第四是地区内经济循环系统的形成可以实现地区内利益循环。渔协作为中间支援组织发挥作用的同时，还通过积极地提供食材来支撑地区经济的循环。而且兼营民宿的渔家是以渔业部门和民宿部门间的协调为目标的，特别是休闲渔业和民宿业的合作让地区内各部门的利益循环得以实现。

第五是共同管理地区资源来提高价值创造的意识。最典型的案例就是为了完善休闲渔业的设施而确立了新的管理结构，当地一般的共识是为了振兴海业，地区渔业的作用极其重要，因此民宿经营者也积极地参与到经营利益不多的大型固定网渔业的共同经营上。就个别经营体来说，也达到了渔业和民宿、旅游业的平衡，维持了地区的产业构造。总之，常神半岛上渔业和海业不只是交易关系，更是相互依存并且发挥相辅相成作用的关系。

在日本经济低迷的背景下，常神半岛的民宿业和其他产业一样，也处于困境中，但是各个经营体的经验和开拓精神、打开地区事态的能力以及旅游协会等中间志愿组织的存在说明只要地区具备强有力的协作意识，常神半岛的地区产业将会迈向一个崭新的舞台。

注释：

（1）三方町志编集委员会：《三方町志》，三方町，1990，第787页。

（2）五十岚玲：《地区资源的价值创造和促进渔村发展》（东京海洋大学硕士论文，2006年3月）。

（3）同注释（1）书，第624页。

（4）同注释（1）书，第781页。池田志保：《渔村地区社会的经济结构分析》（东京海洋大学硕士论文，2001年3月）。

（5）三方町：《促进地区产业发展的观光计划书》，1994。

（6）三方町：《整顿自然修养村的五年计划》，1971。

（7）2003年的调查结果。

（8）根据三方町《渔协报告书》，1990年代以后，三方町渔协购买较多的是活鱼和鲜鱼，占比超过80%。

（9）同注释（1）书，第781页。

第四章

休闲渔业的开展和渔协的新任务
—— 以神奈川县平塚市渔协为例

一、休闲渔业和渔业的利用竞争

在上一章可以看到，在常神半岛，由于当地人要满足垂钓客的需求，民宿业产生并在之后成为支撑地区经济的主要产业的海业的发展过程。其中响应垂钓客的需求可以说成为该地区产业发展的一个契机。关于这一点在前一个章节中虽然涉及了地方和渔协一起支援的事实，但是对有关响应垂钓客而开展的休闲渔业的实际状态并没有展开分析。

钓鱼是人们自古以来就喜爱的一种传统的休闲活动，不少地区为了满足垂钓客需求而形成的休闲渔业成为一项重要的当地产业[1]。因此在本章中将把休闲渔业作为分析的重点。我们一起来看休闲渔业是怎样形成的？休闲渔业的成长又如何给当地渔业带来了生机？成熟的地区渔业（渔协）怎样在当地资源的管理方面发挥新的作用？也就是我们要考察的是海业的成立为地区资源管理或者说沿岸地区的利用管理方面带来怎样的实际意义。

被看作休闲娱乐的钓鱼存在着各种各样的形式。比如，有在港口或堤坝处轻松进行的"岸钓"，有付一定数额的金钱在钓鱼场地、木筏或游船上体验姜太公式的钓鱼方式，也有特别想要钓鱼的人会根据季节和鱼季的不同，寻找不同的鱼群栖息处或不同的鱼类。为了追求此种钓鱼乐趣，有人会乘坐自家的游船或者家里的小船或者快艇去钓鱼，也有搭乘渔民或家里有船的人的船出海垂钓的。一般后者都是提供收费服务的，这样的行为就称为休闲渔业。

所以，休闲渔业是船只所有者（大部分都是渔民）为了满足钓鱼爱好者需求而搭乘船只以享受钓鱼乐趣的有偿服务业。从这个意思来理解的话，游鱼船业所提供的商品不是鱼也不是船，而是利用船让垂钓客能钓到鱼这样的一种服务。

休闲渔业中有把钓客们送到如危险的岩石上或险峻的崖边等能钓到鱼的地方，既有摆渡垂钓的形式，也有租下整个游钓船的"包租船"，还有在规定时间内出海的"拼船"的形式。在钓鱼人数较多的大城市的近郊出现的休闲渔业主要是"公共船"和"包租船"，相对来说，偏僻的渔村经营的休闲渔业主要是"渡船"和"包租船"。

垂钓是自古以来人们熟悉的休闲方式，为了顺应1960年代开始在整个日本兴起的钓鱼热潮，休闲渔业也得到了发展。此后也迎来了几次钓鱼热潮，伴随着这个热潮，休闲渔业也经历了几次沉浮。虽说经济的状况对休闲渔业有着很大的影响，但是使用的地区资源却是和时代的变化或经济的发展没有关

第四章　休闲渔业的开展和渔协的新任务

系，地区资源基本上不会变化。

休闲渔业的主要地区资源，首先是垂钓的对象——鱼。正因为钓鱼的数量是评价游钓船经营体的最重要的一个指标，所以鱼资源是否丰富、是否能够自由大量地捕捉到鱼，决定着游钓经营的好坏。

其次，是否拥有能成为钓鱼场地的海面和渔场可以看作是休闲渔业的第二项地区资源。因为休闲渔业只有出海才能成立，所以渔场的存在变得十分重要。游钓船同行们围绕钓鱼场地的竞争和拥有海面优先使用权的传统性的海洋产业——渔业之间的竞争成为了不可避免的问题。并且，休闲渔业利用的第三个地区资源是停靠游钓船的港口和口岸，围绕船舶停靠的休闲渔业和其他船以及渔船之间存在的争执和资源利用的竞争以及渔场利用的竞争等成为休闲渔业现今需要面对的一个问题。

在游钓船这一行业，经营游钓船的人若想把事业办得越来越好，或者将事业规模办得越来越大的话，关于使用鱼、渔场、港口等地区资源和渔业部门以及部门内部的竞争就会越来越激烈。渔业和游钓之间由此不可避免地会发生各种各样的争执和冲突。在很多的渔村休闲渔业是不受欢迎的，特别是在不少渔业繁盛地区，游钓船是让人看不起的。

为了解决横在游钓和渔业之间的渔场、渔港、资源的使用竞争问题，以实现振兴休闲渔业，至今为止提出了各种各样的方案[2]，在1988年颁布了"关于规范休闲渔业的法律"。此外，为了处理游钓问题，很多地区设置了海面协议会，通过签订渔场使用协议，制定了地区规则、当地原则等自主管理方案，来分配、使用海面以促使这一问题得到解决[3]，这件事本身对调整海洋新的利用关系有着重要的意义。然而从振兴渔村地区经济这一点来看,新秩序的形成在当时减少了地区资源的利用,对地区而言并没有做到对地区资源的最高利用[4]。

因此在本章中,通过分析神奈川县平塚市开展的以休闲渔业为中心的海业的成立给一直以来利用水产资源的渔业人员和在渔业权管理方面进行水产资源管理的渔协带来了怎样的冲击,以及在地区资源的利用管理方面渔协有哪些新作用,来探讨他们给地区资源的有效利用管理带来了哪些启示。

面向相模湾的平塚市有着丰富的鱼类品种,渔业是当地重要的产业,并且由于发达的交通网络,平塚市的沿岸地区作为旅游地也魅力日增,因此很多渔业者开始经营休闲渔业。平塚市的休闲渔业和渔业从来都存在着紧密的雇佣关系,在经营方面支撑着渔业,在渔协中也占有重要的位置。和休闲渔业结为一体关系的平塚市渔业,也在深入发展,并与利用的地区资源其他的观光娱乐领域也有很深的联系,可以说这些构成了平塚市海业的核心。因此我们要分析由海业支撑的渔业的作用,探讨其在地区的社会经济方面所处的位置以及地区资源管理的内容。也就是说通过不断扩大对海洋的新利用,找到渔协能发挥的新的作用。以神奈川县平塚市渔协为例,考察其跳出海洋娱乐和海业之间的竞争,从新的沿岸区域管理者角度出发来分析这一正统性是怎样形成的[5]。

二、平塚市的渔业和渔协

平塚市大致位于神奈川县中间部位,约有 4.8 千米的海岸

第四章 休闲渔业的开展和渔协的新任务

线（图4-1）。因为具备铁路和高速道路，平塚市从1960年代中期开始就实现了与东京和横滨的通勤，至今还是东京通勤圈内的近郊城市。2012年，平塚市城市人口达到26万人。平塚市拥有优越的地理区位，形成了包括游钓等海洋休闲产业在内的观光产业。作为当地重要产业，至今每年观光人数能达到650万人次。

图4-1 平塚市渔协的位置

以前，渔业在当地是主要产业，但是由于资源的减少和高度经济成长期劳动市场的急速扩大，很多的渔业从业者转业，渔业生产也逐渐衰退。代替渔业的是休闲渔业。一直以来，休闲渔业不仅是支撑当地经济的重要部门，也对渔业的存续起着重要作用。游钓船经营者们通过开展钓鱼等各种各样的比赛活动来积极调动地区的活力。当地有两个渔港，一个是位于相模川河口的挖入式的须贺港（须贺凑），还有一个是面向相模湾的新港。在新港设置了建设机械，希望此处能发挥作为交流据点的作用。

如今,平塚市主要的渔业种类有以竹荚鱼、沙丁鱼为捕捞对象的定置网渔业,还有银鱼船拖网渔业,甚至还有捕获鲆鱼和舌鲆鱼的刺网渔业。渔获量在1984年达到顶峰的1 455吨后开始减少,2000年左右开始趋于平稳,2006年之后有逐渐增加的倾向,2010年渔获量达到了700吨(图4-2)。渔获的九成都来自两个正规大型的定置网,三大经营体的船拖网占一成。

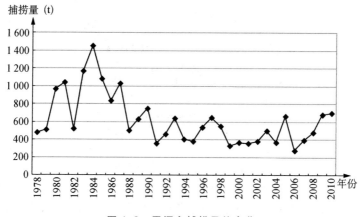

图4-2 平塚市捕捞量的变化

(资料来源:平塚市统计资料)

根据《渔业统计》分析当地主要的渔业种类经营体数的构成,可以看到船拖网占三成,其他刺网占一成,大型定置网占二成,竿钓鲣鱼占一成,其他的钓类占三成,从事渔业经营的仅仅只有10家经营体。而那其中个人经营体有5家,专业经营体2家,以渔业为主的兼业经营体有3家。从兼业的构成来看,其中休闲渔业有3家,水产加工有1家,勤务有1家,渔业雇佣有1家,渔业为主的全部兼业经营体都经营着休闲

第四章 休闲渔业的开展和渔协的新任务

渔业。

根据《渔业统计》调查，2003年的一个经营体平均渔获金额为342万日元，远远超过神奈川县平均值（141万日元）。从2008年渔获金额类别经营体数来看的话，捕获金额超出1 000万日元的经营体有5家，占10家经营体的一半。

2011年渔协人数有92人（正式组员人数49人，预备组员人数43人），较1998年减少了6人，较2002年减少了2人。这个减少主要是由于老龄化的自然退出。从整体趋势来看，组合人数趋于平稳，其原因就是有着开明的组员资格制度。平塚渔协每年都要审查组员资格，基本上想要从事渔业（包括休闲渔业）的就业人员都要遵循这个原则。每年召开一次资格审查会，如果具备条件的话就可以成为预备组员，以这样的形式成为预备组员的话经过3年就可以成为正式的组员。

另外，《渔业统计》调查显示，2008年49名渔业从业者中未满40岁的有18人，40岁以上50岁以下的有15人。未满50岁的渔业从业者占67%，在平塚市，渔业从业者的年龄构成相对比较年轻，可以说渔业从业者集团的活力没有减少。

作为渔业产地的平塚市几乎可以划分到弱小零细产地类，客观现实是当地最大规模的渔业（定置网渔业）到2002年为止也是休闲渔业者的兼业部门（在2002年无偿让给专业的渔家）。对于休闲渔业经营者而言，定置网渔业年年亏损是个包袱，之所以持续运营了几十年，只不过是因为不想灭了渔业的火种。

平塚市的渔业虽然渔获量少，但是渔业者们在早市出摊，进行着以定置网所捕获的渔获物为中心的鲜鱼贩卖等直接贩卖事业。另外，通过渔协，当地的小学生积极体验乘船以及投入鲆鱼的放流和海底耕耘等的完善渔场环境活动中。通过这些活动让当地住民了解海洋和渔业的魅力。

休闲渔业在当地虽然有一定优势，但是能把渔业根基保留的根本在于游钓所使用的大部分地区资源是由渔协管理的。另外，几乎100％的渔业从业者向休闲渔业转换。可以说，在平塚市，游钓和渔业有着密不可分的关系。

三、支撑地区经济的事业——从渔业到海业

1. 从渔业到休闲渔业

自古以来就盛行的平塚市渔业主要是一竿钓鲣鱼和地拖网渔业[6]，在大正初期导入了鰤鱼大谋网技术，确定了定置网的渔业权[7]。因为大型定置网和地拖网或者钓鲣鱼等都是要求资金比较多、相对规模比较大的渔业，所以平塚市进一步推进了渔劳的组织化，进行了企业化要素比较强的经营改革。

进入昭和时代后，由于渔船动力化的进步，以及新渔场的开发等原因，渔业逐渐专业化，兼业钓鲣鱼和地拖网的渔家逐渐转化为以捕捞鲣鱼为中心的经营体和以地拖网为中心的经营体。特别是把静冈县和千叶县海面作为渔场的海钓鲣鱼渔业成了支撑第二次世界大战后地区渔业的一大渔业部门，最繁盛时期五个经营体雇佣了很多的船员从事钓鲣鱼渔业。

但是，进入1960年代初期，由于资源的变动和饵场问题及产地竞争等问题的出现，再加上随着工业、商业的发展和组

第四章 休闲渔业的开展和渔协的新任务

员人数的缺少,钓鲣鱼渔业经营的业绩开始恶化并面临被淘汰出局的下场。因为当时是高度成长期,陆地的工作岗位十分充足,即使废弃了钓鲣鱼渔业,组员们也不会失去工作,但如果所有的鲣鱼船全部废弃的话,渔协也有可能就此消失。相反,如果所有的鲣鱼船主和组员开始经营沿岸渔业的话,在有限资源的条件下,当地的渔业可能会整个成为多余人口,导致渔业和渔协成员两败俱伤。

因此,平塚市在之前就发现以个人为单位进行的游钓导游方案的可行性,作为地区渔业的转业形式为观光渔业的振兴发挥了大作用[8]。自从东京来此地越发便捷,以享受海水浴和以享受新鲜的鱼类以及温暖的气候为目的的游客不断增加,在市内也有了餐馆、别墅、疗养院等。在昭和初期经济最低迷的时候,作为改善渔业经济的一部分,引进休闲渔业被市当局讨论过,渔业的观光化得到了进一步推进。因此,平塚市为了观光渔业的推进,提供了钓鱼和住宿的地方以及免费停车场等硬件和软件双方面的支援。

这种经营转换政策发挥了预期作用,虽然两个经营体关闭了鲣鱼业,但是剩下的三个经营体中,一个经营体从1968年开始真正地从事钓鱼兼住宿的经营,另外两个经营体在1969年开始真正地从钓鱼住宿兼渔业转型为游钓导游业。在这期间,从事沿岸渔业的一个经营体也开始进行了钓鱼兼住宿业。当地以前使用的"钓宿"这个词,现在变为作为转换经营业的休闲渔业。平塚市的"钓宿"并没有特地准备住宿设施,而是只提供了游钓导游和所需的一系列服务(停车场、商店、食堂、休息地)等。

进入1980年代之后，休闲渔业等观光渔业成为当地一大产业，地拖网渔业也从渔业转向流行的旅游地拖网渔业。在游钓统计数据充分的2003年，《渔业统计》显示，与平塚市渔协中的渔业经营体数达到了6家相比，地区内游钓导游业的从业人数有10人，另外从使用船舶数来看，游钓用船舶增加了8艘，总共达43艘（游钓船专用16艘，渔业兼游钓船27艘），可以看出休闲渔业在平塚渔业地区占据重要的地位。因为游钓船等数量的增加，为了达到地区渔业的促进经济活力和海洋性休闲娱乐的共存目的，平塚市沿岸地区建立了在渔港设施基础上又集中了游钓船等鱼类设施的新港，2000年开始投入使用。

2. 休闲渔业的实际情况

随着竿钓鲣鱼业的衰退，为了发展以确保从业人员雇佣为目的的休闲渔业，游钓船经营从最开始的1个经营体发展到数个经营体。而且利用了邻近大都市郊区的地理条件，利用专业人士和凭着自己的兴趣爱好去经营休闲渔业的人士，新的渔业从业者的构成和从业者的独立以及经营体渔船的增加等情况反复出现，到现在形成了以四大经营体为中心的合作船俱乐部，构成了一个大型休闲渔业。

2001年平塚市游钓船的组成情况和经营体类别可以分为以下类型。当地经营"钓宿"的总共有4家经营体，一共28艘船。庄治郎丸有8艘，庄三郎丸有8艘，浅八丸7艘，丰鱼丸5艘。当地经营"钓船屋"的经营体总共有10家，一共15艘船，诚力丸3艘、日海丸2艘、丸八丸2艘、荣宝丸

第四章 休闲渔业的开展和渔协的新任务

2艘、富国丸1艘、杉丸1艘、东丸1艘、太一丸1艘、喜乐丸1艘、第二喜乐丸1艘。

2012年10月的休闲渔业的构成情况如下。有4家经营体，总共20艘船。庄治郎丸6艘，庄三郎丸7艘，浅八丸4艘，丰鱼丸3艘。另外经营钓船的一共有10家，总共11艘船，琉球丸1艘、诚力丸1艘、日海丸1艘、丸八丸2艘、喜乐丸1艘、登喜丸（即第二喜乐丸）1艘、八星丸1艘、仁美丸1艘、早荣丸1艘、佐富丸1艘。从中能够看出高龄人员的退出和新人员的加入。

作为地区引领者的4家大型钓宿企业现在分别拥有3～6艘游钓船，雇佣船员几乎全天候地从事观光向导等招揽游客业务。后者的钓船进行单独经营，大多都从事渔业和兼业，前者（钓宿）一般是和合作船作为团体去活动的。也就是说，在星期六、星期日客人比较多的日子里，专业的钓宿船的容量超过私家船的情况下，也会让客人乘坐合作船。钓宿和钓船屋，几乎一直以来是船主和船员的关系，形成了一种基本上固定的关系。

一年的经营天数约有280天。钓宿的话，一艘船一年工作200天，渔业兼职的个人经营体一般以休息日（周末等）为主从事50～60天的游钓导游业。在2002年，根据渔协的调查，所有船全部出动的最大出渔数量在工作日大约为60人（3宿×4艘×5人），高峰期（4—6月、9—11月）的双休日大约有600人（3宿×40艘×5人）。主要的成果有竹荚鱼、鲭鱼、真鲷（全年）、鲥鱼（8—11月）、**鳝鱼**（1—7月）等。根据季节也能钓到冠鳞单棘鲀、甘鲷、**鰤鱼**、鲣鱼（湾内）。

最近这几年也开发了路亚钓和深海钓，也能钓到鲯鳅和深海鱼。4家钓宿经营者不管哪一家都后继有人，开设了食堂和钓鱼工具等专卖店、休息场所等设施。不光是家族成员，也雇佣船上和陆地工作人员，创造了就业机会，是当地经济的一个重要组成部分，还在努力进行着开拓新的顾客来源和满足顾客的需求等市场营销。

就这样，平塚市的休闲渔业引领着垂钓和住宿的发展，钓宿的经营者们为了提高休闲渔业的知名度和吸引顾客，从一开始就和自治体组成紧密的合作体制。平塚市努力进行着成本的预算和宣传等基础工作，经营者们积极参加宣传活动。比如，庄三郎丸的船主出演了曾经很有名的深夜电视节目《11pm》的《11点钓鱼》栏目，努力宣传地区的休闲渔业。另外，作为企业的文娱活动也在企业和组织间积极开展。为了确保回头客和固定客人，创建了信息传播和钓鱼同乐会等来加强与顾客之间的连接。这一系列营销活动是有意义的，在1970年代成了一大热潮。这些努力的结果，为今天的平塚市休闲渔业打下了坚实的基础。

3. 游钓与休闲渔业之间的相互依存的关系

在平塚市开展的休闲渔业所有经营者都是平塚市渔协的成员。行政、渔协以及休闲渔业经营者成了一体，来共同推进休闲渔业的发展。在渔船渔业和休闲渔业之间很难有相互合作利用海面使用制度的条件下，在现今还存在很多纠纷的惯常状况下，与只停留在表面探讨渔业、休闲和谐共处的很多案例不同，在平塚市这三者是紧密联系的。

第四章 休闲渔业的开展和渔协的新任务

政府部门制定了振兴观光渔业展望的行政策略,并且从硬性和软性两方面来宣讲各种各样的支援政策。另外,在休闲渔业者和渔协之间除关于决定具体操作的事项之外,还确立了削减以前收取的贩卖手续费以缴纳支付税金取而代之的支付体制。税金是定额制的,2003年主要的4个经营体大约为5万~10万日元,其他的渔业者为2万~3万日元。主要的4个经营体中也有担任渔协组长和理事的人,进行和渔协之间有关取决事务的调整工作。实际上,常年经营亏损的定置网渔业上,或是在把渔业者集中化来确保休闲渔业的收入从而使渔业经营企稳方面,主要休闲渔业者由于休闲的确立等对维持地区渔业有很大的作用。

关于游钓和渔业之间的调整,神奈川县设置的游钓协议会制定了详细的全县统一管理规则(比如围网的使用限制、开业时间、开业区域、开业规则等)。平塚市的休闲渔业则进一步在内部制定了各种决定细则,积极地制定地区资源的使用规则。

为了维持渔业而以休闲渔业形态展开的渔业反过来又被休闲渔业支撑,而且还在继续发展中。渔业还呈现出鱼捕获量增加的倾向,直接售卖等新的事业有了发展,通过这种方式把海洋这样的地区资源的价值传达给地区居民和游客。也就是说,在平塚市依旧以渔业的名义,平塚市的休闲渔业作为观光渔业,才得到振兴和发展,而这个休闲渔业的成功又维持了平塚市的渔业,成为支撑渔协组织的基础,形成了相互依存的关系,发挥着互惠互利的作用。随着相互依存关系的深化,解决了渔业和游钓之间发生的各种各样的摩擦,在维持海洋新的规则和秩序方面起着很大的作用。从这个意义来看，平塚市以游钓为中心的海业的成立，由于新型海洋利用而最有效地解决了利用调整问题。

进一步说，在平塚市，海业的确立赋予了渔协沿岸区域管理者新"面目"。

四、地区资源的多方面利用和渔协的新任务

1. 地区资源多方面利用的开展

前面我们了解了平塚市关于从渔业到游钓的发展过程，平塚市的海洋休闲活动随着时代的发展呈现出多样化的特征，并且由于海洋休闲活动的发展深化了地区资源的利用。

从1970年代后半期开始，平塚市迎来了冲浪热潮。冲浪是在第二次世界大战结束后从美国带来的海洋运动，在美军基地附近的湘南地区是冲浪运动的绝佳地点，平塚市的相模川河口部作为冲浪地点而人气急剧上升。但是，相模川河口部同时又是渔船进出须贺港的航路，冲浪和渔船的利用成为矛盾。进入1980年代，作为新的海洋休闲娱乐活动，水上摩托和小型汽艇等业余休闲活动也逐渐增加，平塚市的河口部海域变得越来越繁忙。汽艇等的海洋娱乐活动，不但在安全上存在很大问题，还有很多的使用者因为缺乏有关海洋和海域地形、航海规则等知识，频频发生海洋休闲活动的单独事故以及休闲娱乐的同伴或者休闲娱乐活动和渔船相撞等事故。由于海洋休闲娱乐事故的频繁发生，希望调整使用的规则和安全管理规范的呼声

第四章　休闲渔业的开展和渔协的新任务

越来越高。

与之相对，海水浴是在海滨部开展的一个更古典的海洋性娱乐活动，平塚市以1925年铁路的开通为契机就开始了海水浴场的经营。之后受到日本全国海水浴热潮的影响，1958年"平塚市营须贺海水浴场"重新开张了，但是因为没有美丽的海滩以及潮汐的关系，而且在学校游泳馆普及和其他海水浴场整修等背景下，市营海水浴场在1967年关闭，平塚市的海水浴之类利用海滨地区的休闲娱乐就此终结。在海滨地区被利用作为1990年举办的"相模湾城市度假节"（SURF'90）会场之一的契机下，海滩再次受到瞩目。1995年，由平塚青年会议所、行政、各种团体、企业、市民所组成的"平塚海滩俱乐部"成立了，"平塚海滩中心"开张了，在夏天定期开展海滩狂欢节的活动等沿岸地区的多样化利用逐渐开始尝试[2]。

伴随着像这种沿岸区域的资源的多方面利用的深化，也为了支撑其健全发展，确立使用规则等，围绕地区资源的利用管理结构开始受到考验。在这种情况下，平塚市渔协有了新的任务。

2. 作为地区资源管理者的渔协[10]

为了冲浪和水上摩托、海滨利用等扩大的海洋娱乐和渔业能达到共存，平塚市建立了这样的循环：组建协商会、达成共识、利用规范化、建立保障规范遵守的体制，从而解决了问题。在这一系列的过程中休闲渔业这样的海洋娱乐以自己的业态使得渔业者主动地参与了进来。这里，我们把参与的真实情况分为冲浪、水上摩托、海滨利用三类，着眼于每个有利用调整必要的问题，就渔业从业者一方（渔协）如何关联，是否建立起利用调整机构等问题进行概述，验证渔业者作为地区资源管理者的作用。

(1) 渔业和冲浪的利用调整

渔业和冲浪的对立是在1970年代后半期产生的。相模川入海口的水深很浅，在有南风或者西南的风浪以及翻滚的波涛时会干涉河流的流向，波浪的高度变高后经常会产生巨浪。因此，一方面这里是良好的冲浪地点，另一方面也是船舶航行上的危险地带。伴随着冲浪者的增加，河道利用的拥挤问题越发严重，最终发生了为了避开入海口的冲浪者导致渔船倾覆的事故。

以这次事故为契机，1991年时设置了"入海口冲浪问题检讨会"，以渔协和日本冲浪联盟湘南支部所属的当地的冲浪者为中心进行了围绕利用调整为目的的协商。在多次协商的基础之上渔业者和冲浪者之间达成了互相理解，创建了以安全管理为目的的安全巡逻合同等渔业者和冲浪者之间的合作体制。

在这之中渔业者担任着安全管理信息的收集和发送信息的任务（图4-3），每天都在从事渔业的渔业者对入海口的环境

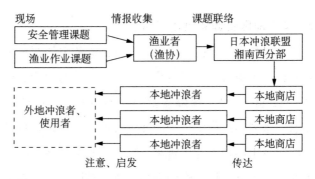

图4-3 安全管理体制下渔业从业者的作用

(资料来源：浪川珠乃、原田幸子、娄小波，《沿岸区域管理主体问题和渔业从业者的任务——以神奈川县平塚市为例》，2008，第45页)

变化、危险的行为和是否存在成为渔业作业上的障碍的行为的冲浪者等进行日常的监察。汇集到渔协的这些信息再从渔协发出传递给日本冲浪联盟湘南支部以及传达给平塚市近郊的各冲浪商店,形成了通过当地的冲浪者唤起在享受冲浪的对象海域外的地区的冲浪者的注意的体制。虽然多少有些时间滞后,但是这成了在海上难以直接沟通的渔业者和冲浪者之间有效地传达信息的体制。

(2) 渔业和水上摩托的利用调整

水上摩托和小型汽艇开始普及后,以相模川的入海口为中心的地区就产生了渔业和水上摩托的对立。水上摩托是很容易上手的一项娱乐,所以有很多经验不足的利用者,伴随着事故发生的增多也成了渔业操作作业上的障碍。

因为水上摩托的利用者很多都是没有组织的,所以没有和日本冲浪联盟湘南支部之间形成像已经建立了的利用调整的机构一样的关系。在这里,我们以平塚市港口水产科为中心,得到了横滨海上保安部、平塚警察署、平塚消防署、渔协、相模川小船坞各公司、神奈川县、国土交通省京浜工事事务所、PW安全协会、平塚海滩俱乐部等部门的协助,于2000年制定了《平塚海、河、浜的规则书——面向渔业和水上摩托的共存》。这是完全针对水上摩托骑手而制定的,但这个规则仅仅对定期来利用平塚沿岸的有组织的利用者有效,对于来自其他区域的不定期来访者和没有组织的利用者来说贯彻执行规则还是问题。

因此为了普及发售规则书,试以启发水上摩托骑手的安全航行意识,平塚开始在正式的活动季节前的每年六月设置安全巡逻警察。安全巡逻警察是民间的海洋志愿者团体，由特定的非营利活动法人神奈川县水难救济会平塚救难所组织。平塚救难所由渔业者创立，由平塚当地活跃的救生员、冲浪者和民间小船坞等掺杂着多样身份的成员所构成，救难所人员在有水难救助请求的时候，会中断各自本来的工作，立刻投身于救助的行动之中。渔业经营体被定位为海域救难部成员以及港内灾害对策部成员，相模川的小船坞、海滩俱乐部的救生员部会、冲浪商店等3处的海洋性娱乐关联事业体，以及拖网经营体被看作海域救难部成员和海滨救难部成员。

一般来说海上保安部的巡视船和航空机共同实施救助活动的情况比较多，但是和日常性的沿岸区域相关联的事业者发挥着普及利用调整的规则的重要作用。平塚救难所受渔协所管辖，渔协的会长同时承担救难所长的职责，渔业者在维持这些体制方面起到了很大的作用。此外，和观光有着密切联系的渔业者认识到确保相模川的入海口的安全是海域的课题，这对于地区资源的活用来说非常重要，渔协号召利用沿岸海域的团体、事业者等，自主去解决针对召开和入海口的安全管理有关联的联络会等课题。

（3）围绕海滨利用的调整

以1990年的SURF'90的召开为契机，海滨部和地区住民之间的关系产生了巨大的变化，为了利用者之间的互相理解和信息交换，以地区住民为中心开始实施定期的、持续的海滩俱乐部型的活动。促进了海滨部的利用，在海洋娱乐的利用也变得更加繁荣的过程中，利用者间的活动调整的柔性化和地区利用的促进成了海滨部的课题。

海滨部的利用调整由平塚海滩俱乐部进行，通过定期会议和定期活动，在实施促进利用的集会等过程中加深互相理解并进行利用调整。渔业者也会协助海滩俱乐部主办的利用促进集会。在海滨部里的利用调整、利用促进这样的社会性要求之中，渔业者担负着促进多种利用的任务的同时，也负责增强资源管理活动以及提高对海洋的关注等公关活动，发挥着保全海域这个重要的资源的作用。因为渔业者明确地知道，由于开展活动，协同的来访者的增加会带来顾客层的多样化，也和渔业者的收入机会的增加密切相关。

五、作为地区资源管理系统的海业

以上我们看到，作为平塚市地区资源的沿岸区域，从渔业开始到海洋娱乐等这种场所产生的变化，发掘出作为娱乐资源、旅游资源的价值。此外，由于渔业向观光渔业化的转型而使得休闲渔业也得以发展，同时支撑其发展的地区渔业得以维持，这样就形成了一种互相依存的关系，平塚市的海业也得以确立。海业的确立消除了渔业和娱乐（在平塚市尤其是游钓）之间存在的矛盾，从中可以看出海业这样的结构本身也成了解决海洋娱乐和渔业之间问题的有效系统。

平塚市凭借海业的确立而维持的地区渔业，以其核心组织的渔协为中心，响应沿岸区域的多方面的利用深化而发挥了新的作用，换言之，就像是作为沿岸区域管理者换了新的"样貌"一样。在扩大海洋娱乐的利用、海域的利用变得困难的同时，海洋娱乐和渔业的利用调整问题和安全管理问题甚至成了全国规模的大课题。在这种背景下，平塚市组织了机关、团体间的协议会、检讨会等机构的调整，构筑了策定自主规则等合作体制来解决问题。结果是平塚市满足了多种多样的利用需求，回避了利用者之间的对立，解决了利用率低下问题。总之，一般来说研究海洋娱乐和渔业的利用调整的困难的情况比较多，但是平塚市的渔业者积极地完成了安全管理信息的收集和传送，维持着安全管理体制，在促进多样利用和保全海域环境方面发挥作用，对解决地区的沿岸区域利用做出了贡献。

为什么平塚市的渔业者方（渔协）可以作为沿岸区域的管理者发挥新的作用呢？最后我想就此再稍作说明，同时概括本章。

第一，海业的成立提供了组织性的基础。海业的展开维持了渔业者集团的热情和活力，受维持的渔业者集团以其母体组织的渔协为中心，加深了与新的地区资源管理的联系。

第二，渔业者（渔协）获得了进行新的管理的正统性。正统性的获得既有着合法性的、制度性的权威的东西存在，又有凭借主体自己的努力被企业的利害相关方所认知的情况。平塚的渔业者，跨越了渔业权这种法律上支持的范围，甚至是在沿岸区域资源的管理方面也能积极地发挥自己的作用，是由其积极的相互关联和实绩构成所造就的。

第三，对于渔业者来说存在着刺激。管理看起来就像是权限，其实也是某种义务。平塚市渔协之所以能积极参与这种地区资源管理，其原因在于做这件事渔业方被认为多少有着利益

第四章 休闲渔业的开展和渔协的新任务

并享受这样的刺激。其中之一是安全确保上的利益,另一个是存在着通过管理域的海业的进一步展开可以带来经济上的促进。

沿岸区域从提供水产资源的空间开始朝着提供享受娱乐利用的空间转型的过程中产生了本质上的变化,所以其管理目的也不得不从维持水产利用的秩序开始朝着维持多种利用的秩序而扩大。平塚市的渔业者自身也因为渔业的衰退将生计转为观光渔业,同时也在沿岸区域的娱乐性利用的错综复杂的背景下,作为沿岸区域的利用者陷入各式各样的纠纷,却也发掘出所谓"安全的海"这样的休闲娱乐利用者共通的沿岸区域管理的课题。总之,如果不能保障海上安全的话,游钓者就无法安心地享受钓鱼,对于一边支撑着游渔业船业一边维持着渔业的渔业者来说,认识到安全管理是个重要的课题。当然,作为在渔业权渔场方面确保渔业作业安全的渔业者来说是在行使理所当然的权利,但是平塚市的渔业者没有采用为了确保自身的安全而限制其他人的利用这样的方式,而是设定了包含多种利用者的利益在内的管理目的,这是重要的一点。

这样做之后,减少了地区资源的过少利用而导致的损失,同时也达到了召开地区性的集会等的商业效果,地区内合作推进的共同作用的经济效果也值得期待。

第四,还要指出以渔协为中心形成的共同工作的系统也对发挥新的地区资源管理功能起到支撑作用。平塚市渔协是由平塚市和横滨海上保安部,消防、警察关联部署这样的行政机关,平塚海滩俱乐部和日本冲浪联盟湘南西支部、地方冲浪商店、渔船相关者、PW安全协会等的海洋娱乐利用者及其团体长年合作的共同工作的系统所构成（图4-4）。根据伯拿的组织论[11]，组织能继续发展的必要条件是沟通力、共通价值和贡献欲望的存在，平塚市渔协正是具备了很高的将多种多样的主体联系在一起的沟通力，以及成功设定了海洋的安全管理这样的共通价值，面向这些积极的合作的贡献才能持续进行。

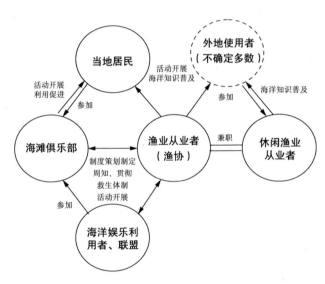

图4-4 平塚沿岸区主要利用者之间的主体关系

（资料来源：浪川珠乃、原田幸子、娄小波，《沿岸区域管理主体问题和渔业从业者的任务——以神奈川县平塚市为例》，2008，第47页）

这样，平塚向以休闲渔业为中心的观光渔业的转型积极推进，自发地实现向海业的产业转型，从而确立了海业。随着沿岸区域存在的地区资源的价值得到重新创造，平塚渔业可以列为构筑地区资源最优利用管理体系的良好范例。

第四章 休闲渔业的开展和渔协的新任务

注释:

(1) 池田弥生:《从钓鱼得到的学习——自然和人类的关系》,成山堂书房,1995。

(2) 比如,可以举出 1972 年《关于在海面上的游钓和渔业的调整》(水产厅长官通报,1983) 中《沿岸渔场整备开发法》的修正中渔场利用协定制度的导入等。

(3) 日高健:《沿岸区域利用的特征和管理的课题——渔业和沿岸区域利用管理和关联》,《地区渔业研究》第 43 卷第 1 号,2002。

(4) 工藤贵史:《渔村地区休闲渔业的发展和任务——以和歌山县印南町地区为例》,《渔业经济研究》第 50 卷第 1 号,2005。

(5) 浪川珠乃:《关于在沿岸区域管理方面渔业者管理的构造和成立条件的研究》(东京海洋大学硕士学位论文,2008 年 3 月)。

(6) 平塚市博物馆市史编委会:《平塚市史 12 别编 民俗》,1993。

(7) 平塚市:《神奈川县平塚市渔村经济调查书》,1933。

(8) 山下东子:《平塚市的游钓》《平成 10 年度游钓渔村定居化的调查事业报告书》,财团法人全国游钓协会,1999。

(9) 根据平塚市的旅游统计,1995 年到海岸海滩的来访者数达到了 13 万人,此后持续增加,2005 年达到了 23 万人。

(10) 浪川珠乃、原田幸子、娄小波:《沿岸区域管理主体问题和渔业从业者的任务——以神奈川县平塚市为例》,《沿岸区域学会志》第 20 卷第 4 号，2008，第 39—52 页。

（11）C. I. Barnard. The Functions of the Executive，1938.
(C. I. 巴纳德：《新译经营者的任务》，钻石社，1956)

第五章

地区资源的价值创造和中间支援组织
—— 以岩手县田野畑村"体验村·田野畑"为例

一、中间支援组织的任务

在地区建设领域,要想在当地顺利实行地区振兴,能够执行补助、合作、支援的组织和团体被认为很重要[1]。这样的组织和团体作为"中间组织",近年来被广泛称为"中间支援组织"。

话虽如此,中间支援组织原本大多被当作NPO的支援组织来讨论,根据日本内阁府国民生活局的调查,那个时候的中间支援组织定义为"在多元社会中以共生和共同劳动为目标,把握地区社会和NPO的变化与需求,作为人才、资金、情报等的资源提供者和NPO的中间人,并在广义上协调各种服务的需要和供给的组织"[2]。

但是,中间组织的任务不仅限于向NPO提供支援,在地区资源的管理和地区住民的直接支援上也有着重要的意义[3],

而且原本被支援的一方的 NPO，近年来在地区建设和激活地区的过程中也逐渐变得像中间支援组织一样在发挥作用。因此，通常所说的中间支援组织的存在形态变得充满了歧义，现在 NPO 和渔协、农协，地区协议会、自治会，城町制实行委员会组织这样的第三部门成为典型的中间支援组织形态。

然而，在农山渔村地区激活方面，对中间支援组织的明确指示还是很少[4]，并且围绕其在地区激活中发挥的作用的研究也非常少[5]。其中，佐藤真弓以地区交流产业为对象，明确了在地区经济激活中的中间支援组织的内向功能和外向功能[6]。内向功能包括地区内住民的合作工作（指导、普及）、地区资源价值的发现（事业项目的开发）以及将地区外需求传达给地区内部的诸个技能；外向功能包括向地区外部的宣传、吸引地区外的游客（成立匹配需求的项目）和精算事务等内容[7]。近年在激活地区的地区交流产业的创建过程中，尤其是作为"中间支援组织"的 NPO 法人作为地区资源价值创造的中坚力量的形态之一，被寄以重任。

那么，中间支援组织在促进渔村地区经济活力过程中究竟能够完成怎样的任务呢？换言之，在激活地区经济方面作为事业主体的功能和作为中间支援组织的功能一体化的 NPO 要怎么样才能完成这一任务呢？本章以岩手县田野畑村设立的 NPO "体验村·田野畑关联网"（以下省略为"体验村·田野畑"）为案例，验证作为促进地区经济活力的中间支援组织的作用。

关于"体验村·田野畑"的构成后文将会详述，这个办法可以认为揭示了今天的农山渔村地区振兴的一条道路。实

第五章　地区资源的价值创造和中间支援组织

际上,"体验村·田野畑"入选了 2007 年的岩手县"元气社区 100 选",同年获得了环境省"第 3 届生态旅游大奖特别奖",第二年获得了"非常棒!日本大奖 审查委员会长奖"("日本农水省·非常棒!"日本会议主办), 2010 年获得了"生态旅游大奖优秀奖"(每日新闻社主办), 2012 年获得了"第 7 回 JTB 文化交流奖最优秀奖"等。

"体验村·田野畑"是 2003 年 10 月作为"体验村·田野畑推进协议会"发端的,经过了作为完成中间支援组织性质的任务的组织的施行期,在 2008 年正式开始的组织(在本章,将这些统称为"体验村·田野畑")。之后会阐述其提供的多种服务,代表性的项目——"小渔船冒险"将当地壮观的海岸景观和小渔船航行的海域区间以及下船的岸壁等地区资源利用起来,各种项目都在尝试创造地区资源的价值。而那些被利用的地区资源,大部分是"公有的",是共有资源。

地区交流产业创建中利用的地区资源很多事实上是共有资源,故而由个人和企业发起的独占性的、排他性的使用都不得不直面利用调整上的问题。对此,由地区的有志者和地方自治体的首领所组成的 NPO 等的非营利团体就围绕利用调整的意见比较容易达成共识。另外,在渔村地区,因为它们所拥有的地区资源极其有限且分散,所以要研究为了企业化地利用这些资源而保障经济效率的规模扩大受到制约,以及减轻经营风险的进入壁垒降低的情形。所以容易接受公共的辅助和容易达成地区共识的 NPO 法人形态,克服了局限个人和企业参加的这种不利条件。从这个意义来说,NPO 法人形态作为承担人的这一形态值得重视。

接下来，首先在分析田野畑村直面的地区问题的基础上，验证"体验村·田野畑"所采用组织结构的实际形态和效果，再明确其功能和成立条件[8]。

二、田野畑村的地区经济和地区问题

1. 田野畑村的概况

田野畑村位于岩手县东北部，是地处偏僻的村庄。从县厅所在地的盛冈市出发，开车大概需要2小时，坐电车的话大概需要2.5小时（图5-1）。村子东西约17千米，南北约14千米，面积大约156平方千米。其中84%是山林地区。受"大片山林"和寒流等的影响，夏天气候凉爽，因为是太平洋型气候，所以冬天气温很低，但是太阳光照充足。受这样的地形和气候条件制约，渔业成为了田野畑村传统的基础产业，此外当地政府还根据山林地区资源特征开展山地酪农业。

面向太平洋的村子的东侧连接着陡峭的断崖绝壁，这雄壮的景观也被称作"海的阿尔卑斯"。其中，除了1999年被认定为全国唯一的"特A级"景点的北山崎断崖之外，鹈之巢断崖等自然景观也作为旅游名胜而广为人知。加上根据本地学策略等确立的"番屋生态旅游"等项目[9]，近年来吸引了许多游客来访。

这样的状况反映出田野畑村的地区经济显现出两个特征动向——伴随着传统产业的衰退的地区活力下降和新生计的萌芽。

第五章　地区资源的价值创造和中间支援组织

图 5-1　田野畑村的位置

2. 地区经济的低迷

根据《岩手县统计年鉴》，1980 年代初，田野畑村的村内总生产额达到了大约 50 亿日元，此后年年增加，1991 年达到了鼎盛，约 97 亿日元。但是，受到"泡沫经济"影响，村内生产总值开始减少，1998 年下滑到约 81 亿日元，在此之后一直停滞不前，处于低迷状态。这可能是因为传统产业农林渔业的衰退，以及到 1991 年为止不断成长的建筑业和服务业的发展空间已经消失。例如，从渔业生产额的变化来看，20 世纪 90 年代以后的生产额只达到了全盛时期的一半，且一直处于停滞不前、持续低迷的状态。

99

在同一统计年鉴中，从田野畑村人均收入变化来看，从1980年的120万日元持续上升至220万日元，但是以1995年左右为界开始逐渐下降，2005年下滑至160万日元以下。假设县民人均收入为100%，再来看田野畑村的人均收入水平变化，1980年是90%左右，但在此之后虽然有些许波动但总体还是在逐渐下降，2005年下滑至67.4%。由此可知，以前就是低水平的村民收入，现在变得越来越低。然而，从村内就业者平均收入变化来看，反而是处于一直增长的状态，2004年为534万日元，达到历年最高纪录。将之与县内平均水平相比，可以知道其处于116.7%的高水平。

引发这种情形的原因大概是没有工作的老年人增多了。根据《国势调查》，1985年田野畑村的人口为5 199人，其中就业者为2 569人，但2010年两个数值分别下降到3 843人和1 766人。就业人数占总人口的比例从1985年的49.4%下降到2010年的46.2%。田野畑村的老龄化率从1985年的13.2%急速增长至2010年的33.9%，而2010年15岁以下人口比例仅为11.8%。

曾为地区传统产业、基础产业的渔业很好地反映了这种严峻的经济情势。例如，根据《渔业普查》可知，田野畑村渔业经营户的数量在1988年有296家，但之后数量骤减，2008年仅存122家，在短短的20年里减少了58.8%。同期的渔业从业者数从438人减少至188人，减少了57.1%。此外从2008年的男性就业者数的年龄层构造可知，15～39岁的为12.4%，40～64岁的为62.2%，65岁以上的为25.4%，青年就业者（即继承者）非常之少。

这种地区经济规模的缩小和人口减少、少子老龄化的加剧，可以说已经成为了表里一体的关系并互相影响，迫使地区经济走上恶性循环的道路。对于田野畑村来说，如何摆脱这样的恶性循环，成了他们今后的地区问题。

3. 被期待的旅游业、海业

在这种情形下，带来一丝曙光的就是发展旅游业和海业。田野畑村有着美丽的自然景观和丰富的地区文化遗产等地区资源。例如，2006 年机滨番屋群入选由水产厅举办的"最想保留到未来的渔业渔村历史文化遗产百选"，正如之前所提到的，在 1999 年 8 月由（财团）日本交通公社开展的"全国旅游资源评价"的自然资源·海岸类中，北山崎断崖被评为全国唯一的特 A 级景区。

由于人们重新认识到了田野畑村丰富的地区资源，在全国都苦于游客数停滞不前之时，近几年去田野畑村的游客的数量反而增加了。根据《岩手县统计年鉴》，1998 年田野畑村的游客数下降到 62.3 万人，在北山崎断崖被评选为特 A 级后逐渐恢复，2009 年突破了 100 万人，其中有半数会去北山崎断崖游览。虽然三陆海岸地区有许多名胜，但在泡沫经济破裂的 1990 年以后，几乎所有旅游地的客流量都大幅下降，其中大放异彩的是 1998 年以后的田野畑村，游客数快速回升。

以田野畑村办事处为中心的旅游复兴对策和努力宣传结下了累累硕果，提到这些结果，其中必须大书特书的是 2003 年制定的村庄旅游振兴计划——"体验村·田野畑"推进计划完成了重要任务。因为 20 世纪 90 年代后半期复兴的观光几乎都是走马观花型观光,所以几乎不与当地居民有任何交流,也基本没有在村内消费的机会,因此对区域经济的影响微乎其微。然而在这种背景下,田野畑村根据2003年制定的振兴计划,于2003年10月成立了"体验村·田野畑推进协商会"。"体验村·田野畑"是事业主体,同时完成了作为中间支援组织的任务,也为此后田野畑村观光事业的推进完成了重要任务。

那么就让我们来看一看"体验村·田野畑"计划是如何应对地区问题的,又是如何作为中间支援组织创造渔村地区资源的。

三、"体验村·田野畑"的挑战

1. 整个计划的由来

正如之前所说的,"体验村·田野畑"计划由2003年设立的体验村·田野畑推进协商会开展。2004年地区资源价值创造体验项目正式开始实施,因为该协商组织的功能是谋求事业的进一步发展和组织强化,2008年1月设立的NPO法人体验村·田野畑网站被沿用至今。

从协议会设立的背景来看,如前所述1999年北山崎受到了日本交通公社(财团)极高的评价,以此为契机,开始回升的大部分游客属于走马观花式旅游,面对这种情况,当地不得不寻求某种对策。也就是说,为了能够让这阵复兴之风带动该区域的经济发展,田野畑村必须让这种走马观花式旅游转变为体验型旅游,再转变为停留型旅游,在这样的前提下,必须由某一个主体来发展村庄的体验型旅游。

协议会通过不断商讨、学习并结合当地特色,最后决定利用能够体现农林水产业盛行时期渔业生产和生活方式的"番屋"建筑群。于是名为"番屋生态旅游"的体验型旅游项目诞生了。该项目设定的理念是通过直接接触当地美丽而丰富的自然和文化,以及居民的生活来融入当地。田野畑村体验型旅游的目的有以下几点:让游客通过与本地人的交流接触当地的生计与文化,成为田野畑村的粉丝和回头客;通过延长游客住宿和停留时间来扩大旅客在当地的直接消费和扩大地产地销,以此产生对当地第一产业的叠加效应。

2. "体验村·田野畑"的组织结构和运营模式

(1) 组织结构

图 5-2 展示了从协议会到 NPO 法人化的"体验村·田野畑"的组织结构。这个组织由会员和赞助会员构成,赞同体验事业的为正式会员(最初有 56 个团体个人会员),赞助会员包括渔协、农协、森林组织、罗贺庄(旅馆)、个人、产业开发公社、商工会等的相关人员。可以说整个地区都是以组织的形式开展计划的,这也是为了之后能更加轻松地开发项目和确保合作人员之间的意见统一。

组织内部还设置了理事会、事务局和运营委员会来进行日常管理和执行各种事务。在成立"推进体验村·田野畑协议会"之初,事务局内设事务局长 1 名,事务局员工 3 名,支援人员 2 名,共 6 名人员。由事务局募集当地居民作为各种向导并进行培训,把他们培养成该计划的中坚力量。该计划最开始只对 25 名自愿者进行了培训指导，但到 2012 年 4 月已经增加为 31 人。

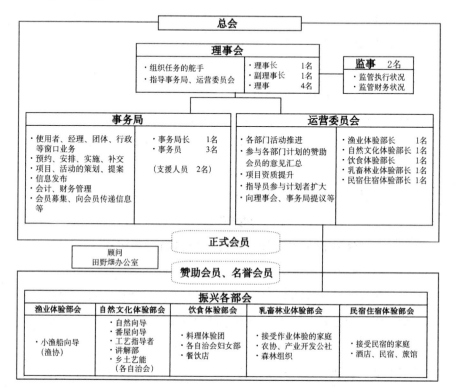

图 5-2 "体验村·田野畑"的组织构造

（资料来源："体验村·田野畑网"提供的资料）

"体验村·田野畑"计划的经费来自会费、村中的事业委托费、补助金及事业收益。2008 年，村中的事业委托费共 680 万日元、会费 200 万日元，此外还有日本文科省的补助和事业收益，该项目的经营保障了一定的盈利。

（2）体验项目内容的设置与导游培养

"体验村·田野畑"计划的首要任务就是策划体验项目和培

第五章 地区资源的价值创造和中间支援组织

养导游。他们仔细筛选当地各种地区资源,并考察该区域能否成为体验观光项目之一,选择能够实现该区域价值的本地居民并培养成向导人员。如表 5-1 所示,该地区向来访的旅客提供了 21 种展现当地丰富的自然及地区文化、极具魅力的体验项目。配合这样的体验项目,2009 年,当地开始接待学校的教育旅行。

表 5-1 体验村项目一览

体验菜单	费用	内容
小渔船探险	3 500 日元/人 (2 人以上)	在错综复杂的陆中海岸移动,必须绕过岸边,移动速率越低,经验越丰富的渔夫,就越能从岬角上打开的大洞和暗礁之间穿过去,直接通往渔场。这次的旅途将再现渔夫们的航行路线,向游客提供陆中海岸的断崖景观
北山崎自然山麓巡回游览向导	一小时 1 万日元起(面向旅游团) 一小时 3 000 日元/人(面向个人)	以日本的"游步百选"北山崎自然步道和鹈之巢断崖自然步道为中心的自然向导。有海岸线和展望台周边的比较平坦的路线和有着"海上阿尔卑斯山"之称的健步向的路线。游客可以根据自己的体力和时间选择合适的路线
番屋料理体验	①2 500 日元/人(两人以上) ②1 500 日元起/人	①亲自处理从番屋里挑选的海胆、海带和海鞘并品尝。②刀工也有渔夫的规范指导。此外,对于想要真正享受番屋料理午餐和晚餐的人,也准备了可以自己围炉烧烤的鱼类和贝类并可以享受浜汁等渔夫料理的套餐

(续表)

体验菜单	费用	内容
机滨番屋群渔民导游	10 000 日元/名（面向旅游团） 3 000 日元/名（面向个人）	入选"希望在未来能保留的渔业渔村的历史文化遗产百选"的机浜番屋群。本地渔夫带你了解象征着人与自然的关系的空间
"为相遇干杯！"向导	30 000 日元/2 名（每多 1 名多 5 000 日元）	除了旅游景点和冷门景点，街头散步还精通小渔船探险等项目。还可以去拜访当地居民的住所，品尝当地的家庭料理
贝壳艺术	500～1 500 日元/人	用海岸边的贝壳制作世界上独特的艺术品。可以选择手机链、相片框、蜡烛台等七种作品

资料来源："体验村•田野畑"提供的资料。

该体验计划的特色是准备了老少皆宜的项目以及与当地渔村地区资源相关的很多项目。例如，"小渔船探险""番屋料理体验""机滨番屋群渔民导游""贝壳艺术""裙带菜采集体验"等利用了当地海洋资源的项目，并把这些项目定为当地人气项目。

实施体验项目的主角是导游和指导员。"体验村•田野畑"在当地居民中招募合作者，并实施导游和指导员的培训。例如在主要项目"小渔船探险"实施的时候，一开始先在渔业从业者中募集 8 位合作者。他们平时从事渔业，应需求担任船长并负责导游工作。因此"体验村•田野畑"很注重事先对这些渔业从业者开展救援相关的讲座、导游技术指导、视察研修，提高在进行其他项目时的导游技术,要求不定期航线游览船参保(个人),以及每艘船自备游客用的救生衣。总之,是在技术、安全、设施设备方面进行投资等,支援体验项目实施时必要的软件和硬件,并制定了一系列规定。

2011年3月,"体验村·田野畑"计划的参加者共606人(引导人员31人、民宿家庭95家约475人、其他10个团体约100人)。值得一提的是,参加计划的人员占当地居民的15.3%,达到了非常高的参加率。

(3) 项目运营、支援的组织系统

"体验村·田野畑"的运营结构非常新颖,其特色在于与本地引导人员的关联性。简单来说,就是把原为计划实施主体的"体验村·田野畑"作为一个独立的运营主体,由当地导游和指导员来进行项目活动,但他们并不算是"体验村·田野畑"计划的内部人员或聘请来的人员,而是作为独立的个体来各自经营自己的事业。其实,从局外者的立场来看,"体验村·田野畑"是一个有机的事业体,但从内部人员的立场来看,它完全采用独立核算制度,每个个体都发挥着各自不同的作用。

"体验村·田野畑"事务局通过主页、宣传册、网络评论、广告等媒体手段来进行对外宣传,并与旅游公司和当地旅馆协商确保旅客数量,同时在项目实施之际还承担了从咨询、受理到行程确认、联络、款项回收等工作。事务局内部还承担了统一地区内意见、制作体验项目、引导人员培养、专业知识提升培训、协助进行管理项目、款项细算、联络等工作,并在项目实施时承包支援工作。

而引导人员必须自己承担必要设施（如小型机械船只）、投资、备用品（如救生衣）、船只检查、船主自赔责保险的费用，在项目进行时产生的经费（如燃油费）也由各自承担。他们作为自担责任的单独核算的自律性运营体参加这个事业。

在这样的结构下，收益的分配十分重要，"体验村·田野畑"计划中，事务局和导游、指导员据项目不同规定了不一样的分配方式。例如，在"小渔船探险"中，1人收费为3 500日元（两人以上的情况下），其中的七成收入归导游（小渔船的船长），剩下三成归其他协助者和体验村所得。但是，本地引导人员和番屋引导人员的收入为四成，低于小渔船。这是因为小型机械船只需要燃油费和船体维修费等支出，船长需要负担的经费很高，所以在分配的时候略比其他项目高一些。

3. "体验村·田野畑"的效果

下面来看"体验村·田野畑"项目的成果。图5-3为"体验村·田野畑"计划实际成果的变化图（接待件数、人数、营业额）。2004年的事业导入最初接待数仅有100件，接待434人，业绩只有125.1万日元，但之后企划逐渐扩大，2007年一下子突飞猛进。到了2009年，接待数达1 586件，共接待7 998人，业绩一下子上升到2 089万日元。图5-4为该计划对当地个体经营户的收入贡献。从图中可知，实行计划之初，每个项目的收入都很少，但实行5年后的2009年，即使每个项目收入不一，但是每个领域的收入都有显著提升。其中最值得一提的是"小渔船探险"，此项目引导人员的平均收入从第一年的32万日元增长到132万日元，5年里增长了3倍之多。

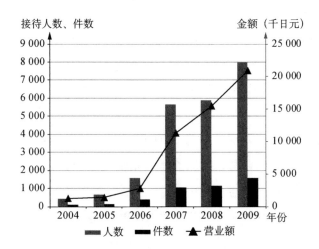

图 5-3 "体验村·田野畑"的业绩变化

(资料来源:"体验村·田野畑"提供的资料)

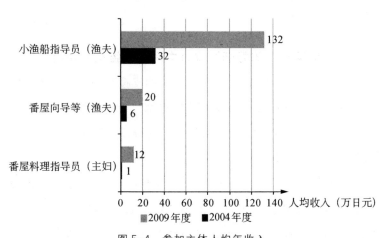

图 5-4 参加主体人均年收入

(资料来源:"体验村·田野畑"提供的资料)

"体验村·田野畑"计划带来的经济效果对整体地区来说还算不上"大规模经济",虽然只能算是"小范围经济",但是对于个体经营户来说,这无疑是一项巨大的副收入。此外,"体验村·田野畑"计划还在我们看不见的地方产生了巨大的效果。随着各种项目的开展，不仅仅是游客，当地居民也对这里固有的文化、传统、产业、生活有了更深层的认识，更加热爱自己的家乡，让大家团结一致，努力加强家乡的各方面实力。

自开始导入本次计划的2004年以来，前往田野畑村的游客数一直呈上升趋势，本次计划让游客从走马观花型观光转为体验型观光的目的也逐渐达成了。今后，对于他们来说最重要的课题是如何让体验型观光转变为停留型观光。

四、中间支援组织的功能与成立条件

1."体验村·田野畑"作为中间支援组织的功能

那么"体验村·田野畑"作为中间支援组织到底发挥了什么作用呢？图5-5是"体验村·田野畑"计划的纲要及发挥的功能，主要分为对"外部主体"的"对外功能"和对"内部主体"的"对内功能"两部分。

"对外功能"所包含的基本业务有：制作主页与各式田野畑村的宣传资料、经营为推销"体验村·田野畑"而进行的体验项目、应对来自消费者与经营者的咨询、顾客的预约和接待、接受预定后提出相应方案并制定行程、该方案的最终确认与事前联络，以及向顾客收取费用等。也就是说它包含了市场营销、经营、接单、结算、事务管理等所有方面的功能。

第五章 地区资源的价值创造和中间支援组织

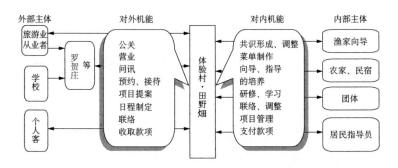

图 5-5 "体验村·田野畑"的事业框架和功能

另一方面,"对内功能"包括:计划实行时的调整和各方面意见统一、提供能体现当地特色与魅力的体验项目、培养能够实行体验项目的引导人员、向他们提供能够提升自身专业技能的知识与技术培训、先进案例考察、在接到预定后与各方联络、调整的管理及体验项目实施时的管理、支付引导人员的工资等。也就是说,对内功能主要是帮助引导人员以提供更好服务的工作。

一直以来支援 NPO 的是所谓的"中间支援组织",其基本功能包括孵化器、中间支援、基础设施管理三类。

按照这样的分类再次审视上述"体验村·田野畑"的功能,就能看出,"对内功能"中的调整和意见统合、项目制作、引导人员培训、专业知识提供与技术研修等都可以理解为孵化器式的培训培养功能。"对内功能"中的意见统合、"对外功能"中的宣传与运营等可以理解为中间支援功能。由"体验村·田野畑"提供的咨询应对、顾客的预约和接待业务、提供预定方案及制定行程及该方案的最终确认和联络工作、收费、

111

接受预定后与各方的联络及调整、方案管理、支付工资等就是在当地进行体验项目时的基础设施管理功能。

"体验村·田野畑"就是这样发挥着一般的中间支援组织的各种功能，但又存在几个不同之处。比如，一般的中间支援组织主要是通过掌管资金的周转发挥中间作用。然而，"体验村·田野畑"过去没有提出解决这一问题的协调措施。如果仅是执行眼下工作可能没有必要，但要是原本具备了这种功能的话，工作方案就应该能更加顺利地完成。还有其作为基础设施的功能，如果没有地区居民的积极参与，相关工作也不可能顺利地实施。这就意味着为了能够充分发挥功能，地区居民的积极参与是不可或缺的。

这里我们试着与一般的中间支援组织比较，既然被当作以农山渔村为对象展开的中间支援组织，那么它本身就被赋予了特殊的职责。也就是说，支援农山渔村的促进地区经济活力的中间支援组织有必要研究自己能成为中间支援组织的理由。比如，自己介于谁和谁的中间呢？自己要用什么东西去支援呢？合理不合理呢？怎样的组织形态能发挥作用呢……研究类似的课题是不可避免的。这些课题的总结将在本书第十章讲述。

2. "体验村·田野畑"的成立条件

下一个问题是：拥有这些功能的"体验村·田野畑"为什么具备能够完成任务的能力呢？根据目前为止的研究，前置条件至少需要以下几点。

第一是存在或能发掘出丰富的地区资源。像目前为止看到的那样，田野畑村有海、河、沙滩、海洋生物、水产品等天然资源；有早市、直销场地、产地直送、渔村村落、民宿和旅馆、历史文化遗产、建筑物、传统技术、民俗知识、传统活动、祭祀、乡土料理、渔夫料理等丰富的非天然资源。这些地区资源创造出多样的资源条件，等待人们来发现它们的存在、研究它们的价值创造。可以说"体验村·田野畑"的关系主体拥有实现这种功能的能力。

第二是发挥地区领导的正确领导能力。为了提高地区影响力，要开展活用多样地区资源的关联产业和创造有形、无形资源的价值，有必要实行针对地区需求的正确对策。还有，在地区方面要有创意，因地制宜想法和行动也很重要。为此，制定振兴蓝图很重要。从基于蓝图的计划制定到实行，担任重要角色的地区领导的领导能力也很重要。在"体验村·田野畑"，作为地区领导的村长的影响是巨大的。本来"体验村·田野畑"是村长和村子共同主导的随意团体，在NPO法人认定之前，田野畑村自己处理着村子的管理和财政、人才方面的支援活动。

第三是招募有市场营销能力和经营计划能力的人才。对于作为中间支援组织的"体验村·田野畑"来说，要发挥支援功能，能够确保有丰富旅游经验和热情的人才是最为重要的课题，与设立之初相比，"体验村·田野畑"已经能够确保有这样能力的优秀人才了。作为肩负着激活地区经济任务的优秀人才，"外地人、年轻人、笨人、有才能的人"都是需要的，或许这些充满爱意的形容能让田野畑村确保留住这样的年轻人。

第四是和行政形成坚实的友好合作关系。NPO和行政的友好合作关系近年突然得到强调。"友好合作关系"大多被认为是"一起工作"和"合作"的意思，一般指"不同的组织为了完成一个共同的目的，分别发挥各自本领，平等互助地完成任务"。NPO 和行政的友好合作关系变得吸引眼球的背景是，截至目前的公共物品大多由行政机关来承担，但是行政组织不光在财政方面有困难，并且市民公共服务的要求也趋于多样化，这些都由行政机关单独解决的话会有一定的局限性。在这种情况下，对行政机关来说，NPO 能够和它互相弥补不足之处，同时 NPO 也被看作是以实现公共利益为目标的合作伙伴。"体验村·田野畑"和村子之间的关系，确实是实现友好合作关系的良好范例。

第五是达成各种共识和渔民方面之间的合作关系。从"体验村·田野畑"的组织结构图中可以看出，这种模式是包含个人在内的诸多相关人员一致同意而产生的，从而构筑起了合作、关联关系。比如说，渔业体验部门有渔协；自然文化体验部门有语言演绎部、乡土技艺部和教育委员会等；食物体验部门有乡土料理妇女组织和饮食店等；乳畜林业体验部门有接收体验工作的接收家庭和农协、公社和森林工会等；民宿旅馆体验部门有接收游客居住的家庭、宾馆、民宿和旅馆等。围绕着海洋的利用，在海洋娱乐方面和渔业方面之间容易发生纠纷的当今社会，在田野畑村，"小渔船探险""番屋料理体验"与"和番屋渔夫之间的谈话"等特色节目如果没有渔民、渔协之间的联合协作不可能成立。当然，维持这种合作关系的可以说是地区内经济循环或者说利益循环系统的构建。

第六是成为导游和指导员之后合作者高涨的热情和动机。

近年来，待在渔村体验渔业、接触当地的自然和文化、享受和当地人民交流的旅行被称为蓝色海洋韵律；待在农村种植水稻等农业体验而感受自然的度假方式被称为生态韵律；将自然环境之外的文化、历史等作为观光对象，考虑其可持续发展的旅行被称为环保韵律，它们也渐渐受到关注。其中，担任着地区和旅客，还有地区的自然和游客之间的纽带作用，且为了振兴地区而积极工作的导游和指导员逐渐成为不可缺少的存在。"体验村·田野畑"所提供的多种多样的节目可以说是由热爱着这片土地的导游和指导员的强烈的热情来维持的。促进地区经济活力的成败可以说在于是否有许多居民的关注和参与，在于多大程度上能够确保持有这样的热情和动机的协助者存在。

五、灾害以来的复兴——"体验村·田野畑"的复兴能力

可是，向着这个目标慢慢发展的田野畑村的新方案却因为"3·11"大地震而付诸东流。田野畑村和三陆沿岸的其他地区同样因为这场从未有过的大灾难而遭受了极大的损失。

田野畑村的震度为 4，在那之后遭受了最大波高达 25.5 米的海啸，沿岸村落受到了毁灭性的打击。根据村子的统计，2012 年 6 月 30 日，24 人死亡、15 人失踪、6 人受伤。225 栋房屋被全部毁坏、22 栋被大规模破坏、23 栋被毁坏了一半，11 栋被毁坏了一部分，共计 281 栋房屋有不同程度的

毁坏。村子内共计有 251 个家庭 743 个人受到损害。村子内损失共计达 302.7 亿日元。从渔业部门的损害来看，村内 89.9% 的渔船被毁，即将迎来收获期的裙带菜养殖和海带养殖之类的藻类养殖业的产物连同海面设施和设备也几乎流失、损坏殆尽。还有固定网渔网之类的渔具、渔网，尽管不是旺渔季但放置在沿岸部的陆上、仓库，也都被海啸卷走了，从据点渔港所在岛的越渔港所保存的很多渔业设备，到村内的捕鱼相关设备也几乎都被破坏殆尽。田野畑村损失金额的很大一部分都是与渔业有关的。

同时支撑"体验村·田野畑"运行的地区资源也受到很大程度的损害。高人气的"番屋环保韵律"的许多番屋群也被破坏得不留一点残骸，用来进行"小渔船探险"的 8 艘船只中的 6 艘被海啸卷走，作为小渔船出发点的渔港和活动据点之一，住宿设施"罗贺庄"等相关基础设施也因为严重受损不能再使用。

村子和"体验村·田野畑"的真正价值开始被人们质疑。但是，田野畑村并没有因此而消沉。田野畑村迈向复兴的脚步在一系列的灾害后马上就开始了。

"小渔船探险"在地震 4 个月后的 2011 年 7 月 29 日由 4 艘小渔船重新启动。"小渔船探险"的一位船长（指导员）在地震后的 1 个月发出"不要因为客人不来而放弃，什么都不做的话客人就永远不会来了吧"的呼声，呼吁为了复兴而加速自己的工作[11]。此后，凭借人脉从青森调来了 2 艘小渔船，修补成为船只出发点的岸壁之类的复兴工作也在快速进行中。

田野畑村也在受灾的 5 个月后制定了以"面向未来的复兴"为基本理念的"灾后复兴计划"的基本框架，1 年后这个框架得以具体化并形成了详细的"实施计划"，正式开始实施复兴方案。其中，推进以"旅游业和渔业的联携"为基础的"海业"也作为基本政策被提倡，用以支援"体验村·田野畑"的方案。

为什么"体验村·田野畑"能作为受灾区的领头羊更早地复兴呢？支撑着"体验村·田野畑"成为灾后复兴象征的是它作为"中间支援组织"所拥有的人才和技术以及人脉等无形资产，是领导者和指导员等相关工作人员的热情和村子的支援。也就是说，目前为止讨论的"体验村·田野畑"作为中间支援组织所具备的组织的功能在这里得到了充分的发挥。

"体验村·田野畑"这种中间支援组织的存在，对村子来说是作为巨大的"社会性资本"而发挥作用的，在灾难之类不寻常的事件中发挥了巨大的作用。它们对今后的渔村地区社会，不仅能激活地区经济，还能在关键时刻维持地区社会的稳定，可以说提供了一种作为地区恢复源泉的中间支援组织的存在方式的宝贵经验。

六、NPO 组织的意义和课题

本章提及了关于 NPO 组织创造的地区资源的价值，以岩手县田野畑村的"体验村·田野畑"为例，讨论了其展开原因以及组织构成、运营和实施体制、效果、成立条件和灾后复兴方面的作用。以下将指出担负激活渔村的 NPO 组织的意义、课题，并总结本章的内容。

近年来，作为弥补"市场的失败"和"政府的失败"的存在，并且作为能比政府更高效地根据消费者需求来提供高质量服务的经济主体，NPO 组织吸引了大众的目光。它的活动领域包括福利和社会教育，覆盖了从街道建设到环境保护等很多方面。"体验村·田野畑"网络不仅仅由生产者、生产者团队负责，不仅仅由渔协负责，也不仅仅由企业和行政负责，而是经过多种多样的相关者达成共识后，以及作为被寄予厚望能达到联携、合作的 NPO 组织对渔村地区的振兴起到了重大的作用，今后也会是激活地区的主角，也就是说，会是带领地区振兴的领导角色。

话虽如此，现在作为带领地区发展的 NPO 组织从规模等方面来看还不成熟，因为现在仍止步于"小规模经济"的阶段，为了谋求比现在更好的发展不得不做出有策略的课题。第一，可以列举出制度性基础的整顿问题。一般来说，就像 NPO 法人所面临的课题那样，在田野畑村的 NPO 活动也有必要享受到课税和税制上的优待处理等，这样才可以去扩大规模、创立与新规则相关的志愿团队。第二，可以列举出资金的基本整顿问题。如前所述，"体验村·田野畑"的运营费除了由村子提供，还得到了日本文部省的基金支援，此外还从赞助会员、正式会员处得到少许的运营费。在这种状况下，确保稳定的运营费成为了一个课题。为此，促使向 NPO 投资和赞助的解决方案、NPO 和企业之间友好合作关系的构建等都是必要的。第三，稳定地确保、雇用人才，让当地成为一个对于有理想的年轻人来说富有魅力的工作场所，期望这里能进一步成为一个可以提升职业生涯的机制建构。

注释：

（1）村山研一、川喜多乔：《地区产业的危机和再生》，同文馆出版株式会社，1990。

（2）日本内阁府国民生活局：《NPO 支援组织报告 2002 有关中间支援组织的现状和课题的调查报告书》，2002。

（3）娄小波：《围绕日本渔业协同组合的渔业权管理功能问题——从沿岸渔业的发展和资源管理的角度出发》，《西日本渔业经济论集》第 30 卷，1989，第 219 页；日高健：《从社会科学来看"里海"的特征和管理的结构》，山本民次编《作为"里海"的沿岸区域的新利用》，恒星社厚生阁，2010，第 33—49 页；等等。

（4）小田切德美：《农山渔村地区再生的课题》，大森弥等《实践 城乡建设读本——自立之心、协作劳动的展开》，公职研，2008，第 308—392 页。

（5）高桥桂子、保坂仁美：《关于地方时代下的"中间支援组织"的预先考察》，《新潟大学教育人间科学部纪要》第 6 卷第 1 号，2003，第 95—103 页；系山健介：《有关农村振兴方面中间支援组织的展开条件的考察——以 NPO 法人 grand work 西神乐为案例》，《农经论丛》卷 67，2012，第 33—38 页。

（6）佐藤真弓：《交流产业的形成条件》，小田切德美编著《农山村再生的实践》，农山渔村文化协会，2011；不过，佐藤避开了"中间支援组织"这个词,用了"中间组织",本书第252页根据小田切论文的解释《第10章 农山村再生的展望和论点》,指出那实质上就是"中间支援组织"。

(7)同注释(6)论文。

(8)原田幸子:《关于伴随着地区资源的价值创造的利用和管理方式的研究》(东京海洋大学博士论文,2009年3月)。

(9)中野达:《和大人一起寻找当地的宝藏——岩手田野畑村的田野畑村地元学》,《食农教育》25号,2003年3月。

(10)同注释(5)高桥、保坂论文,第98页。

(11)田野畑村:《"3·11"大地震田野畑村记录书 把记忆留给未来——一起创造,一起生存,田野畑》,山口北州印刷股份公司,2012。

第六章

渔业、旅游业的联合协作和区域内利益循环系统的形成
——以爱知县南知多町日间贺岛为例

一、地区振兴的关键词"联合协作"

海业的执行者在受到当地地理条件和资源条件限制的同时，也受当地的人力资源条件限制，海业的中坚力量是渔家、企业或是地区的志愿团队和渔协。从目前的分析来看，在海业的中坚力量同伴的水平关系方面，他们是协同行动；在和客户的垂直关系方面，合作行动是由全部地区的配合关系而形成的，可以看出这些是作为激活地区经济的原动力和地区竞争力源泉之一的功能。

在海业执行者是个别经营体的情况下，如果能将这种协同合作行动作为联合协作关系的一环来重新思考，那就是作为近年来地区振兴政策的一个被人们关注的关键词——联合协作。

比如说，承担着振兴农山渔村地区任务的基本法——

《6次产业化法》(2012年12月3日公布)中,为了促进地区的农业和林业水产品的利用而规定了以下内容:"促进地区的农林水产品的利用,要在生产者和消费者的相互联系下实行消费和贩卖,根据消费者所需促进农林水产品生产的同时,相关事业的企业家通过和地区的生产者联合协作地利用地区的农林水产品等来扩大地区的农林水产品的消费,并为小规模的生产者提供获得收入的机会来提高他们从事农林渔业的积极性和自豪感。因此,必须要把谋求振兴地区的农林渔业和相关事业、进而激活地区作为主旨。"(第27条)

描述有些冗长,它的主旨是作为农林渔业从业者的这些地区的生产者和流通、加工、零售、旅馆和民宿等关联从业者之间,基于消费者的立场,通过建立"联合协作"关系来扩大地区内农林水产品的消费,从而提高收入。联合协作是从业者之间的纽带,发挥着通过个体经营的决策而使整个地区升华的重要角色的作用。

那么,究竟怎样的关系会成为最受期望的"联合协作"形态呢?关于这一点,一直以来并没有充分的讨论。迄今为止,围绕着生产者和关联从业者之间的关系,从食品系统论[1]和主体间关系论[2],或者产业关联论[3]的观点来看,和这种"联合协作"一起,还有"合作""协同"以及"伙伴"关系,此外还有"关系性"和"网络"等字眼被人们津津乐道。但是,很多研究表明,"联合协作"可以说是前提条件,尽管对这种"联合协作"作为关系性构成的机制存在着交易开支的减少、范围经济性和网络经济型之类的分析[4],但对

第六章　渔业、旅游业的联合协作和区域内利益循环系统的形成

合作的具体内容和对地区产业产生的影响之类的研究并不充分。

渔业者将捕获的水产品作为商品流通的最普遍方法是形成把消费地中央批发市场作为顶点的批发市场流通体系。在这个体系中，经济主体间的关系一般通过每天在市场上的交易来完成，虽然还有一部分当事人同伴间形成了一种称为"疑似统一"的交易关系[5]，然而那种关系一般在每天交易完成时就结束。相对于这种交易关系，联合协作关系的优势到底在哪里？通过联合协作关系缔结的经济主体关系到底在竞争上有怎样的优势呢？

在本章中以爱知县日间贺岛最终形成所谓的"从交易向配合转变"为例，通过分析被评为激活渔村地区经济的成功案例的日间贺岛的联合协作模式，试着回答上述的问题。

二、地区经济的激剧变化

日间贺岛坐落于爱知县三河湾上，是面积只有 0.77 平方千米，周长大约 5.5 千米的小岛。从名古屋车站乘坐名铁列车和水上出租大约 1 小时就能到日间贺岛。三河湾除了日间贺岛还有佐久岛、筱岛这两个离岛，这三个岛并称为三河三岛。三河三岛所处的位置到知多半岛前端的师崎距离几乎相同，由于筱岛和日间贺岛在行政区划上属于南知多城市，加上半岛前端的名铁河站和从师崎出发的水上出租，1 天有 20 班以上的镇营高速船和渡轮在运行，交通运输条件比较

123

良好。

因为是离岛，三河三岛自古以来就是纯渔村，把渔业作为地区的主要产业，形成了地区经济，支撑着人们的日常生活。然而，由于渔场条件和可能行使的渔业权条件不同，各个地区运营的渔业种类构成也不尽相同。比如，在筱岛，主要捕捞小沙丁鱼的较大规模机船船拖网渔业比较多。与之相对的是，日间贺岛有部分机船船拖网渔业，以采集海松贝为中心的采贝壳业（潜水器渔业）、海藻种植业也很多。佐久岛主要有以牡蛎为采集对象的零碎海藻采集渔业。在这种主要渔业种类不同的情况下，各个岛捕捞的主要鱼类的构成也大相径庭。

即使到今天，渔业在三河三岛的重要性仍然没有改变，然而在这几十年间各个岛的地区经济的发展道路就大不相同了。

从三河三岛的人口变动中也能看出一些端倪（表 6-1）。虽然不论哪一个岛都有减少的倾向，但如果观察三个岛的人口变动会发现减少的程度大不相同。到 1950 年，三个岛中人口最多的是筱岛，其次是日间贺岛，最少的是佐久岛，面积最大的佐久岛人口最少。然而，进入 1990 年之后，筱岛和日间贺岛的地位发生了转变，2010 年日间贺岛有 2 229 人，筱岛有 1 910 人，佐久岛变成了 311 人。在这半个世纪中，佐久岛和筱岛的人口几乎减少了 1 000 人。而且，1955 年和 2010 年的人口比较下来，从人口减少率来看，日间贺岛是 20.1%，佐久岛是 76.2%，筱岛变成了 46.1%。

第六章 渔业、旅游业的联合协作和区域内利益循环系统的形成

表 6-1 三河三岛人口的变迁

年份	日间贺岛 人口	日间贺岛 家庭数量	佐久岛 人口	佐久岛 家庭数量	筱岛 人口	筱岛 家庭数量
1955	2 788		1 307		3 544	
1960	2 728	214	1 172	292	3 403	645
1965	2 724	564	886	270	3 090	689
1970	2 622	594	787	258	2 807	684
1975	2 618	609	696	249	2 634	680
1980	2 576	639	591	227	2 576	696
1985	2 493	648	540	203	2 497	663
1990	2 397	658	493	194	2 352	655
1995	2 285	639	392	160	2 220	654
2000	2 221	645	344	154	2 040	652
2004	2 303	643	339	144	2 064	625
2010	2 229	635	311	142	1 910	603

资料来源：日本离岛中心（财团）《离岛统计》。

可以看出，日间贺岛即使呈现出人口自然减少的全国性倾向，其减少速度也是极其缓慢的。

更进一步，从三个岛的老龄化率来看，佐久岛在 2005 年是 41.1%，2010 年是 48.5%，日间贺岛分别是 18.6%、22.8%，筱岛分别是 18.4%、22.4%。可以看出佐久岛的老龄化率远远领先。尽管佐久岛一直处在人口老龄化、过疏化进程中，筱岛也在烦恼着人口减少，日间贺岛却能保证有年轻的接班人。图 6-1 展示的是三个岛不同年龄阶层的人口构成，可以看出，在日间贺岛年轻人口占多数，同时也达到了比较平衡

的人口构成。

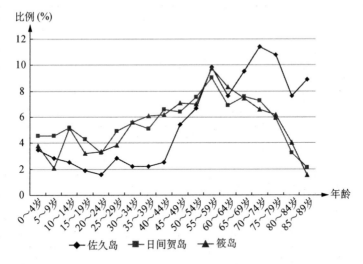

图 6-1 三河三岛的人口年龄阶层构成比例（2010 年）

（资料来源：日本离岛中心（财团），《离岛统计》）

这样的人口动态与各个地区的经济表现有很大关系。1990 年代以后日间贺岛的经济快速发展，根据南知多町、日间贺岛渔协以及师崎商工会的走访调查来看，2005 年至今，面积最小的日间贺岛每年有 25 亿～30 亿日元的渔业方面的收入、30 亿～35 亿日元的旅游相关产业的总销售额，达成了高水准的经济收入。

发展的结果显示，三个岛的地区经济分别是发展、停滞以及衰退三种不同的样貌。总而言之，就是呈现出发展的日间贺岛、停滞的筱岛、衰退的佐久岛这样的构图。曾经同样是以渔业为支撑的纯渔村，同样处在三河湾内，地理条件也相似的三个离岛的经济发展路径，为什么会出现这样不同的

第六章　渔业、旅游业的联合协作和区域内利益循环系统的形成

状况呢？

答案的第一点是三个岛对旅游相关产业不同的解决方式。例如，在 2008 年这个时间节点，从担负着三个岛的旅游部门职能的旅馆、酒店、民宿的比率图可以看出，日间贺岛有旅馆、酒店共 16 所（容纳客人数量为 1 120 人），民宿有 57 家（容纳客人数量为 1 922 人）；筱岛有旅馆、酒店共 13 所（容纳客人数量为 667 人），民宿 25 家（容纳客人数量为 788 人），形成了一定规模的旅游产业；与此相对，佐久岛有旅馆、酒店 2 所（容纳客人数量为 80 人），民宿有 8 家（容纳客人数量为 255 人），旅游产业部门形成迟缓。因此，至少在现在的日间贺岛和筱岛，共同作为地区经济的支柱型基础产业的渔业和旅游产业都取得了较大的进步，与此相对，佐久岛并没有充分地推行这样的经济产业转型。

但是，这些并不足以说明今日的日间贺岛地区经济的高速发展状态。曾经的筱岛是每个日间贺岛人都向往的地方。与全是岩礁的日间贺岛相比，筱岛有着美丽的海滨沙滩。以这样优秀的地区资源为背景，以直到 1970 年代的海水浴热为契机，以海水浴客为对象的观光旅游相继开业，以名古屋市为中心的城市消费者大举涌向筱岛，筱岛成为了充满着魅力、洋溢着生机的岛。"总有一天会成为让每个游客都侧目相看的岛。"这是日间贺岛观光从业者的原话，可以说是当时岛上每个人的梦想。当然，在这话背后，也能听到今天它终于成为现实的感慨，那么，日间贺岛的人们是怎样转眼就将"梦"变成现实的呢？下面试着着眼于作为那种经济性计划构想的"联合协作"的正确状态来进行分析。

三、渔业和旅游业的合作——区域内利益循环系统的形成

1. 日间贺岛的地区产业——渔业和旅游业

支撑日间贺岛经济发展的是成为地区的基础性产业的渔业以及旅游业之间存在的产业间的合作，形成了以合作为特征的构想"区域内利益循环系统"。这种地区内利益循环系统的总体情况其实就是"海业群"的构想。日间贺岛形成的这种产业群的相关内容留待后文详述，这里首先确认日间贺岛的基础产业的实际状况[6]。

（1）渔业

根据《国势调查》，日间贺岛从 2005 年到现在，岛内就业者人口的 47% 从事渔业，19% 从事以旅馆、民宿为中心的服务业。因为是离岛，渔业作为日间贺岛最传统的产业而繁荣至今。

在日间贺岛从事的渔业种类可以从制度上分为许可渔业、渔业权渔业、自由渔业。许可渔业有中型围拉网渔业、机船船拖网渔业、小型机船底拖网渔业、刺网渔业等 11 种，2008 年共计有 893 个获批。渔业权渔业除第 1 种、第 2 种、第 3 种渔业权以外，还有紫菜养殖用的区划渔业权。另外，也有作为自由渔业的使用潜水器的海松贝等采贝渔业。

受到资源条件和市场条件等制约，并非全部享有权利的渔业得到了开发，实际上可以看到沿岸地区渔协开展了多种

第六章 渔业、旅游业的联合协作和区域内利益循环系统的形成

多样的渔业。其中,船拖网渔业、小型底拖网渔业、延绳渔业、紫菜养殖业以及潜水渔业是地区的主要渔业,而章鱼渔业(后文涉及)对于地区的旅游业来说已经成为了主要的渔业种类。

2007年日间贺岛的渔协的组织成员数共计736名,其中正式组织成员数491名,准组织成员数245名[7]。接近正式组织成员数90%的450名左右的成员以渔业为主业,剩下10%的组织成员从事民宿等兼职。虽说从1980年代中期开始导入了渔家多组合员制度,但可以说小小的孤岛拥有这样的组合员数并维持着渔业势力是极其罕见的。

在日间贺岛全部640个家庭中,355户成为正式组织成员。经营酒店、旅馆、民宿等的旅游业和水产加工业等的经营体几乎都成为了组织成员,因为其中也有季节性地从事渔业的人,所以可以说约占岛上8成的家庭都在某些形式上从事着渔业。

根据《离岛统计》来看,日间贺岛的渔业生产金额有若干变动,从1970年的7.6亿日元逐渐增加,在1991年以35.3亿日元迎来高峰,尽管看起来有很大变动,但也可以看出一直以25亿日元为中心停滞的倾向。相比渔业生产急剧衰退的日本全国的离岛,日间贺岛的渔业有很大的发展,还开展了行情见涨的渔业经营。

(2)旅游业

知多半岛的旅游业历史悠久,从明治时代开始就经营海水浴场[8]。日间贺岛也有4家从明治时代就开始的将以温泉疗养为目的的游客作为对象的旅馆。日间贺岛旅馆、民宿业的正

式开展应该是1950年以后,当时主要是以海水浴客和钓鱼客等为对象的季节性营业;1970年代以后转向以团体客人为对象、以料理为主体的美食型旅游业;1980年代以后开展了以鱼类食品料理为中心的全年营业,而且在1990年以后确立了"章鱼之岛""河豚之岛",以及"海豚邂逅岛"等品牌;更在平成以后最早引进了体验、观光渔业[9],岛内的旅游业实现了向以章鱼和河豚等地方食材供给为中心的"饮食产业"型旅游业发展。

日间贺岛酒店、旅馆的数量从1970年左右到现在基本没变,容纳人员从1970年代初的700人扩大到现在的1 120人,住宿设施的品质也响应着高端化、个性化的需求,不断进行着很大的改善。民宿在1970年代初有20家左右,从1970年代到1980年代不断增加,随着日本经济进入"泡沫期",在1989年达到了最多的80家。之后,在日本经济长期低迷和通货紧缩倾向的背景下,旅游业迎来了设施的更新期,也出现了后继无人的经营体撤出等现象,最终形成了现在的规模。

酒店、旅馆、民宿是担负着日间贺岛旅游业的代表性行业,但是也有其他和岛屿观光关联的模式。根据走访调查,2003年,水产加工、贩卖业有4家,休闲渔业和体验、观光渔业相关者共计25家,土产类的店和商店有8家,饮食专门店有11家,海上出租车有2家,等等。

旅游业及其相关产业容易受到经济的变动影响而产生较大起伏,虽然2008年日间贺岛的游客数量远远比不上最盛期的1981年的50万人,但也有约28.7万人的规模。随着向鱼类食品菜单为主体的旅游业态的转换,人均消费额也有上升,日间贺岛旅游产业部门的总生产额也达到了一定的规模,2003年,日间贺岛旅游业的总生产额推算为36.3亿日元[10]。

2. 产业部门间的合作——区域内利益循环系统的形成

如上所述,旅游业和渔业一样作为支撑着日间贺岛的地区经济的基础产业而不断发展,支撑着两个产业部门发展的是两个部门之间以及部门内部的合作。并且,这种联合协作的构想的特征就是"区域内利益循环系统"的形成。总之,日间贺岛形成的区域内利益循环系统作为联结岛上渔业和旅游业的纽带发挥着作用,并带来了地区经济的发展。因此,接下来具体看一下日间贺岛的区域内利益循环系统。

作为地区内循环经济的主要系统,可以归纳出以下四点(图6-2),分别是:①通过水产品的买卖,个体渔业经营者和旅游业者之间的经济循环;②通过雇用形成个体渔家经营者和旅游业者之间的经济循环;③旅游业者和渔协之间的经济循环;④旅游业者之间的经济循环。可以说,通过这四个经济循环系统,经济主体间的利益循环实现了。此外,近年来体验学习和观光渔业等项目也被开发、确立,开始了旅游业和渔业的新的联合协作[11],因为这种解决方法是在迄今为止的联合协作的基础上产生的,可以说是前述的日间贺岛地区组织的解决方法的原点,也是联合协作的实际情况的聚焦。

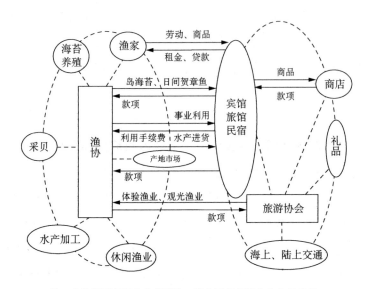

注：虚线表示组织上的关联性，箭头表示经济上的业务来往。

图 6-2　日间贺岛的区域内经济循环系统

(1) 通过购买本地水产品的经济循环

旅游业者根据渔业者捕捞的本地水产品确定菜单的食材，成为旅游和渔业联合协作的第一经济循环。根据走访调查，现在酒店、旅馆、民宿所购买的海鲜当中，章鱼占了100%，鱼类总量的50%左右都是由当地渔业者所捕获。主要鱼类有鲷、鲆、鲽、鲉、竹荚鱼等，主要贝类有大文蛤、海松贝等。贝类作为基本的本地水产品，使用得比较多，基本通过产地中间商在渔协开设的产地市场（片名市场）购买。本地捕捞不到的品类，中间商也可以从别的市场调配。

对于执着于使用当地物产的旅游业者来说，这种经济循环在某种意义上是极其普通的经济行为，是根本用不着特意去评

第六章　渔业、旅游业的联合协作和区域内利益循环系统的形成

价的经济现象。但是在日间贺岛，存在着不同于一般的组织结构。最典型的是品牌水产品养成过程中两者的联合协作关系。其中最具代表性的品种有"日间贺岛章鱼""日间贺岛河豚""岛紫菜""波美贝"等。

将岛上的水产品品牌化出售的方案是旅游业者提出的，是基于感激渔协对于海水浴场的整修而提出的。在此之前，岛上还没有能让游客们充分享受的海水浴场，游客们就坐船到有沙滩的其他岛屿。但是，随着大量渔协组织成员进入民宿经营行业，目的是依靠民宿经营的发展来提高收入，渔协在优良的海岸上整修海水浴场，那也与海水浴客的增加和之后的海豚治疗等旅游内容的开发有关。响应渔业方面的合作，进入1990年代，旅游业方面就得到了渔业方面的帮助以实现当地水产品的品牌化，结果就确立了如上所述的水产品品牌。

本地水产品的品牌化对振兴岛的旅游业发挥了重要作用。至今，日间贺岛也被爱称为"多幸之岛"（日语谐音章鱼之岛）等，章鱼料理更是成为了岛上的代表菜品。另外，2003年确立的"日间贺岛河豚"品牌成了代表岛的著名料理，也是让日间贺岛旅游魅力更上一层楼的食材。对对海水浴场依存度很高的日间贺岛旅游业来说，在旅游闲散期的冬季打算品尝章鱼和红鳍东方鲀的游客增加了，现在每年接待的大约四成的游客都是冬季（10月—次年3月）的来岛者。

通过品牌的确立，日间贺岛产的章鱼和红鳍东方鲀比县内其他产地的商品更容易卖出高价。特别是日间贺岛的红鳍东方

鲀，由于养殖业产量的增大，价格急速下降，加强贯彻确立品牌及招牌菜品方针之后，其价格急速上升，2005年日间贺岛产的河豚价格达到了爱知县河豚均价的四倍左右。

"日间贺岛章鱼"为渔协全数购买并每年向旅游业者供给，但是现在那些章鱼是一只也不可能在岛外进行贩卖的，全部都被岛内的旅游需求消费完了，进一步说明供不应求的情况在不断地持续。

以白色海松贝为对象的"波美贝"品牌是在2002年注册商标的后发品牌水产品，渔协通过当地旅游协会的帮助，在章鱼和河豚渔获量少的4月—6月，"波美贝"作为主打在"春日贝祭"和县内的站点举办定期的试吃会等，作为岛上的新特产，在包含本岛在内的各地积极进行宣传。另外最早进行品牌化的"岛紫菜"可以称为"章鱼家族的商品"，同时也是和"日间贺岛章鱼"系列的特色商品一起作为代表岛的特产而固定下来，并取得了一定的销售额。

本地水产品进行了品牌化，在岛上提供优质的服务来创造价值，对于岛内渔业者来说确实形成了地区内供给的水产品在当地消费的需求市场，伴随着不断增加的附加价值，旅游业者也成功地给消费者灌输了这是和其他竞争地区有明显差别的富有魅力的岛这样深刻的印象，享受到非常大的好处。总之，分享互相合作形成的附加价值和利益的"共同受益"关系形成了。

(2) 通过劳动市场的经济循环

旅游业成长的2次效果是地区劳动市场的创出。在日间贺岛，除去渔业和制造业（水产加工业），只有旅馆、民宿或者

第六章　渔业、旅游业的联合协作和区域内利益循环系统的形成

土特产店、餐饮店这样的劳动市场。通过旅游业的发展，很多渔家的主妇可以作为临时工参加服务业，根据《离岛统计》，2005年有469人在岛内从事服务业（批发业人员、零售业人员、餐饮业人员、服务业人员）。同年的渔业从业者和制造业雇用者分别是502人和60人，这三个行业的就业者总数达到了1 031人，相当于岛内就业人口数的87%左右。因此，凭借旅游业挣来的"外汇"，通过劳动市场或者雇用在地区内循环。

　　渔业是以自然为对象的产业，因此，渔业生产容易受到天气和季节变化等自然条件的影响，渔家经营往往变得不稳定。而给渔家主妇提供工作场所，她们的收入可以说是渔家经营的稳定剂，即使捕捞量产生若干变动，渔家经营也能够保持一定的安定性。在大多数渔家，作为接班人的孩子们形成了将此行业继续下去的意向的经济基础。并且，像这样的地区劳动市场的形成与维持，对岛内人口的减少和老龄化产生了抑制性效果。如上所述，在这种情况下形成了互利的经济关系。

　　（3）由旅游业带来的渔协事业的利用

　　区域内经济循环中有旅游业者对渔协经济事业的利用。先前提及的"日间贺岛章鱼"也成为了渔协经济事业的一环，即销售事业的利用，除此以外，也有协会成员和准成员组成的旅游业者购买事业的利用等，其中特别该提出的是信用事业的利用。旅游业者也会利用预存款业务，旅游业者在新建和扩建民宿时的必要资金筹措，通过渔协的信用事业而进行的案例可以确认很多。此类渔协经济事业的使用，对于渔协来说可以确保收益，对于旅游业者来说可以削减资金调配支出，也确保了资

金调配的渠道，还可以起到降低经营风险的效果。区域内优先性的事业利用体制的确立，不言自明是在各个部门之间确保了相关的经济利益的前提下进行的。

（4）旅游业者间的合作和经济循环

在日间贺岛，不但有渔业部门和旅游部门的合作，在旅游部门内部也可以提取出各种各样的合作系统。例如，基于共同烹饪讲习等的烹饪技术的传授、普及，地区内共通菜单、共通价格、协同宣传等的实施，在食材调配方面，可以确认岛内业者利用的原则、对新创业者的支援（对加工贩卖和相关服务业的新分店开设的建议等）等很多合作、协调关系。

其中，特别是关于食材调配，在某些地区存在着可以称为"潜规则"的对策，可以理解为使日间贺岛成为今日的日间贺岛的重要经济循环。具体内容是酒店、旅馆、民宿等的从业者，都会通过当地的商店购买业务上用的必要材料。三河三岛靠近名古屋，因为交通很便利，可以开私家车去名古屋等地以便宜的价格购买必要的食材，其他产地的经营者很多也会这样做，与此相对，日间贺岛却尽可能避免直接购买，大多会在本地商店购买。用经营旅游业的地区领导的话说，在来访的顾客在岛上散步的时候，展示岛的繁华的商店的存在极其重要。因此，重视当地的商店和重视自己的买卖具有同等意义，它们经营的稳定则与岛内旅游业的稳定密切相关。

因此，留心地区内经济循环，规划区域内利益循环不能仅仅立足于个别经营者的视角，只注重个体最合适的发展，而要成为寻求地区全体最合适的经济表现那样的以全体最优化为志向的行动，地区内全体成员共享成果才有意义。"大

第六章 渔业、旅游业的联合协作和区域内利益循环系统的形成

家好才是真的好"的想法成了岛内的基本精神。

(5) 作为中间支援组织的渔协、旅游协会的作用

支撑着日间贺岛地区经济发展的各个产业部门之间的联合协作关系并发挥作用的是渔业者组织,即渔业合作组织(渔协),在旅游(相关)从业者方面是旅游协会。例如,"岛紫菜"和"日间贺章鱼"就是通过渔协贩卖,"日间贺河豚"和其他必要的本地产海鲜是通过渔协经营的产地市场(片名市场)出售的。在旅游方面,例如,"日间贺章鱼"和"日间贺河豚"为了成为岛内的招牌菜品,进行了商品开发、自我宣传等,最基本的是以旅游协会为中心展开活动的。另外有关河豚等的烹调技术是通过旅游协会由已经习得的旅馆经营者向其他地区的旅馆、民宿经营者传授的。进一步说,在提供体验渔业和观光渔业,或者环岛观光船等的旅游内容之时,也是通过旅游协会和渔协的窗口进行,同时,在谋划促进地区内资源的利用和维持秩序方面,双方也共同合作。

至此,可以说日间贺岛的渔协和秩序协会作为中间支援组织发挥了作用,个人经营团队的努力和各种各样辅助系统相关的地区全体的合作形成了区域内利益循环系统。并且,从至今为止的分析可以知道,这个区域内利益循环系统的本质是由地区资源的价值创造来产生利益,通过经济循环,在区域内经济主体间形成"共同利益"再分配。总之,像这样的利益再分配不是以任何一方经济的牺牲为基础的,而是通过经济循环形成对于交易双方都有利的"共赢"关系。

四、区域内利益循环系统形成的主要原因

那么，为什么在日间贺岛能够形成这种区域内利益循环系统呢？下面简单地看一下其形成的主要原因。

首先，第一个主要原因是渔业方面进行了渔村地区的基础设施整修（硬件设施），或者说是积极推进了地区资源创造。

日本经济进入高速成长期的1960年代，同时也开始了农山渔村等地的人口流失和人口过少化的时期。日间贺岛也有这样的例子，许多渔业者外出打工挣钱，次子、三子都出了岛。当时的领导者为了振兴当地渔业，积极地活用了渔业近代化资金制度，新造了渔船，同时努力地建立健全渔家经营体系，日间贺渔协出资95%，和片名渔协共同努力，在半岛开设了片名市场，鱼类价格的稳定和渔协经济事业的确立促进了渔业经营的稳定性。另外，从1970年代开始，在渔闲期的冬季也能够工作且积极导入了紫菜种植业，培养渔业接班人，一段时间内能从一定程度上控制住岛内的人口流失。尽管如此，由于渔业生产的不安定，渔家经营的不安定，很难达到地区经济长期发展的预期。

因此，1970年代以后，当时的渔协的领导们，希望渔家的主妇从事旅游业，在振兴渔业的同时，为了促进旅游产业发展，花费心血修建了岛上的基础设施。这个宗旨一直持续到今天，以岛上西部海滨的填海工程为开端，在海水浴场、环岛道

路、西港口和东港口的扩张、下水道的整修等方面取得了成果。从某种意义上来说，现在日间贺岛的经济，正是当时岛上领导者们的英明决策的成果。可以说，该岛经济发展路径变换的关键点正是那个时代的领导们做出的决定。

第二是行政上的不断支援。上述的渔业领导者们积极灵活地运用行政措施。即使他们下决心要整修当地的产业基础设施，如果行政上不支援，那也只是"画饼充饥"而已。岛上能有现在的样貌，正是当地领导者们的不断努力以及国家、县、地方自治体等行政方面的不断支援的结果。表6-2是1970年代以后日间贺岛采用的主要补助事业一览。从中可以看出，在地区的明确想法、愿景的基础上，国家和地方自治体得以继续对岛上的基础设施建设在政策上做调整。现在，虽然有很多关于补助金行政的批判，但日间贺岛或许是为数不多的成功案例之一。

表6-2 日间贺岛上基础设施建设的变迁

（单位：百万日元）

年度	日间贺岛		片名	
	事业费	事业内容	事业费	事业内容
1971	46.62	鱼礁设置、渔港改建、局部改良、渔港关联道路整改		
1972	60.10	鱼礁设置、渔港改建、渔港环境整改、渔港关联道路整改		
1973	105.98	水产品处理设施、鱼礁设置、渔港修建、渔港关联道路整改	5.62	水产品处理设施

(续表)

年度	日间贺岛		片名	
	事业费	事业内容	事业费	事业内容
1974	67.70	渔船渔具保全设施、鱼礁设置、渔港修建、渔港关联道路整改	26.1	鱼礁设置、处理设施
1987	483.20	鱼礁设置、渔港修建、渔港海岸环境		
1988	636.90	鱼礁设置、渔港修建、渔港关联道路整改		
1989	575.11	特别认定事业（在线维修）、鱼礁设置、渔港修建、渔港海岸环境		
1990	669.48	特别认定事业（在线维修）、鱼礁设置、渔港修建、增养殖推进设施准备事业、增加养殖场所建造、渔港海岸环境		
1994	379.30	资源管理型（特别对策事业）、渔港修建、渔港环境整备		
1995	354.70	鱼礁设置、渔港修建、渔港环境整改		
1996	226.61	流通等改善设施整改事业、渔港修建、渔业村落环境整改		
1997	396.14	渔村环境整改事业、渔港修建、渔业村落环境整改		
1998	157.02	特别认定事业（终端机设置）、渔港修建、渔业村落环境整改		

第六章　渔业、旅游业的联合协作和区域内利益循环系统的形成

（续表）

年度	日间贺岛		片名	
	事业费	事业内容	事业费	事业内容
1999	332.00	渔港修建、渔业村落环境整改	4.95	流通等改善设施整改事业
2000	330.00	渔港修建、渔业村落环境整改	3.91	渔业近代化推进设施整改事业
2001	177.60	渔业近代化推进设施整改事业、鱼礁设置、渔港修建、渔业村落环境整改	23.80	流通等改善设施整改事业
2002	335.10	渔业近代化推进设施整改事业、流通等改善设施整改事业、渔村环境事业、鱼礁设置、渔港修建、渔港关联道路、渔业村落环境整改	4.99	流通等改善设施整改事业、渔业村落环境整改
2003	198.90	渔业近代化推进设施整改事业、流通等改善设施整改事业、鱼礁设置、渔港修建、渔港关联道路、渔业村落环境整改	84.4	流通等改善设施整改事业
2004	172.30	渔业近代化推进设施整改事业、渔港修建、渔港关联道路、渔业村落环境整改	45.3	流通等改善设施整改事业

资料来源：爱知县渔港渔场协会，《爱知县渔港渔场整备》，2006。

注：① 渔港环境整改事业：滩涂造成、水域环境保全等。
　　② 渔业村落环境整改事业：渔业聚落排水设施、聚落道路、绿地、广场等。
　　③ 渔港海岸环境事业：离岸堤、护岸、游览步道、海滨养护等整备。

第三是旅游业方面的地区资源的价值创造。根据不同渔业方面整治的地区的基础设施，旅游业方面把它作为地区资源施以活用来进行价值创造，提高日间贺岛的魅力。比如，在渔业

海业时代
—— 以激活渔村为目标的地区挑战

方面导入的渔港整治事业、渔港海岸线环境整治事业、渔业聚落环境整治事业等建设的渔港设施用地和海滨、环岛道路、聚落废水设施等，在为了本来目的使用的同时，也被旅游业方面作为日出沙滩、日落沙滩、体验学习和体验渔业的场地、儿童游乐设施及海豚治疗、观光渔船、游艇停留设施、慢跑和骑行道路等旅游资源、旅游空间来活用。如此，地区资源复合型利用创造的价值正是支撑日间贺岛地区经济循环的源泉。

第四日间贺岛的民众对于岛有着强烈的"感情"和以此形成的"共生精神"。"地区感情"和"共生精神"，是岛的领导者们提到日间贺岛时反复强调的关键词。在三河三岛中，日间贺岛的经济一度是最落后的，岛民们向往其他岛，在此背景下，以渔业从业者为中心的地区领导就算把优良渔场拿来填海造陆也要建设港口和海水浴场以努力发展岛上的旅游业。就如前面所说那样，在渔业方不断努力的背景下，旅游业的领导者们也努力发展旅游业，希望能给渔业助力。在笔者的采访中，年轻渔夫说："如果日间贺岛没有旅游业，渔业也很难发展好吧。"与之相对的，年轻的旅游业从业者说，"如果日间贺岛没有保留下渔业，日间贺岛的旅游业也会失去魅力吧"。对这些话我一直印象很深。

日间贺岛的渔业者中有着"比起一枝独秀，提高整体水平更重要"的氛围，旅游业从业人员也并不是"只要自己好就行了"，而是抱着"岛变好了，自己才能变好"的想法活动。这样的氛围、想法叠加的结果就是形成了前面提到的各种各样的区域内利益循环系统。岛上的人们把这样形成的地区商业称为"梦想的商业"。

第六章 渔业、旅游业的联合协作和区域内利益循环系统的形成

第五个要因是优秀的当地领导者的存在。地区建设、成功激活地区的终极条件是人才，是领导者，日间贺岛也不例外。该岛取得的经济上的成功正是当地渔业领导者的决策以及继承之的旅游业领导者们对于创造"梦想的商业"的激情所造就的。领导的英明决策和前进方向的选择，当地人努力把领导者的想法传递给下一代，这种努力的结果是培育了下一代领导者，日间贺岛这种培养领导的传统，促成了人才确保的框架，能影响到岛的未来。

五、扭转岛的劣势

以上以个别经济体的努力为前提展开，将日间贺岛促进地区经济活力的经济部门间"联合协作"的具体模式提炼为"区域内经济循环系统"，并分析了具体的系统实际状态以及形成该系统的背后原因。

通过以区域内经济循环为前提的合作，日间贺岛的地区经济有了非常高的竞争力，如果重新审视当地的经济，可以发现当地形成了"海洋产业群"。把海洋资源、地区资源结合起来进行价值创造并形成了框架。因此，地区经济得到了发展，取得了很好的成果。

当然更不能忽视那些支撑着高度经济发展的每一位经营者。因为是离岛，有人员和物资漂洋过海，岛上的经济才能成立。对于岛来说，这是条件也是劣势。这个劣势给经营带来的只有高风险。正因为该岛有高风险的劣势，所以在日间贺岛上

有这样的共识,"和本土无法打赢价格战,培育岛的优势、个性才是胜负转换的所在",因此,经营者们都非常努力。

如此,毋宁说这些包含了渔业者、旅游业者的每一位经营者的不懈努力,才是日间贺岛促进地区经济活力的方针确定的基本前提。分析每一位从业者在经营、市场营销上的努力是今后的课题。

注释:

(1)高桥正郎:《食品系统学的世界》,农林统计协会,1997;高桥正郎、斋藤修:《食品系统学的理论和体系》,农林统计协会,2001;等等。

(2)浅见淳之:《农业经营、产业发展论》,大明堂,1989;娄小波:《水产物产地流通经济学》,学阳书房,1995;等等。

(3)长野章、古屋温美、横山真吾:《渔村等小地区的产业关联分析》,全国渔港渔场协会,2008。

(4)娄小波:《生鲜水产物流系统的变化和供应链的构建》,《食品系统研究》第16卷2号,2009。

(5)同注释(2)娄小波书。

(6)畑总一郎:《爱知县日间贺岛的现状——和大都市接近的"内海、本土临接型离岛"的变化》,田中宣一、小岛孝夫编《海和岛的生活——沿海各地区的文化变化》,雄山阁,2002,第44—62页;濑川清子:《日间贺岛、见岛民族志》,未来社,1975;五十岚铃:《地区资源的价值创造和渔村地区活性化》(东京海洋大学硕士论文,2006年3月)等。

(7)日间贺岛渔协:《平成19年度 业务报告书》,2008。

(8) 小口千明:《日本海水浴的接纳和明治时期的海水浴》,《人文地理》第 37 卷第 3 号,1985;南知多町:《南知多町志 本文篇》,1991。

(9) 矶部作:《爱知县南知多町日间贺岛的体验、观光渔业的状况》,《渔村地区的交流与合作》,东京水产振兴会,2004 年 3 月,第 55—64 页。

(10) 推算方法如下:首先计算游客的人均消费,假设住宿单价为 6 000 日元,礼品等购入金额为 3 000 日元,餐费等消费金额为 2 000 日元,水上的士等交通费为 2 360 日元(往返)。再把这些单价和使用游客人数相乘得出结果。

(11) 同注释(9)论文。

第七章

地区资源的管理和海业的成立
——以冲绳县恩纳村渔协为例

一、海洋休闲和渔业的联合协作有怎样的可能性

在日间贺岛，过去的地区领导者的正确决策成为了今天经济发展的转折点，唤起了当地人的"地区感情"，促进形成了现在以区域内利益循环系统为特征的"梦想的商业"。所以区域内利益循环系统是连接肩负着海洋产业的经济主体的纽带。

区域内利益循环系统的本质是在地区内通过经济上的联合协作关系进行利益再分配，实现"共赢"。但是，即使明白"共赢"对于地区经济来说有着重要的激活作用，或者说，即使当地人有强烈的"想法"，这种区域内利益循环系统的纽带也不一定能够形成。因此这种纽带形成的动机、权限、合理性以及正统性受到了质疑。究竟作为纽带发挥作用的区域内利益循环系统是在怎样的条件下形成的？本章以冲绳县恩纳村为例对此进行探讨。

第七章　地区资源的管理和海业的成立

恩纳村现在是冲绳县具有代表性的度假胜地之一。1970年代以后，在冲绳县旅游开发热潮的背景下，有很多外部资本家进入恩纳村，现在当地作为可享受海洋休闲的一大海洋度假胜地而闻名。从这点来看，虽然说恩纳村是通过外部开发而开展旅游业的，但是支撑其的还是以海洋为代表的地区资源。

恩纳村展开的有代表性的海洋休闲项目有各种各样的沙滩游乐、游艇巡游、钓鱼、潜水等。其中，由于当地的珊瑚礁非常漂亮，潜水非常盛行。潜水所使用的地区资源，除了珊瑚礁、多彩的热带鱼，还有它们生活的美丽海域，以及船只、岸壁等。但是这些地区资源以前主要是渔业方面在使用，而且由于使用权限，比如渔业权基本都受法律保护，因此要使用这些地区资源必然需要和渔业方面进行沟通调整，或者说如果没有一定的管理有可能会引起"公地悲剧"。

为什么在恩纳村能把"海"这个地区资源转化为旅游资源？原因在于恩纳村渔协通过地区资源管理制定了关于地区资源利用的地区规则，在地区经济上成功构筑了旅游部门和渔业部门之间的利益循环系统。某种意义上来说，恩纳村由于确定了地区资源管理的地区规则，以企业为中心的旅游部门和地区渔业形成了联合协作关系，从"外生发展"变为"内生发展"，可以说这些确立了新的地区经济循环系统。

二、从渔村到度假地

1. 半农半渔的恩纳村

恩纳村是根据1908年的岛屿町村制,由12个村庄组成的恩纳间切(原琉球国行政区划——译者注)改设而成的[1]。恩纳村位于那霸市以北车程约1小时的冲绳本岛中部地区,是海岸线南北约24.7千米,东西4.2千米的细长地形。村的西侧和山相连,虽然平地很少,但是村子的历史却从农业开垦的种植业开始;以前的村民几乎都是以半农半渔来维持生计[2]。

农业方面,1888年左右开始盛行种植甘蔗,甘蔗在很长一段时间内都是村子的主要农作物,但是在1970年代以后开始流行种植观赏植物和菊花等花卉、热带果树、蔬菜等。

渔业方面,近世以后在琉球王府实行彻底的劝农政策的背景下,长期停留在自给自足的世界。另外,当地沿袭冲绳传统的海洋资源利用习惯,村民可以自由使用居住地附近的海洋资源[3]。也就是说,可以自由利用拥有很长海岸线的恩纳村的沿岸地区,捕获自家需要的海鲜。比如退潮时,以家庭主妇为代表的村民,为了确保当天的食材,除了采集海蕴、礁膜等海藻、贝类之外,还捕捞章鱼、海胆等,为了获取这些食材,他们自由使用当地的海域。另外根据记载,以前每年旧历6月,这里有整个部落出动捕捞褐篮子鱼幼鱼然后平均分配给各家各户的习俗[4]。而且在以前,半农半渔的村民们自由获取海藻和海胆来作为农业用的肥料。

| 第七章 | 地区资源的管理和海业的成立

村民或者说是村落这种对当地海域的占有式利用是1719年琉球王府规定的。代替承认沿海村落对当地海域的占有式利用的，承担支付渔业费用等一定义务，被称为"海方切"的海洋资源使用制度起因于此[5]。也就是说，恩纳村也贯彻执行在冲绳地区自由利用海洋资源的传统。只要是当地居民谁都可以自由使用海洋资源的恩纳村，由于受地理条件制约，从战前到战后，村民们都过着半农半渔的安静平稳的生活，农业和渔业是支撑当地人生活的主要产业。这样的恩纳村的生活，即使是在1950—1960年代时美军接收了冲绳，村子30%的面积由于美军进驻而被占领，甚至在建造了美军休养设施的情况下也一直被保存下来。

2. 作为渔村的恩纳村

为准备回归本土，1969年12月，恩纳村的59名渔业者在村办事处集合，希望能建立保护、培养渔民的组织，因而成立了组织设立准备委员会[6]。在那之前，恩纳村那种冲绳常见的外地人从事的专业渔业并不太发达，村里的主要渔业方式以集中捕鱼和采集海藻、贝类为中心。恩纳村即使有渔业者的自由组织也是非出资的组织，没有被承认为独立的渔协，只是以名护渔协恩纳支部的形式进行了松散的组织化建设。应村里渔业者的要求，在当地海域村民的使用习惯已经固定的背景下，1970年恩纳村渔协从名护渔协分离并独立出来，1972年冲绳本土复归时共同渔业权得到了认可。

恩纳村渔协成立时有成员126名，比名护支部时的141名成员少了15名。渔协最重要的工作之一，就是管理当地海域水产资源优先使用权的渔业权，让成员行使渔业权管理功能。因此，恩纳村渔协的设立和渔业权的执照证明了这 126 名成员的海洋优先使用权得到了法律保护。但是，当地村民对于居住地附近海域的自由使用习惯还在持续[7]。

随着渔协的设立和渔业权的取得，恩纳村成为了名副其实的渔村。然后，渔协成员的数量也在协会成立后快速增长，1979 年有 482 名（正式成员 209 名，预备成员 273 名）。之后成员数量逐渐减少，1986 年正式成员只有 70 名（预备成员是历史最高纪录 355 名），但是之后又开始回升，最近几年一直保持着正式成员 80 多名，预备成员 250 多名，村里的渔民户数也保持着 300 多户的规模。另外，渔协的职员数也从成立当初的 1 名开始慢慢增长，现在超过了 10 名。

再来看渔业的内容，1977 年恩纳村在冲绳第一次成功养殖海蕴；1985 年开设了水产市场，鲜鱼等水产品的竞价拍卖、上市等开启了经济活动；另外，还有 1980 年礁膜的养殖，2005 年海葡萄的养殖等，让渔业得到了很大的振兴。

这样一来，本来是半农半渔性质的恩纳村，由于渔业方面得到了发展成为了具有强烈渔村色彩的村子。实际上到了 1990 年代后半期，纯粹的渔业生产的生产额加上观光渔业等海洋休闲部门，恩纳村的渔业者所展开的生计（海业）已经成为名副其实的支撑恩纳村经济的基础产业。

3. 向度假胜地的转型

但是，恩纳村多年的寂静和农村、渔村的性质被 1975 年回归本土的冲绳举办的国际海洋博览会改变了。以恩纳村北部

第七章 地区资源的管理和海业的成立

的本部町举办的博览会为契机,村子里相继建设了大型度假酒店,增添了度假地的色彩。

由于对博览会的举办满怀期待,恩纳村在 1973 年新建了 2 家,1974 年新建了 10 家,1975 年新建了 9 家旅馆、民宿等住宿设施[8]。之后,以振兴村子的旅游业为背景,恩纳村变成了一大旅游胜地,根据冲绳县《观光要览》,2011 年村里有酒店、旅馆等住宿设施 365 家,其中大规模酒店(300 人以上容量)有 75 家,中等规模酒店(100~300 人容量)有 114 家,小规模酒店(100 人以下)有 176 家。

被指定为冲绳海岸国定公园的恩纳村的海岸地区,拥有美丽的沙滩和景观。恩纳村有良好的自然资源条件,现在是冲绳首屈一指的海洋度假胜地,旅游业等第三产业逐渐成长为当地的主要产业。

从到访村子的游客数变化来看,1975 年大约有 80 多万人,之后虽然有变动,但一直在持续上升,2001 年有 176.7 万人,2011 年增加到了 235 万人。旺季的 8、9 月,村里住宿设施的运转率高达 80% 左右,年平均水平也维持在 60% 左右,恩纳村确立了作为充满魅力的旅游地的地位。

表 7-1 是到访游客的旅游内容。景点巡游最多,其次是包括海洋休闲、钓鱼、海水浴在内的海洋休闲类等占四成左右。海洋娱乐在 1990 年到 2000 年初急速发展,其中潜水非常流行,现在村里有 30 多家潜水用品商店,酒店也提供潜水和其他海洋休闲服务。另外,利用恩纳村的海作为潜水地点,当地有很多开在那霸市区的潜水用品商店,也有很多季节性从事经营活动的个人潜水指导员。恩纳村成为名副其实的海洋休闲的一大胜地。

表 7-1 赴恩纳村游客观光内容构成的变化

(单位:%)

内容	年份						
	1985	1994	2000	2006	2008	2010	2011
景点巡游	63.0	64.6	73.7	68.4	68.0	65.9	62.0
凭吊古战场	15.5	6.2	19.8	12.2	10.2	10.2	10.3
海水浴等	25.0	14.8	28.5	27.4	25.1	32.1	27.9
海洋休闲		13.9	17.1				
潜水			9.3	7.9	7.6	11.7	8.5
保养、休养	4.5	12.9	22.2	16.8	23.2	26.7	23.5
SPA、美容				3.8	4.0	4.3	4.4
高尔夫	2.6	6.2	4.8	4.4	4.0	3.8	4.3
钓鱼	1.5	2.0	2.9	1.9	1.3	1.8	1.6
露营	0.6	0.3	0.8	0.6	0.7	0.2	0.4
生态旅游				1.4	1.6	1.9	1.5
购物	12.2	12.8	33.0	33.4	26.7	34.1	30.0
享受冲绳料理				38.8	40.3	40.8	42.6
新婚旅行				1.5	1.4	2.2	1.6
婚礼				2.1	2.3	2.0	2.2
会议、研修	5.8	15.9	9.8	6.4	9.1	6.2	6.9
活动、传统仪式			4.0	4.6	3.1	4.3	4.9
工作				8.0	11.6	10.7	8.9	11.1
运动大会				1.8	1.7	1.2	3.1	1.1
归省、亲戚访问				11.0	6.6	4.8	4.1	4.8
其他	14.8	15.7	3.9	3.6	7.4	6.8	7.0

资料来源:冲绳县,《观光要览》。
注:本表是多选的数据。

但是，2000年代以后针对旅游休闲的多样化需求，旅游形态和活动内容逐渐团体、周游型小集团化，并向参加、体验型转变。为了应对这些需求变化，恩纳村的商工会以体验学习的毕业旅行学生为中心开展了料理、舞蹈，还有海洋休闲的皮艇、龙舟赛、钓鱼等各种体验活动。接待人数年年增加，现在取得了每年约接待3万人的成绩。

恩纳村从曾经的渔村变成了冲绳第一的海洋度假地，支撑它的是"海"这个地区资源。度假酒店把前滨营造出"私人沙滩"的感觉，沿岸海域可以作为潜水、水上摩托等海洋休闲的海域来"自由"使用。也就是说，在恩纳村，海的各种魅力转化为当地最大的旅游资源，创造出了最大价值。

4. 地区经济的表现

实现了从半农半渔到度假地转变的恩纳村，因为所在地区的经济结构发生了巨大变化而取得了很大的经济成果。

图7-1显示的是从产业大分类的从业者的变化来看恩纳村的经济结构的转变。据图可知，恩纳村里从事旅游业、饮食服务业等的第三产业的从业人员数从1970年的1 234人不断增加，到2010年达到了3 180人，作为产业取得了显著的成长。与此相反，第一产业和第二产业的从业人员数呈现停滞或者若干减少的倾向。随着经济发展，一个国家或者地区的经济结构从第一产业到第二产业，然后从第二产业到第三产业的变化过程是广为人知的经济发展道路[9]。从这一点来看，恩纳村的经济发展具有没有充分地经历第二产业，直接从第一产业跳跃到第三产业的特征。另外，在日本的农山渔村，从随着第一产业

从业者的老龄化问题以及后继者不足，从业者人数自身的减少引发严重的地区问题这一现状来考虑，第一产业从业者人数停滞不前也是应该特别强调的现象。恩纳村的地区经济在传统的第一产业的基础上，加上旅游业、服务业等第三产业，才有了像今天这样的转变。

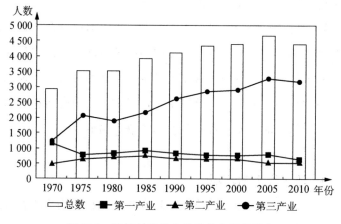

图 7-1　恩纳村产业大分类从业者的变化

（资料来源：《冲绳县统计年鉴》）

这种地区经济结构的变化给地区带来了巨大的经济收益。例如《冲绳县统计年鉴》显示，恩纳村的村内净生产值从 1982 年的 105.5 亿日元，随着若干的变动不停增长，到 2008 年达到了 307.8 亿日元，在四分之一个世纪中产业规模扩大了将近三倍。

图 7-2 是表示除这个村内净生产值之外村民人均的净生产值、人口、老龄化率等各项指标的发展。若是把 1985 年的指标看作 100 的话，可以看出那之后的发展状况虽然有所变动，地区经济也还是取得了较大的成长。现在老龄化是日本最严重的

| 第七章　地区资源的管理和海业的成立

问题之一，农山渔村地区作为"问题多发区"领跑整个日本社会，在老龄化不断加重的状况下，恩纳村的老龄化率却以极其缓慢的速度增长，这一特征也是应该重点提出的。

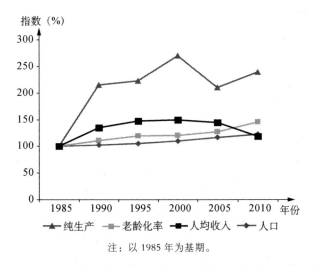

注：以1985年为基期。

图 7-2　人口、老龄化率、村内纯生产值、村民人均收入指数的变化
（资料来源：《冲绳县统计年鉴》）

在海洋度假地发展的背景下，可以看出，从1990年代开始村人口和家庭数量有了显著的增加，到2010年村人口共计10 151人。也就是说，以海洋地区旅游产业的发展为背景，随着地区的就业机会扩大，迁入恩纳村的人数也在不断增加，另外由于年轻一代也变得愿意留在恩纳村，20多岁的人口在这30年间增加了将近两倍。

图7-3显示了恩纳村的渔业生产量、生产总额以及渔协会员数变化。可以看出渔业生产的主力渔协会员人数在1985年之后几乎维持在同一规模。另外，渔业生产自从冲绳回归本土以来不断增加，从整体倾向可以看得出1985年以后也在持续。

不过，对比 1990 年代日本渔业开始不断地缩小重组，可以确认恩纳村的渔业至今还在不断发展这一事实。

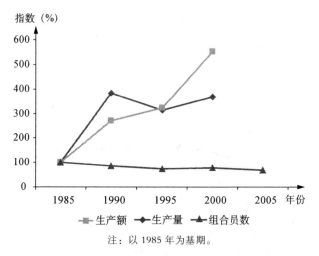

注：以 1985 年为基期。

图 7-3　渔业生产量、生产额、渔协会员数的变化

(资料来源：恩纳村渔协，《创立 30 周年纪念志》《业务报告书》)

再者，观察渔业从业者的年龄，如表 7-2 所示，40 岁以下的占比较大，即使与日本全国的动向来比也是如此，该地区的年轻人的构成比例也较高，这样一来可以保证渔业后继有人。

表 7-2　恩纳村按年龄分的渔业从业者的变化

年份	总数	15～19 岁	20～29 岁	30～39 岁	40～49 岁	50～59 岁	60 岁及以上
1973	89		4	16	27	22	20
1978	103		7	15	29	27	25
1983	198	5	18	30	59	51	35
1988	146	1	15	32	26	39	33
1993	98	0	2	26	24	21	25

第七章 地区资源的管理和海业的成立

(续表)

年份	总数	15~19岁	20~29岁	30~39岁	40~49岁	50~59岁	60岁及以上
1998	112	1	15	19	33	17	27
2003	176	4	15	23	49	37	48
2010	155	1	21	40	25	47	21

资料来源:《渔业普查》。

虽说在渔协成立之初恩纳村仅仅有非常小规模的渔业,但如先前所说,随着渔业的发展,渔村这一特性渐渐稳固起来。这种渔业生产的发展随着渔船渔业的发展,很大程度上依赖于海蕴养殖、礁膜养殖、海葡萄养殖等养殖业振兴,后面将要提到的"渔业振兴基金"对这类藻类养殖业的发展起到了重要的作用。

三、开发与环境的矛盾——渔业与旅游业的冲突

读到这里,大家的确会以为恩纳村从半农半渔经济过渡到渔村经济再到旅游经济的展开是顺利实现的,但事实上,在恩纳村也经历了克服围绕海洋这一地区资源的利用和管理产生的严重对立的历史。也就是说,乍一看像是成功案例的恩纳村地区经济的发展,实际上成功之前也是经历了克服"开发与环境"的矛盾,以及"海洋休闲与渔业"的冲突这些普遍问题的。因此,下面特别就1970年代以后提出以"旅游业立村"作为政策目标推进地区开发的恩纳村引发的海洋环境问题、资

源管理问题等做探究。

1. 地区开发与红土问题

恩纳村地区开发引发的第一个问题是红土问题。所谓红土问题，就是琉球列岛上的红褐色的有细小颗粒的土，每逢降水跟流水一起从地表流出而注入海洋，从而对当地海域的美丽的珊瑚礁、在那养殖着的海蕴以及礁膜等自然资源、在沿岸进行的定置网渔业等渔业生产等带来了严重的海洋污染问题。引发红土问题的原因可以列举以下几点：耕地改良等各种大规模的公共工事、高尔夫球场建造、宾馆和别墅等的旅游地开发、水坝和道路等大型公共事业的实施等。这些开发使得以前防止红土流出的富足森林、草地、湿地、弯弯曲曲的河川等冲绳独有的自然环境遭到破坏，红土的固着力受到影响。

以1972年的回归本土为契机，恩纳村也好，冲绳的其他地区也好，依照冲绳开发振兴计划展开农业基础整顿事业和道路建设等大规模的公共事业，尤其是重点实施振兴小规模农业生产的土地改良事业。

另外，当地也开始强力推动私营工商业者的旅游开发。恩纳村沿岸地区的海洋空闲利用虽然规模小，但据说以美国驻军为对象的经营在回归之前就已经开始了。例如，在前兼久地区开设了摩托艇，普及了海滨派对，并租借给外国人运马船来进行垂钓等小规模的海洋休闲。回归本土之后因为禁止捕捞，所以也开始进行潜水向导业、海水浴旅游等生计，但真正使得拥有丰富的海岸景观的恩纳村正式进行海洋空闲利用的却是如先前所说的计划召开国际海洋博览会。

第七章 地区资源的管理和海业的成立

在1972年回归前后的冲绳县，伴随着由大型资本以获取资产为目的的土地投机交易，以住宿设施为中心的旅游开发土地占用盛行[10]。恩纳村因为拥有美丽的海滨，还是国际海洋博览会的预定召开地，就成了合适的对象。在那之后再加上县的旅游振兴政策，如表7-3所示，恩纳村在1970—1990年代兴起大型旅游地的开发，另外，虽然表7-3没有显示，但是小规模的宾馆和简易旅馆等也大量地建了起来。虽然那也是恩纳村巩固其作为一大海洋旅游地的地位的缘由，但结果到了1970年代中期，旅游开发从业者通过各种渠道购买的村内土地面积达到260公顷，尤其是到了1990年甚至达到了340公顷（相当于村总面积的7%）[11]。

表7-3 恩纳村旅游开发的开展

年份	内容
1967年	被指定为国家公园
1967年	大京观光旅馆开业
1971—1973年	土地买断的进行
1972年	恢复冲绳本土
1974年	美雪海滩酒店开业
1975年	国际海洋博览会
	度假设施相继建设
	月光海滩旅馆开业
1977年	日航冲绳旅游运动
1978年	全日空冲绳旅游运动
1983年	万座海滩旅馆开业

(续表)

年份	内容
1987年	度假地法实施
1987年	太阳码头酒店开业
	かりゆし海滩度假村开业
1988年	冲绳文艺复兴度假酒店开业
1990年	冲绳度假地总计划
	恩纳海景宫开业
	冲绳王子海滨开业
1991年	日落山度假村开业
1993年	利山海洋公园谷茶湾开业
1995年	商工会体验学习项目导入
1997年	渔协观光部会设立

资料来源：家中茂，《地域环境问题中渔场利用舆论场形成的创出过程——冲绳县恩纳村渔协的红土流失对策》，《村落社会研究》7-1，2000；走访调查。

恩纳村这种耕地改良和度假地开发被认为是引发红土问题的主因[12]，1978年开始，海蕴育苗海域由于红土外流遭受损害，渔协方面向村子要求查明原因并提出应对策略的结果是：1983年在村子和渔协之间制定了工程开发前需向渔协汇报工程的开始与结束进度这一事前协定。但是，因为是事前通知的协定，并没有防止红土外流这一职能，在那之后因用途外流造成的损失频频发生，特别是1985年因红土外流而造成了大规模的损失。

2. 围绕沿岸地区利用发生的摩擦

以上讨论的旅游开发的进展促进了海洋休闲的开发，也引发了围绕海洋和海滨利用的渔业方面调整的第二大问题。

在延续旅游立村的基本政策的恩纳村，对于得到大资本商推动的旅游地开发，当初的渔业从业者对旅游相关产业的发展寄予了很高期望，一直采取乐观欢迎的态度。但是当恩纳村摇身一变成为第一大旅游度假地的瞬间，就可以发现沿岸地区海洋休闲的利用具有多样性的延伸，并开始衍生出各种各样的问题。

例如，度假酒店不从拥有海洋闲置地的渔业从业者那租用旧渔船等用具，却自己掏钱购买高级的豪华游轮，独自开展海洋休闲生意，以特定的海域作为饵料场实行"圈绳定界"式的划界，或者进入养殖场进行违反由渔业形成的既定的海洋利用秩序的活动。另外，一部分的度假酒店把前面海滨的海滩围起来禁止外人进入。这样的私人海滩利用行为也盛行起来。再者，酒店产生的生活废水、过度开发导致的红土外流等引发的海洋环境的污染变得更为严重。

3. 解决问题

为了寻求旅游开发引发的问题的解决方法，渔业方面对城町、从业者开展了积极的行动。渔协方面为了减轻1985年红土外流造成的损失，在设置指导人员的同时向村子索求损失赔偿，1986年终于因抗议度假酒店等对海洋休闲方面的海域、海滩等的沿岸地区的占有利用而爆发了大规模的海上示威游行。

结果，被认为是1985年红土外流的源头的土地改良地区支付了补偿金，就开发行为制定了"事前协商制度"，就海洋娱乐形成了"共存共荣关系"。所谓事前协商制度，就是渔协和村子就开发行为进行协商达成一致，规定整个恩纳村不管进行怎样的开发行为，假如不实施渔协认同的防止红土外流对策就不能开展活动[13]。虽然没有特别明文规定，但协商事项的制定，是以防止红土外流、保护海洋环境方面关乎村子的旅游振兴这一村民的普遍认知为背景。1990年村子制定策略，从乱开发中守护海洋环境，对新度假开发提出了严格的条件。从被称为"恩纳村方式"的《恩纳村环境保护条例》的实施中可以看出，恩纳村实施以海洋保护为中心的方针，另外，恩纳村渔协成为了发挥作用的中心。结果，村子和渔协就开发行为签订了《共同第6号共同渔业权渔场污染防止协定书》，强化渔协的角色。

所谓"共存共荣关系"，是渔业方面和海洋休闲方面就共同发展的联合协作、合作方法、海洋利用规则而确定的，详见后文。

"事前协商制度"和"共存共荣关系"的形成与确保恩纳村渔协作为恩纳村沿岸地区资源管理的名副其实管理者的正统性相关联，它的形成背景中包含对支付1985年的补偿金的反省[14]。

从渔业从业者的立场来看，他们收取因红土外流造成损失的补偿是理所应当的权利，但据说刚决定从土地改良区收取补偿金时村民就对此有所不满。与依照渔业权主张权利的渔业从业者相对的，对向来遵循老规矩利用附近海洋资源的村民来说，渔业方面的主张仅仅是谋求补偿金的一种手段罢了。换言之，"村落的海洋"这一琉球王府时代开始的旧规让问题的解决变得复杂，阻碍了渔业从业者主张权利的正统性。

反省着这种事态，渔业方面开始朝着能被地区居民所理解的海洋管理主体的方向而努力。例如，1987年制定"恩纳村地区渔业营业计划"，1989年制定"恩纳村渔协地区渔业激活计划"，1991年制定"第二次恩纳村地区渔业营业计划"，1994年制定"第二次恩纳村渔协地区渔业活力化计划——美海"，1991年设置"恩纳村渔业振兴会"，1995年设置"观光部会"等。随之，作为渔协方面应该致力的主要课题，规定了海蕴养殖的振兴、资源管理和相应的组织化、环境问题（预防红土外流对策）和度假酒店之间的调整等。

渔协的努力没有白费，对于以"旅游立村"的恩纳村来说，渔业作为最为重要的海洋环境保护主力的作用开始得到认可，借家中茂的话来说，就是渔业方面制定的"公论形成的场所"成功落实的结果[15]。毫无疑问，这意味着恩纳村渔协作为沿岸地区资源管理者的正统性得到了肯定，在获得地区资源管理这一新职能上取得了成功。

四、渔业和海洋休闲的共存共荣关系——新地方性章程的形成

1. 共存共荣关系的构筑

在获得正统性的背景下，1991年恩纳村渔协和海洋娱乐方面达成了"共存共荣关系"。由于渔业和海洋娱乐的摩擦是

全国共通的现象，为构造共存共荣关系形成的新地方性章程被看成是解决地区资源管理的恩纳村经验。

1980年代后半期开始，村办事处为了解除尖锐化的渔业与旅游业的对立而积极地参与其中。1986年，当时的村长领头，以渔协为中心组建了"红土外流防止对策协商会"，在这一成果的基础上成立了"海面利用调整协商会"。以村长为见证人，旅游业方面和渔业方面达成了和解，双方制定了与海面利用相关的协定（即"地方性章程"），结成了渔业和海洋休闲的共存共荣关系。1991年恩纳村渔协内部设立的"恩纳村渔业振兴会"可以说是这一地方性章程的执行组织。以这次和解为契机，度假酒店得到了进一步的发展，与此同时，地区经济及其组成部分之一的地区渔业也渐渐展现出上述的突出表现。

2. 管理规则的形成

恩纳村制定的沿岸地区使用管理的主要地方性章程如表7-4所示，大致可分为三大类别[16]，即渔业振兴规则、地区协作规则、海洋利用规则。

表7-4 恩纳村沿岸域利用管理的当地规则

规则		内容
① 渔村振兴规则		度假宾馆方为了协助渔业振兴向渔业振兴基金捐赠
② 地区协作规则	关于用船	从事潜水事业者如果使用船需要从归属于渔协的渔业者那里租船
	关于雇佣劳动力（船长的雇佣）	宾馆方如果购入高档的游船等，船员和船长要优先雇佣渔业者

(续表)

规则		内容
② 地区协作规则	关于事业利用	海洋休闲必需的船的燃料等购买事宜由渔协购买项目来执行
	关于地产地销	渔业者向宾馆方提供海蕴和海葡萄等水产品
③ 海洋利用规则		海洋休闲方可以"自由"利用沿岸海域
		宾馆可以"自由"使用前滨的海和沙滩

资料来源：走访调查。

第一条，渔业振兴规则规定：旅游宾馆为协助地区渔业振兴的实现需要向设立的渔业振兴基金支付一定量的振兴资金。筹集的振兴资金不是传言中的"慰劳费"，也不将其直接分配给渔业从业者个人，而是作为振兴地区渔业的基金。实际上，恩纳村渔协将这笔振兴基金用于新渔业、养殖技术（海葡萄等）的开发、保全珊瑚礁海域、保全渔场环境等方面。

第二条，地区联合协作规则发挥了使区域内利益循环系统成型的作用。这一地区联合协作规则的内涵可以进一步细分为用船相关规则、劳动力（渔业从业者）雇佣相关规则、事业利用相关规则、地产地销相关规则。

用船相关规则，就是潜水商店事业者或者宾馆方面在以休闲需求为目的而使用船的情况下必须从渔协成员（1995年之后渔协的渔业观光部会的成员）那里租船的规则。潜水商店通过渔协与渔业从业者签订协议，渔协虽然并不要求书面协议书或者协定，但是协议期间、协议费用等分别由当事人协商决定。

劳动力（渔业从业者）雇佣规则，就是在宾馆方面为了展现出高级感而购买游轮等时，要优先雇佣渔业从业者作为船长或者乘务员。实际上，现在设置了高级度假宾馆专用栈桥，装饰精美的游轮在蔚蓝的海面遨游，许多渔业从业者以一年一雇的形式担任着这些高级游轮的船长。

事业利用相关规则就是渔协和旅游业者方面合作的规则，海洋休闲必要的船的燃料要通过渔协的购买行业购买的规则。

地产地销相关规则，其内容就是向区域内的业者提供本地水产品，以"自产自销"为目标，另外也在度假酒店内的直销柜台贩卖当地采摘的海蕴、海葡萄等水产品，达到事业联合协作。

第三条的海洋利用规则就是海洋休闲可以"自由"使用已设定渔业权的沿岸地区的海洋和前滩的使用规则。例如，只要潜水业者在渔协管理的渔业权区域内，基本上都是该业者"自由"决定潜水客人的活动范围，宾馆可以"自由"使用选定区域的前滩的海域或者海滩。表面上看起来就像是使用"私人海滩"一样。话虽如此，这里所说的"自由"说到底还是加了引号。这是因为海洋的使用基本上还是在渔业从业者（租船或者作为船长）的主导下进行的，实际上上述都是以能守护渔业从业者为使用附近的海域而形成的海洋使用秩序作为附加条件的自由。

3. 地方性法规的合理性

这种围绕以海洋为中心的地区资源利用的管理规则的形

第七章　地区资源的管理和海业的成立

成,凭借以渔协为中心的渔业从业者一直以来的努力,可以指出,存在在地区中获得的正统性,在这些规则背后,对于相关者来说也有相当的经济合理性。

对渔业从业者、渔协来说,他们可以享受渔业的振兴、渔协事业的维持、区域内利益循环带来的安定渔家生活,以及避免不必要的作业纠纷等的好处。

另一方面,对旅游宾馆方面来说,可以"自由"使用海洋这一地区资源,前滩的"私人海滩"的使用也成为可能,同时,也可以规避"自由"使用带来的麻烦和纠纷,能确保海洋休闲所需的人力资源(例如熟知附近海域的船长),能减轻设备投资(例如,海洋休闲用船)。这对于许多海洋休闲的主力部门之一且大多是小规模经营的潜水商来说具有很大的意义。

另外,这样的地方性章程的形成对于地区经济整体来说也有巨大的好处。其中一点就是可以事先避免围绕地区资源使用带来的麻烦和纠纷,避免地区资源的过小使用,使得地区资源以更理想的状态创造出更大的价值成为可能。现在通过把水产品等地区资源作为特产提供、贩卖,通过渔协和度假酒店的合作关系,地区的魅力可以以更多面的形式对外提供,通过协同作用,地区资源能够创造出更多的价值。

再者,最为重要的是通过这一地方性章程,在利用属于共同资源的近海资源的时候可以防止无秩序地使用沿岸地区资源,也就是说成功地避免了"公地悲剧"。对于依照以渔协为中心的地方性章程,地方资源管理计划能否发挥作用,是否是有效率的管理机构,这些问题将在第十章讨论。

五、为了管理地区资源的渔协的任务

恩纳村的解决对策启发了我们一些重要的事实。

第一,开展海洋休闲利用的时候,作为新的沿岸地区管理的主体的渔业从业者(特别是渔协)与此密切相关,发挥主导作用很有必要。就恩纳村来看,恩纳村渔协通过"恩纳村渔业振兴会"等策划,在恩纳村沿岸的海洋管理使用上发挥着中心作用。

第二,在这样的关联中,特别是在有助于地区渔业发展、渔家经营的区域内的利益循环的筹划中发挥主体作用很重要。1995年在恩纳村渔协当中设立由下级组织的46名人员组成的"观光渔业部会",该部会不仅仅只有渔业从业者,度假酒店等进行海洋娱乐的主要旅游业者也从属其中。对渔业从业者来说,租船等成了重要的收入来源。另外,现在振兴基金等开展的海葡萄养殖也成了支撑恩纳村渔业的重要渔业种类,对渔业从业者来说成了宝贵的收入来源之一。如果没有这一新的收入来源的话,该地区的渔业从业者的数量以及渔协成员的数量都会减少。

第三,恩纳村的这些做法正是所谓的"海业",恩纳村的经验证明,海业的发展不仅不会引起渔业衰退,海业的振兴还能够助力渔业发展。也就是说,渔业和海业并不是折中选择关系,而是具有协同效应、互相补充的关系。

自然而然地,为了促成这样的协同效应,渔协的领导能力是不可缺少的条件。此外，渔协为了能够发挥这样的领导能力，管理者需要努力获得正统性。关于渔业者方面会不会为此而努力，重要的是当地领导人对于该努力是否设定相应的激励机制和职务来激发他们的动力。

注释：

（1）津波高志等：《冲绳国头的村落（下）》，新星图书出版，1982，第198页。

（2）仲松弥秀：《恩纳村志》，1980。

（3）上田不二夫：《海和村》，木崎甲子郎、目崎茂和编著《琉球的风水土》，筑地书馆，1984，第179—193页。

（4）同注释（2）书。

（5）《冲绳大百科全书》，冲绳Times社，1983。

（6）月刊自治周报编辑部：《恩纳村的今昔、梦、未来》第6卷《采访金城重治恩纳村渔业协同组合长》，《月刊自治新报》第184号，2001年5月。

（7）上田不二夫：《宫古岛潜水事件和水产振兴——对海洋休闲娱乐事业的对应和渔协事业》，《冲绳大学经济学报》第19卷第1号，1996，第27—72页。

（8）上江洲薫：《冲绳县恩纳村的旅游地区形成》，《地区研究》第33卷第2号，1993。

（9）原洋之介：《开发经济论》，岩波书店，1996。

（10）田里友启、仲松弥秀等：《冲绳土地使用和买断的实际情况》，《关于冲绳土地使用的研究》，财团法人日本地区开发中心，1974。

（11）上江洲薰：《旅游地的企业土地所有和旅游开发的开展——以冲绳县恩纳村为例》，《人文地理》第53卷第5号，2001。

（12）上地兼惠：《度假胜地冲绳的苦恼——恩纳村和读谷村的报告》，《新闻研究》第474号，1991年1月。

（13）家中茂：《在地区环境问题上，渔场使用公论形成的条件的创造过程——冲绳县恩纳村渔民协会防止红土流失的对策为例》，《村落社会研究》第7卷第1号，2000。

（14）同注释（13）论文。

（15）同上。

（16）原田幸子：《关于沿岸地区管理的管理主体的理想状态研究》（东京海洋大学硕士学位论文，2006年3月）。

第八章

适应海洋休闲需求的渔村社区商业
——以静冈县伊东渔协和德岛县中林渔协为例

一、海洋休闲能成为社区商业吗？

1980年代以后，闲暇消费逐渐成为国民生活的一大主题，日本的海洋休闲需求扩大，变得更加多样化[1]。具体可以列举出海水浴、游钓、潜水、鲸鱼观赏、海豚观赏、赶海（拾贝）等具有代表性的例子。

海洋休闲活动使用的地区资源基本是公有地性质，在使用上以自由出入为前提，使用时具有排他的特性。因此在以前，渔业者之间关于海洋使用的纠纷，即"渔业 vs 渔业"的纠纷频繁发生。渔业权制度就是为了解决这些纷争而形成的法律措施，其中，渔业者一直努力通过自主管理等来维持海面的渔业使用秩序，结果导致在日本沿岸海域，渔业者作为使用这些资源的领头人拥有很高的优先权。

但是1980年代以后，沿岸地区的休闲利用的增幅引发了全国各地关于海面使用的各种各样的问题。其中之一就是渔业和休闲渔业等海洋休闲之间的调整问题，即"渔业 vs 休闲"的纠纷。特别是1990年代以后开始逐渐凸显的海洋休闲业者之间的调整问题，即"休闲 vs 休闲"的调整问题，现在更是个大问题。

为了应对这些问题，比如针对于前者，有《休闲渔业调整规则》等具有代表性的各种行政调整，在潜水等方面也有相关人士之间的自主调整。但是，虽然一直在努力解决问题，海洋休闲和渔业间的纷争、海洋休闲行业内部的冲突依然经常发生，由于地区资源的过小利用或是地区资源价值没有得到充分发挥等问题，很多沿岸渔村地区失去了好机会。

在进行沿岸地区价值创造的同时，必须要有确保地区资源可持续利用的管理。也就是说，实现地区资源的和谐利用是个大问题。在此，本章重点关注这些解决方案，即对海业的事业形态之一的社区商业事业开展的实际状态和事业的理想状态进行验证。具体以应对海洋休闲中的潜水需求的静冈县伊东渔协的"潜水服务事业"，以及应对体验式旅游需求的德岛县中林渔协的旅游地拖网捕鱼事业为例来进行分析。

不过，关于社区商业的讨论，以1954年美国的 Urban Renewal Program 为开端[2]，1968年英国引进 Urban Program 则被认为是首次正式展开讨论[3]。在日本虽然开始逐渐意识到此类国外的社区商业论，但是1990年代以后，特别是以"阪神淡路大地震"为契机，以都市促进经济活力问题为中心的独自的社区商业论才开始发展[4]。之后，细内信孝把地

第八章 适应海洋休闲需求的渔村社区商业

区社区的活动纠正为"商业"视点，指出这种活动可以促进雇佣，明确了社区商业活动也有对地区建设做出贡献的可能性[5]。在这里排除"社会性排除"、创造雇佣机会、存在内部经济循环是三个关键点。

围绕着地区贡献方面的社区商业作用的讨论在那之后开始非常盛行[6]，比如铃木理把社区商业的主要领域重新定义为城市促进经济活力、环境社区商业、农村地区的社区商业、社会参与和劳务支援等4个领域[7]，农村地区的社区商业也成为了讨论的对象[8]。

究竟在渔村展开了怎样的社区商业，它对地区资源管理和渔村地区激活具有怎样的社会经济含义呢？在关于激活渔村地区的社区商业的作用的研究几乎为零的情况下，本章试图通过对两个案例的验证来解决这个问题。然后通过对这两个案例的探讨，希望归纳出海洋休闲对应的社区商业的成立条件。

根据日本经济产业省的定义，我们把社区商业定义为"针对地区社区存在的问题，充分发挥整个地区的资源，运用商业手段去解决的事业"[9]。这样的社区商业的目的是能在当地社区开展新的商业，在地区内形成新的经济循环，由此来创造当地居民的谋生机会，在谋求地区资源可持续利用的同时，也要维持地区的再生。这就是以地区经营体的再生产、地区社会的再生产、地区资源的再生产这三个再生产为目标而进行的努力[10]。

海业时代
——以激活渔村为目标的地区挑战

二、伊东渔协的渔协主导型潜水服务事业的展开

1. 伊东市和伊东渔协概要

伊东市位于静冈县伊豆半岛的东部沿海地区，年平均气温17.2℃（2010年），气候温暖，市区的44.7%被指定为国定公园区域，是有名的温泉旅游地。从东京到伊东坐电车约2小时，自驾约3小时，其地理位置非常好，年间（2010年）约有659万人次的游客到访。

根据2005年的《国势调查》，当地不同产业的人口分布比率中，第一产业为2.6%，第二产业为16.4%，第三产业为80.3%，其他为0.7%；营业所数构成比率中饭店、住宿业等旅游相关产业占总共5 072个营业所的50.1%。从中可以看出，伊东市虽然位于半岛，但旅游产业是当地的支柱产业。

伊东市的人口，2004年的7.534 8万人为高峰，之后开始减少，2012年是7.368 4万人（3.499 9万户），年龄的中位数从2000年的49.0岁上升到2005年的52.5岁[11]，这里也无例外地存在老龄化问题。

伊东渔业协同组合（下文简称"伊东渔协"）是2010年4月1日由伊东市渔协和网代港渔协（热海市）合并而成的合并渔协。本来伊东市渔协就是在1994年由现在的宇佐美分部、川奈分部、富户分部、赤泽分部合并的组织，1998年再加上八幡野分部，伊东市的六个渔协联合成立的合并渔协，其规模

进一步扩大。

我们再来看渔协的成员数，合并前的伊东市渔协在2005年12月31日有正式成员530名、预备成员1 324名，合计1 854名；2009年12月31日，有正式成员392名、预备成员1 326名，合计1 718名，4年之间少了136人。和网代港渔协合并后，截至2010年12月31日，伊东渔协有正式成员418名、预备成员2 092名，合计2 510名。

2. 渔业问题和促进经济活力措施

作为主要的渔业种类，有围网渔业、棒受网渔业、竿钓渔业、刺网渔业、定置网渔业、贝类海藻渔业等。定置网渔业在宇佐美、川奈、富户、赤泽地区作业，其中，富户、川奈是渔协自营的。贝类海藻渔业和竿钓渔业的复合经营比较多，基本上都是以家庭经营为中心的小型渔业个体户。

根据《伊东渔协业务报告书》，2010年捕获量前5名的鱼种是，沙丁鱼（捕获量2 648吨，3.383 3亿日元）、鲹（捕获量252吨，1.392 1亿日元）、鰤（捕获量331吨，1.202 8亿日元）、乌贼（捕获量283吨，1.102 2亿日元）、金眼鲷（捕获量62吨，1.040 9亿日元）。另外，捕捞量从2005年的1万吨之多减少到2010年的6 421吨，同期渔业捕捞金额也从16.2亿日元减少到12.5亿日元。

在伊东渔协，虽然以小型的渔民个体户为中心的沿岸渔业在运营，但是还是存在渔业生产的减少、渔业者的老龄化、渔业后继者不足等严重的渔业问题。面对这些问题，虽然渔业组织的重组合并持续在进行，但是还没有解决渔业的结构问题。

以 2010 年和网代港渔协合并为契机，伊东渔协为了激活渔业，新开展了钓鱼池事业以及开设渔协直营饭店"波鱼波"，希望进行渔协事业领域的转型。另外，伊东渔协从其前身伊东市渔协以及再之前的各个旧渔协的时代就开始计划开展潜水服务事业来克服渔业问题。下文以早期就开展、现在伊东渔协继承下来的潜水服务事业为例，对事业的构造进行分析。

3. 伊东渔协管辖下的潜水服务事业

潜水服务是潜水者为了潜水前往当地享受接待他们的商家提供的报名接待、氧气罐出租、规则说明、休憩和餐饮等各种各样的服务业务。服务内容有：①设置潜水地点；②制定规则、管理；③咨询、接待等窗口业务；④提供更衣、淋浴、卫生间、休息区等设施；⑤出租氧气罐、潜水服、加重器等器材；⑥用船；⑦针对导游和指导员的授课培训；⑧提供替代场地；⑨午餐等餐饮服务；⑩住宿设施和购物等指引；⑪接送；⑫其他的附属服务等[12]。

提供这些服务的潜水服务的经营主体，总共可分为 3 大类，即①个体潜水商店；②渔业者个人；③综合窗口。

能提供潜水服务的个体潜水商店，几乎都开设在有潜水点的沿岸地区。个体潜水商店在冲绳县的宫古岛、恩纳村、座间味、高知县柏岛等潜水服务发达的地区，或者在潜水服务尚未充分开发的地区都是常见的形态。这种形态下，商店在进行大量投资的同时，也需要和当地的渔业、餐饮、住宿等多方面进

第八章 适应海洋休闲需求的渔村社区商业

行沟通。因此，围绕潜水的规则现在还在制定进程中，在意见达成一致的地区已经形成了地区产业部门间的利益循环系统，地区经济活跃度得到大幅提高。在规则制定不完善、意见未达成充分一致的地区，和渔业者的摩擦、地区内冲突很严重，目前也能看到海洋利用调整问题尖锐化的例子。

渔业者个人提供的服务业务非常少见，乘船潜水的情况较多。不管怎样，乘船潜水，潜水用的船是必要的，因此，拥有游钓渔船以及渔船的渔业者提供此类服务，兼营民宿的渔业者提供窗口服务。当然，他们提供的潜水服务的内容有限。

综合窗口的服务业务几乎都是渔协主导。这是以渔协为中心，努力统一地区内的意见，潜水服务事业一体化的社区商业。但是，其具体结构还有：①渔协直营；②渔协发起的业务委托和业务合作[13]；③地区共同经营[14]。

将伊东渔协开展的潜水服务内容按照地点不同大致归纳，结果如表8-1。其中提供渔协直营潜水服务的只有川奈、富户、八幡野3个地方。而其他分所开设的潜水点，由于地区内意见和历史原因，是某种形式的渔协主导的业务委托或业务合作，由个别地区的商店来负责潜水服务业务。

表8-1 伊东渔协管辖下的潜水服务业

	地名	管辖地	经营主体模式	导游服务	有无自用船
①	宇佐美	宇佐美	地区商店A	有	有（宇佐美分部）
②	伊东	伊东	地区商店B	有	有（本部）
③	川奈	川奈	渔协分部	无	有（川奈分部）

（续表）

	地名	管辖地	经营主体模式	导游服务	有无自用船
④	富户	富户	渔协分部	无	有（富户分部）
⑤	伊豆海洋公园	富户	地区商店 C	有	无
⑥	八幡野	八幡野	渔协分部	无	有（八幡野分部）
⑦	赤沢	赤沢	地区商店 D	有	有（赤沢分部）
⑧	纲代	纲代	地区商店 E	有	有（纲代分部）

资料来源：走访调查。

下面以社区商业的典型形态的开展，渔协分部直营的潜水服务事业的富户分部为例来进行验证。

4. 富户分部潜水服务事业

（1）事业概要

伊东渔协富户分部开展的潜水服务（以下简称"富户 DS"）是 1988 年在海洋公园开始的事业[15]。

伊东市被认为是日本休闲潜水的发祥地。1964 年在伊豆海洋公园（以下简称"海洋公园"）里，益田海洋制作公司设立了潜水中心（以下简称"IOP·DS"），1966 年，东海大学海洋学部也开设了潜水训练中心，以此为契机，伊豆半岛地区成为了日本休闲潜水的圣地[16]。

富户的潜水点在当初是作为海洋公园海况不好时的替代地，由海洋公园向渔协申请开设的。以此为契机，之后的富户潜水点被用于水生生物研究和海洋实习调查等。当时，使用者向渔协、渔业者支付的用船费、海面使用费等对渔业者和渔协的经营来说是固定的收入来源（图 8-1）。

第八章　适应海洋休闲需求的渔村社区商业

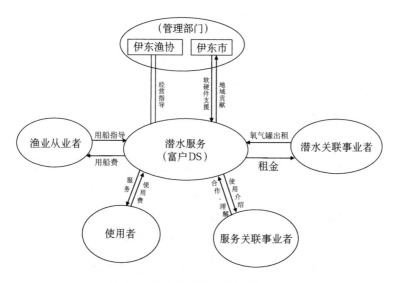

图 8-1　富户潜水服务业的组织构成

1980年代以后，以日本经济的成熟为背景，海洋休闲逐渐成长，潜水作为新的海洋休闲领域急速发展。伊东和东京距离很近，地理位置优越，作为适合关东地区潜水者的潜水地点受到关注，有很多潜水者前往此地。为了响应这种潜水热潮，伊东市内的各个渔协开设了潜水点，开始进军潜水服务事业。富户渔协（当时）也设置了综合窗口，对之前开设的海洋公园的潜水点进行直接管理，开始经营潜水服务事业。

富户DS拥有的主要设施有接待事务所、淋浴室、更衣室、氧气瓶放置地、渔船改造的浴室设施"温泉丸"、器材放置地、停车场等。其他，还有用于到达潜水地的缆绳、航线入侵警示浮标等。富户作为方便进入海滩的地点也很有名。

富户DS由2名渔协职员运营管理。职员对潜水服务业务

179

很精通，是渔协为开展新事业新雇佣的。不过，在旺季也会有其他职员来帮忙。

在富户 DS，每年约有 2.7 万潜水者到访。和泡沫期等最鼎盛的时期相比虽然有所减少，但是近年来稳步增长。顾客层中来自首都圈各地的占了大半，个人游客很少，基本都是在东京等地开设的"都市型商店"以旅游团的形式带来的潜水者。都市型商店的旅行团以前一天截止的预约制形式为主，而个人潜水者有很多是当天在喜欢的时间段前来。这种对于个人游客的灵活应对也是富户 DS 的服务特征之一。

(2) 作为社区商业的富户 DS 的事业结构

所谓社区商业，在前面也提到过，是对社区存在的各种问题以商业手法来解决的事业，同时，也适用于解决整个地区或社区商业问题。根据这点，从以作为协会成员的地区渔业者互相帮助为目的的组织性质上来看，渔业协同组合开展的经济事业本来就具有社区商业的性质。

富户的潜水者和商店，基本都是通过这个 DS 接受一体化管理，可以说 DS 管理着富户地区大部分的潜水商业活动。因此，富户分部管理的富户 DS，在整个地区妥当解决商业问题方面具有社区商业的性质。这里有一个问题，富户 DS 是通过怎样的事业结构来体现社区商业的？

图 8-1 总结了富户 DS 的事业运营体制。从这个事业体制来看，富户 DS 开展的业务，除去由教练指导的潜水导游，几乎包含了所有潜水服务的基本内容。富户 DS 关联的经济主体有下列五种：①渔业者（潜水船提供者）；②使用者（个人潜水者、潜水商店，以及海水浴游客等）；③潜水相关事业主体

第八章　适应海洋休闲需求的渔村社区商业

(伊豆海洋公园、当地个人商店)；④服务业相关事业主体（饭店、便当店、旅馆、酒店、旅游景点等）；⑤管理部门（伊东渔协、伊东市）。各个相关者之间构筑的各种关系如下。

第一，和渔业者的关系基本都是通过潜水用船形成的。现在把渔船作为潜水船提供的渔业者有 15 名（30 多岁到 80 多岁的渔业者）。采取对提供船的渔业者进行登记的制度，为了避免配船顺序、周次担当顺序、船的最大搭乘人数不同等原因产生收入差距，富户 DS 采用实时调整渔业者提供的用船的制度。船只使用费便是渔业者的收入。

第二，和成为使用者的潜水者等的关系通过各种收费服务的提供而结成。富户 DS 提供的服务内容，有预约和接待、设施管理、潜水点管理、船只的分配、氧气瓶安排、停车场管理、安全管理（制度和时间管理、紧急对应等）、费用支付等。富户 DS 提供的一元化服务使得用户安全管理、遵守地区制度，以及必要器材的顺畅供应、船只的公平分配等得以实现。用户的设施使用费等服务费就是富户 DS 的收入来源。

在和东京以及当地周边地区开设的潜水商店的关系上，富户 DS 对带来大量顾客的潜水商店免除设施使用费，并对为游客提供淋浴、卫生间、温泉浴池等设施以及氧气瓶租借的商店实行打折优惠。因此，可以期待商店通过控制经费等来开拓顾客的这种激励效果。

第三，所谓潜水相关的从业人员主要是指由潜水氧气瓶的租借而形成的关系。富户 DS 和当地两家潜水商店在氧气瓶租借方面达成了长期合作关系。因为富户 DS 没有氧气瓶、压缩器等设备，所以借给潜水者的氧气瓶都是从这两家借来的。这也是为了维系与当地先行者的良好关系而想出的对策。

第四，与餐饮、住宿设施、周边旅游商业设施等服务业相关的从业人员之间的关系。在富户DS附近这类相关从业人员很少，潜水人员的用餐基本都是自带的。为响应这些需求，富户DS和便当店商谈起了合作，让直接接受顾客预订的便当店将便当送到渔协设置的便当专用放置地。此外，对于住宿设施、周边旅游商业设施随时进行指引和介绍，并在一部分的住宿设施上也引入了潜水人员的折扣制度。

第五，与管理部门的关系。伊东市和伊东渔协是和富户DS要打交道的管理部门。伊东市从振兴当地旅游的角度出发，在进行设施整修、广告宣传等支援的同时，也在努力进行着海上运动相关的法规建设及安全管理体制建设。例如，1994年伊东市设立了"伊东市潜水协商会"。这个协商会是由县厅、海上保安厅、渔业协同组合联合协作的，同时，它也加入了"静冈县潜水协商会"参与休闲潜水的安全管理。

富户DS由伊东渔协富户分部管辖，包括财务等都是和渔协一体化，也就是渔协直营事业。因此，富户DS的职员工资、设施管理经费也基本是由渔协支付的。同时，渔协除了在主页上发布海况速报、潜水信息等，也十分注重宣传渔业信息和海洋休闲的规则，以便在整个地区展开地区资源管理活动。

5. 潜水服务事业的实绩和效果

从表8-2所示的伊东渔协的潜水人数变化中可以看到：2006年到2010年的5年间，使用者人数从7.410 5万人减少

第八章 适应海洋休闲需求的渔村社区商业

表 8-2　伊东渔协渔场利用事业（潜水服务）运营状况的变化

(单位：人，日元)

分部	2006		2007		2008		2009		2010	
	使用者数	接待渔场使用费	使用者数	接待渔场使用费	使用者数	接待渔场使用费	使用者数	接待渔场使用费	使用者数	接待渔场使用费
川奈	10 604	55 038 140	12 238	63 351 872	11 201	56 629 240	10 229	51 132 410	9 083	44 547 675
富户	33 353	137 710 375	33 361	140 732 700	26 808	114 585 376	27 988	123 179 700	27 398	116 059 451
八幡野	12 655	52 413 915	13 974	58 279 510	13 164	52 582 750	9 465	36 658 000	8 344	31 202 600
伊东	5 629	3 363 497	5 441	3 282 721	5 370	3 170 376	4 979	2 935 397	4 995	2 952 752
宇佐美	4 575	2 450 856	3 946	2 095 050	4 795	2 517 333	3 353	1 784 671	3 489	1 843 432
赤泽	7 289	3 772 555	9 114	4 706 538	9 513	4 896 609	7 741	4 040 343	5 515	2 816 647
网代	—	—	—	—	—	—	—	—	321	198 710
合计	74 105	254 749 338	78 074	272 448 391	70 851	234 381 684	63 755	219 730 521	59 145	199 621 267

资料来源：2007—2011 年通常总代会议案书。

到 5.914 5 万人，约减少了 1.5 万人。该数值体现了极易受经济动向影响的休闲娱乐产业的特征。但是如果只看富户分部的实绩：2011 年的用户人数是 2.651 5 万人，作为区域产业的潜水服务业维持着一定的规模。潜水服务事业带来的经济效益非常大。

首先是对于渔协经营的贡献。潜水服务业的收益主要是指渔场使用事业，根据《伊东渔协业务报告书》，2010 年 7 家分所合计的潜水服务收入约有 2 亿日元。渔场使用费加上其他收益是渔场使用事业利益（渔场使用交易额），从中减去渔场使用事业直接费用，得出的渔场使用事业总利润为 1 亿多日元，占渔协事业总利润的 30.4%。

其次是对渔家经营的贡献。潜水用船费也属于这类。近年渔船用船的人均收入是 50 万日元左右。虽然不能只靠潜水事业维持生计，但是作为不能出海捕鱼时的副业收入来源就显得尤为重要。有了这辅助性收入，渔家可以安稳经营，渔业人员也可以安心开展渔业活动。除此之外，兼营民宿等的渔家还能期许住宿费收入。

最后是对当地经济的贡献。在伊东市有很多从关东都市地区自驾前来潜水并当天返回的案例，导致对住宿、公共交通机构等当地经济贡献很小。但因为潜水地零星分布在多地，即使海况不好，也可顺利将潜水点变更为当地旅游景点、主题公园。而且潜水后在当地餐厅吃到新鲜的海鲜，泡完温泉再回家的案例也不少。也有游客前往事先选好的店购买鲜鱼、海产品等土特产，虽然金额不高，但潜水服务业也对当地经济发展做出了贡献。

6. 事业模式的意义

我在此将渔协自营事业作为社区商业进行了讨论，并对这种事业模式的意义重新归纳为以下内容。

第一，把所谓"共有"资源的地区资源通过整个地区的使用，以规避曾经时常发生的海洋休闲业和渔业的摩擦问题。正因为原本就是渔协直营的事业，海洋休闲业对新海面的使用情况秩序化的规则制定变得更为容易。从这个意义上来看，这种作为社区商业的海业的成立正在作为解决海洋使用权冲突的最有效方法之一而发挥作用。

第二，它也是对地区资源通过价值创造所产生的利益进行公平分配的方法。随着海洋使用需求变得多样化、深度化，我们再次认识到了渔村地区存在着许多有价值的地区资源，但对这种金山般的地区资源进行无规划的使用，有时会产生不当的利益分配而有损社会公平的案例。伊东渔协的潜水服务业是通过用船费、氧气瓶租借费、餐饮、住宿、礼品等潜水附属服务费使得社区利益循环往复，特别是在用船方面考虑到确保渔业者之间公平而形成了该体系。这种基于社区商业的地区资源利用，从确保社会公平来讲也具有很重要的意义。

第三，作为高效进行地区资源价值创造的方式而发挥作用。个体商店管理的潜水点有很多，但在个体商店管理的情形下，顾客层容易受限制从而错失商机的事时有发生。富户 DS 采取的措施是根据海况选择多个潜水点，诱导游客到当地其他旅游景点来防止商机丢失，同时，把充分利用当地资源、网罗潜水服务基本内容的服务体系提供给商店旅游团和个人游客，使得顾客层没有受到限制。在这一点上，它是对社会广泛开放的一种体系，也作为一种平台实现高效率地区资源价值创造而起作用。

三、德岛县中林渔协的旅游地拖网事业的开展

本节讨论的内容是"观光渔业"。把原本生产活动之一的渔业活动作为服务的一个环节让顾客体验，换言之，通过展览增加附加价值是观光渔业的根本。在此意义上，观光渔业可以定义为产业旅游的一种形态。

在这里，对于渔业部门的产业旅游——观光渔业这种社区商业是怎样运营的、产生了怎样的效果，以及是在怎样的条件下成立的等问题都会以德岛县中林渔协开展的"旅游地拖网事业"为例进行验证。旅游地拖网渔业和定置网旅游都是最经典的观光渔业，也是最有代表性的事业形态。而且中林渔协在这个领域已经积累了超过 30 年的实践经验，同时它也是该行业的创始者。

1. 地区渔业的概要

德岛县阿南市中林地区在德岛市以南约 1 小时车程的地方，从城市出发到那交通相对便利。另外，位于室户阿南海岸国定公园的最北端的中林地区，其广阔的松原和绵延 2 千米的浅沙滩构建出了一处风光旖旎的景观，并于 1996 年入选"日本海滩百选"。

第八章　适应海洋休闲需求的渔村社区商业

中林渔业协同组合在 1912 年作为中林渔业组合开始发展，1949 年根据水协法改名为渔业协同组合。当时的拖网渔业是无动力船，依靠人力划桨进行作业。之后经过明治、大正时期，在昭和初期首次引入了发动机的动力船。随着动力船的普及，地拖网渔业被废弃，海面渔船渔业开始发展。

渔协的《业务报告书》显示，2010 年度中林地区的渔业生产量是 216 吨，渔业生产额约 2 亿日元。这是一个组合员 36 名、职员 2 名的小规模渔业地区。渔业经营体数是 31 个，其中有 27 个经营体是 5 吨不到的渔船，可见小型渔业很多。1970 年代左右，随着大企业的进驻，渔业人员中为了寻求新的工作机会而放弃渔业的很多，从而导致经营体减少。在 1980 年代中期，又有人重新做回渔协成员，直到 1991 年经营体达到 51 个的最高纪录。在这 10 年中渔协成员数基本没有变化。

再来看渔获量交易额的变化，直到 1990 年代中期都维持着约 3.5 亿日元的水准，由于经济衰落，高级鱼价格降低，交易额年年减少，于 2002 年降低到约 2 亿日元，之后一直以低水准变迁。因此，旅游地拖网事业的收益作为重要的收入来源越来越被寄予厚望。

根据《德岛县农林水产统计》中不同渔获金额的经营体数构成来看，2008 年，100 万日元以下有 1 个，100 万～300 万有 13 个，300 万～500 万有 1 个，500 万～800 万有 14 个，1 000 万～1 500 万有 1 个。由此可以看出，正是小规模的渔业经营体支撑着渔业发展。

2. 中林渔协的旅游地拖网事业的开展和运营

(1) 旅游地拖网事业的开端

在1979年第二次石油危机背景下,中林地区曾经依靠廉价燃油支撑起来的渔船渔业受到重大打击,大家纷纷从渔业撤退,地区经济失去了活力。如何恢复地区经济、如何唤回海滨的生机对当地来说是很大的课题。在渔船渔业复兴无望的情形下,当时的会长重新开始摸索当地自古以来从事的、后来却休业的地拖网渔业的旅游资源化之路。

所以,渔协会长们考察了当时全国注目的千叶县九十九里滨的旅游地拖网等先进案例后,开始计划符合当地资源和地理条件的拖网旅游事业。1979年,当地的旅游地拖网事业正式启动,至今已经有了33年历史,即使是在现今全国多数的旅游渔业中也是先进案例。

中林地区旅游地拖网事业常年维持年访客数约1万人,销售额约2 500万日元这样的成绩,已经超越了仅限于渔业者的经济行为,对当地的旅游业来说也是非常重要的存在。虽然近年来受到事业体制变化和经济低迷等影响,该事业也在持续低迷,但是这不能否定观光渔业对于地区经济的重要性。

(2) 旅游地拖网事业的运营

① 运营体制。旅游地拖网事业的运营构筑了渔协、渔业者(拥有3张定置网的渔老大)、妇女部各自分工的运营体制(图8-2)。虽然渔协的前任会长是该事业的发起者,也是掌管组织的领导,但是现在已经由渔协职员负责管理所有事务。接受顾客预约、准备客人休息场地和渔民活动场地、对渔业者和

妇女部提出委托和指示是渔协的基本的职责。此外，旅游地拖网的实施所必备的安全措施和指导也是渔协组织的职责。

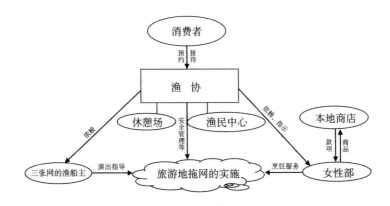

图 8-2　中林渔协旅游地拖网的实施体制

渔业者接受渔协的委托后，需要担当起渔网设置等地拖网渔业的准备、传统捕鱼法的实际演练、解说等职责。女性组成的部门也是接收到委托、指示后，主要负责捕获的鱼的烹饪实际演练、提供餐饮等服务，并且提高游客的满意度。另外，女性部还和当地商店合作，形成了女性部制作的一部分商品在当地商店售卖、获取商品货款的体制。

② 项目。1979 年刚开始的时候，只有 30 人以上的预约、1 张定置网 6 万日元体验地拖网捕鱼的项目允许客人把鱼全部带回去。因为只有 1 张定置网，不够应付预约量，于是 1981 年新增加了 2 张定置网。自 1985 年起，按照 1 张网 9 万日元接受预约，从 1996 年至今，价格设定为 1 张网 30～50 人，包含餐费在内为 11.5 万日元，1 张网的作业时间约 30～40 分钟。

体验地拖网渔业以后，妇女部会把捕获的鱼当场烹饪，做成刺身、烧烤等料理提供给客人食用。另外，作为当季料理的鲭鱼料理、海盗料理，作为特别订制料理的烤乌贼、带鱼、烤角蝾螺，作为礼品的手工盐、裙带菜、鲽鱼、缩缅、蝾螺等可供选择。

③ 顾客层。旅游地拖网事业在3—11月举行，夏季是旺季，几乎每天都有预约。有时候1天可以达到约1 600人，因此海滩边也十分热闹。顾客层主要以公司、PTA、组合、保育所、小学、福利设施等团体为主，有九成左右是回头客。受明石大桥开通的影响，外省游客特别是从大阪、神户来的新客有所增加，不过近年来还是以德岛县内的客层占主流。

④ 设施。地拖网渔业属于第3种共同渔业权，因为中林渔协从以前开始就拥有此权利，所以不需要重新申请执照。但是，进行旅游渔业要全年占用拉网作业的沙滩，付给管辖沙滩的德岛县每年5.6万日元的使用费就能得到使用许可。而在设施方面，1983年得到了德岛县400万日元的补助，在沙滩设置了钢筋混凝土结构的休息场作为渔网修理场。另外，于1996年设立了可容纳约150人的两层建筑"渔民中心"作为休息场兼避雨处、厨房。"渔民中心"由德岛县出资1 000万日元、阿南市出资500万日元、渔协出资500万日元建造。因此，即使遇到雨天也可以开展事业。

⑤ 公关。公关是以全国播出的电视节目的采访、报纸介绍等公共媒体为主，也会通过县、市的旅游协会宣传册、免费广告等吸引客人。从1985年左右开始，每年举行一次公开庆

典，同时举办烟花大会等活动，邀请市长、商会长、旅游协会相关人士、养护学校等的学生、电视和报纸相关人士等来提高话题性，努力增加媒体曝光率，但近年来并没有采取其他的积极宣传活动。

3. 旅游地拖网事业的效果

(1) 经济效果

渔协资料显示，旅游地拖网事业的游客人数，1980年是18 000人，2003年为8 700人，2009年以后便大幅减少，2011年为2 000多人。再来看销售额的变化情况，1980年是5 200万日元，2003年是2 500万日元，近年大幅下跌为400万日元左右。近几年的衰落可以认为是受到日本经济不景气、实施体制的变化、大地震的影响。虽然该事业近年正在迎来转换期，但在过去30多年间积累的成绩对当地经济产生了很大的连带效果，是值得评价的做法。在25年里约1万人陆续到访，给当地带来了很大的经济效果。

1张定置网11.5万日元的金额按照一定的比率分配给渔船主、妇女部、渔协。在曾经依靠每年约1万人次的顾客而维持2 000万～3 000万日元的销售额的时期，该事业的收入不管对于渔协还是对于渔船主来说都是重要的收入来源。

1张定置网11.5万日元的金额中，给妇女部分配了2.5万日元。负责提供料理的妇女部，成员30人中每10人作为志愿者参加轮流替换。但是妇女部还可以另外贩卖饭团、烤乌贼等来确保收入。妇女部的收入中作为渔业者养老金、人身保险各扣去 2 万日元，剩下的用于每年一次的疗养旅行等旅行费用，这是给妇女部的奖励。对渔协、渔业者和妇女部来说，地拖网旅游事业是获得渔业以外副业收入的机会，能够让生活更宽裕。

在一般的渔村激活事业中，通过雇佣女性而支付工资、提供副业收入机会的情况较多。但在该事业中，女性是作为志愿者来发挥作用的，这一点和其他事业有很大区别。几乎在所有的行业中，人员工资都占了经费的很大部分。在本例的事业中，削减人员工资来分配给渔协妇女部一部分的销售金额，不是直接分配给个人，而是建立起作为渔业者退休金、旅行费用发放的独特方式。

旅游行为具有涉及相关产业领域广泛、对地区经济的影响效果大的特点。本例中，对当地交通产业（特别是巴士）、炭、酱油等各种物资和服务的直接购买，对当地零售业（酒商、食品、衣服）有非常大的贡献。也就是说，地区内经济循环得到实现。另外，拉网的时候播放庆典音乐等也给安静的当地带来了热闹的气氛。

(2) 社会效果

对渔业从业者来说，恢复传统捕鱼法来和游客一起进行捕鱼劳作的旅游地拖网事业，既可以发挥常年积累的经验，也可以对自己的工作产生自豪感。妇女部在这个事业上有着共同的目的：部门内的交流变得活跃，以此为契机开展了各种各样的活动。比如，目前实施了生活废水对策、环境美化活动以及和当地志愿者团体一起的清扫活动等。

邀请阿南市的保育所、小学和中学、福利设施的孩子们参加这个事业，既可以让孩子们亲身感受大海、渔业、鱼、鱼类菜肴的魅力，同时也能灵活变为和老年人交流的场所。孩子们通过真正的体验来提高对自然、历史、文化遗产的兴趣，并能够重新认识到自己家乡的美好。该案例地区在2003年被选中作为德岛县渔协妇女部联合会的后继者培养事业"海之子渔夫体验"的试验点。

(3) 地区资源的价值创造

这个事业的劳动力是妇女部的志愿者，另外，炭、容器、酱油等杂费由渔协提供，因此，平均1张定置网的收益约为8万~9万日元。如果是进行渔业上的地拖网渔业，出售捕获的鱼类最多只有4万~5万日元的销售额。而且前者的游客到访当地进行体验时，交通费由顾客承担，当地也不需要支付水产品流通成本。也就是说，作为观光渔业通过灵活运用资源来提高水产的附加价值。

该案例把宁静的海洋、绵延的沙滩和松原、船只停靠的独特渔村风景、传统捕鱼法、渔业者的技术、女性部等人力资源这些当地的地区资源进行综合的灵活运用，使这些理所当然存在的地区资源全部利用起来，让游客体验舒适的环境并提供学习当地自然、历史、文化的机会，也为顾客提供满足感和"富足感"。

把之前沉寂的地拖网这个地区资源变成有价值的东西，当地实现了对既存地区资源的再评价、再认识。之前在很多宣传册、广告、杂志、报纸、主页等上进行过的宣传，对提高当地知名度和形象方面也有很大贡献。

4. 传统渔法和旅游相结合的价值创造

日本国内旅行，特别是住宿旅游的增长率与海外旅行相比一直持续低迷。长期的不景气虽然也是原因之一，但是日本国内旅行市场的供给侧和需求侧不匹配才是主要原因。也就是说，需求侧的国民开始追求精神充实，简单休闲、工作之余的闲暇，尤其是交流、体验型旅行的潜在需求变大，但是供给方却推进休闲的同质化和高价化，更何况交通拥堵问题还未能解决。

其他方面，充分利用国内各地丰富的自然和历史、文化、传统等地区资源所展开的激活地区的运动变得常见。国民的国内旅游的形式，由团体旅游变成了个人和家庭旅游，在旅游目的地的活动也向参加体验的意向高涨等多样化和个性化发展。处在供给方的地区应该充分利用这个机会，但是国民对于地方性的活动还是缺少信息和认识。中林渔协的旅游地拖网事业正是适应越来越多样化和个性化的国民的旅游需求应运而生的。

渔协的经济事业模型基本上以渔业生产为中心组成。所以，鱼价的低迷和工作环境的恶化导致很多渔协变得经营艰难，也难以开展新的事业。

中林渔协开展的旅游地拖网事业的例子向我们展示了开展新事业的秘诀。也就是说，渔业中已经变得难以维持的传统的捕渔法和渔场，在它们身上加上观光这个要素就会变得更有价值、更成功。然后，如何利用身边的资源来增加价值就取决于领导者的领导和地区总体的意思了。领导者的意思决定了事业的方向性，地区的意思则推动了事业的进程。当然，事业的传承需要培育后代以及整合市场，确立地区内利益的循环系统等各种努力和支援这个事业的地区社会网的存在都不可或缺。

这种事业的开展条件在于旅游地拖网事业不是基于生产者,而是来源于面对消费者的服务事业。服务事业的开展需要和一直以来的渔业生产不同的经营能力和市场能力有关。在这之中,尤其应在确保人才、贯彻信息宣传、改革运营和体制等方面根据时代的变化和需求的变化进行不断的努力。

四、海洋休闲对应型社区商业的成立条件

通过以上的两个案例的验证,海洋休闲对应型社区商业的成立条件可以列出以下几点。

第一,在地区能够顺利地形成统一意见。是否组成社区商业,怎样构筑事业的框架等是最初面对的决定事项,所以制定协议在目标地区就成了一个不可避免的课题。协议的制定受地区的想法和计划影响,而取决于地区的领导者的领导能力和地区有无成功的经验。比如,在中林的前者和在富户的后者都发挥了重要的作用。这样的话,如何使地区有成功的经验,如何训练出地区的领导者,就成了重要的课题。

第二,要明确认识本地的地区资源并要有强烈的管理意识。为了满足海洋休闲需求,就必须要有能满足这个需求且有吸引力的当地自然环境和文化等资源。比如潜水服务业要有美丽的珊瑚、海中景观和丰富的鱼类,也需要潜水客人所能接受的设施等。至于地拖网渔业,要有寂静的海、渔村漂亮的长沙滩、松原和丰富的渔场等。然后,传统的捕鱼法,渔业从业者

的技术、知识等渔业从业者具有的特殊文化股票，就作为服务发挥作用了。

个别经济主体拥有这些地区资源的案例比较少见，几乎都是以渔业从业者为中心的地区居民共同持有的。因此，想要私自占有利用极其困难，假如要开展个别利用，就可能会导致"公地悲剧"。可以想象强烈的管理这样的地区资源的意识的重要性。而社区商业这样的事业形式，在拥有这些资源的地区进行价值创造的同时进行管理，就能形成有效的事业形式。

第三，通过对地区资源价值的创造，为地区各种经济主体带来正面经济效益。比如在潜水服务业中，船费是渔业者的辅助收入，各种服务费收入投入到渔协的经营改善中，油料的租借费和各种各样的其他附属服务的提供也会为地区的经济带来好处。另外，旅游地拖网对渔协、渔船主、妇女部、地区的商店也会产生一定的经济效益。这样的经济效益，要通过构成这个事业结构的各种规则（比如利益循环系统）来实现。

第四，获得包括确保人才在内的经营能力。社区商业是把顾客的需求作为前提而开展的服务业，因此，需要适当满足消费者的需求提供服务和管理。还有，根据行业分工需要有特别技能，所以确保有擅长这样技能的人才也很重要。比如中林的例子，当时的渔协会长自己研究，去各地视察，以此学到经营的技术经验，在富户找到了精通潜水事业的人才，以此来解决这个问题。确保人才是影响事业持续性的重要因素。

第五，形成进行事业所需要的坚持和有关软实力的支援、合作体制。比如，地拖网观光事业，在县和市等的设施整备上的支援、旅游协会和报道相关人等的公关支援等，以此来获得多方支援者并确保一定的收益、号召力。正是因为围绕这个事业形成的宽松的社会支援网络，才使得能够用最少的设施整备费和宣传费来发挥出最大的效果。还有，潜水服务业也是，在设施整备上自不待言，市、渔协、警察、消防、海上保安厅等的相关人员在安全管理和制定规则上形成紧密的协作关系，保证事业的正常实施。

这些协议的统一、对地区资源管理的强烈意识、地区内的经济循环、由此产生的区域内利益循环、人才、经营力和地区的支援、协作体系的形成等诸多因素，都是构成商业方面的重要条件，特别是作为解决社区问题的方法考虑这些条件时，我认为协议的统一和地区内的经济循环尤为重要，然后根据这些才能形成地区的支援、协作体制。并且，对地区资源的管理的强烈意识和经营能力是社区商业长期得以发展的必要条件。

五、作为渔村社区商业主力的渔协

成为渔村社区商业执行者的组织形态可能是多样的，而在本章所举的两个例子中成为中坚力量的都是渔协组织。因此在本章最后，我想就渔协之所以能成为渔村社区商业的有效执行者的根源发表一些看法。

第一，渔协本身就具备"社会性企业"的特征。"社会性企业"是"以解决社会问题为目的的注重收益的事业体"，同时并不仅仅是为了收益，也是为了发挥出完善市场功能和行政福利的效果。与营利企业经营体相比,渔协是渔业者自助的组织,其目的并不是使自身利益最大化,而是把服务渔业者和地区社会盈利也作为其一个目的,所以可以期待其事业的持续性。

第二,渔协成为和地区紧密相连的地区协同组织。为了充分发挥社区商业的效果,与社区有关的全部利害相关方企业的一致同意和统一计划制定就很有必要,所以希望执行者组织具备和地区紧密相连的特征。因此,必须熟知地区的状况,渔协自然而然就成为了最适合的组织。

第三,与个体经营体相比,渔协容易起业和继承事业,还容易产生经营的风险障碍。社区商业虽说是以自助为基础的,但在事业开始时初期支援很有必要。渔协具有公共组织的特征,作为各种辅助事业的载体,有容易接受政策性的支援的一面。还有,渔村社区商业作为地区激活事业,具有持续性很重要,很多时候根据事业的不同从事业的成立到展开往往需要很长时间,个别经营体等的应对也有极限性,在这点上也能确认渔协的有效性。

第四,渔协使得地区资源的再整合成为可能。跟前文一致,渔村地区的资源不限于水产资源,还涉及人力资源(不光是劳动力)、自然环境资源、人文资源等多个领域,但是这些领域都是零散分布,几乎是作为共同资源利用,所以说有互助精神的渔协组织管理这些并重新整合,是适合于作为创造价值的组织。

这样一来,作为渔村社区商业的执行者,渔协组织具有很高的适应性。话虽如此,渔协也有不具备背负高经营风险的特性，所以专注于这样的社区商业的渔协事业是否具备承担高风险的能力是今后要研究的课题。

注释：

(1) 小野征一郎：《水产经济学》，成山堂，2005。

(2) 王兰、刘刚：《20世纪后半的美国城市翻新项目中的作用变化》，《国际都市计划》第22卷第4号，2007。

(3) 北岛健一、藤井敦史、清水洋行：《社会的企业是什么——在英国的第三扇形组织的新潮流》，《生协综研报告》NO.48，生协综合研究所61—6，2005。

(4) 今濑政司：《肩负下一代的社会服务——社区商务的新潮流》，《CIRK》，关西产业促进经济活力中心，1998年7月。

(5) 细内信孝：《社区商务》，中央大学出版部，1999。

(6) 名取隆：《中间支援组织的起业支援模范（社区商务的成功的背后）》，《城町发展》第22卷，2009年4月。

(7) 桥本理：《社区商务论的开展及其问题》，《社会学部纪要》第38卷第2号，关西大学，2007。

(8) 石田正昭：《农村版社区商务推荐》，家之光协会，2008。

(9) 经济产业省关东经济产业局：《社区商务创业手册》，2004，第1页。

(10) 娄小波：《海业振兴和渔村的促进经济活力》，《农业和经济》第66卷第15号，2000，第69—78页。

(11) 伊东市：《伊东市统计本》2010年版。

（12）辰巳智秋：《新型潜水商业的开展的相关研究——以渔村地区组织的平台的构建为对象》（东京海洋大学硕士学位论文，2012年3月）。

（13）娄小波、原田幸子：《渔协自营跳水指导业的开展和成立条件》，《水族网》第9卷第6号，2006年6月。

（14）日高健：《都市和渔村——新的交流商业》，成山堂书店，2007，第111页。此处介绍了合作方式的经营形态。

（15）本项参考了以下作品。日高健：《都市和渔村——新的交流商业》，成山堂书店，2007；池俊介：《伊东市导入跳水项目所带来的地区社会的变化》，《新地理》第48卷第4号，2001年3月，第18—36页；浜本幸生、田中克哲：《海洋休闲和渔业权》，渔协经营中心，1997，第46—57页；石田恭子：《沿岸地区的明智开发和有关规则的制定的研究》（东京海洋大学毕业论文，2007年3月）；辰巳智秋：《在日本渔村地区开展的潜水商业相关考察》（东京海洋大学毕业论文，2009年3月）。

（16）真野喜洋、望月升：《潜水的历史》，致知出版社，2001。

第九章

适应鱼类食品需求的渔村社区商业和地区市场的创建

——以保田渔协餐厅"番屋"及江口渔协"蓬莱馆"为例

一、开发最宝贵的地区资源——鱼类食品

近年来,作为渔村地区资源价值创造的策略之一,把乡土料理和渔师料理提供给海鲜餐馆、渔家民宿等的策略和直销策略引起了关注[1]。

如果把提供当地海鲜的渔业从业者、渔业从业者组织和妇女部或者是渔协所经营的食堂和料理店都称作"海鲜餐馆"的话,这些海鲜餐馆可以说是渔村最珍贵的一种地区资源,也是创造当地的海鲜食品文化价值的一个策略。这种面向直销等产地直销系统的策略是谋求地区产品高价值化的重要手段,也是既存的流通渠道的对照,还被寄予厚望作为新的食物流通系统[2]。

海业时代
—— 以激活渔村为目标的地区挑战

渔村吸引消费者，向来访的顾客直接提供水产品和鱼类食品，这样的策略一定会给渔村的海鲜带来附加价值，满足都市居民对食物的"安全、安心""想要实惠又便捷地吃到好吃的东西"的需求，这种方法也是针对创建地区市场的可靠战略[3]。

但是，即使在渔业者致力于各种以消费者为起点的流通销售战略当中，直销系统[4]和海鲜餐馆也是最亲民、最接近渔家民宿、直接满足消费者需求的战略。因此，为了能满足消费者的需求，需要提供更详细的市场战略和更好的服务框架。我们不仅要提供包装业和零售业的相关服务，还要提供渔村地区所特有的招待和服务等。

因此，这里举出由千叶县锯南保田渔协开办的餐厅"番屋"和由鹿儿岛县江口渔协运营的"蓬莱馆"两个案例，来分析、讨论有关海鲜餐馆和直销系统的地区资源价值创造的方针，讨论其成立条件和意义。

保田渔协直营的海鲜餐馆——"番屋"在1995年就开始营业了，它是渔业者致力于海鲜餐馆的事业最后获得成功的例子。"番屋"利用了作为当地主要捕捞工具的大型定置网捕到的鱼，以"可以烹饪美味当地海鲜的餐馆"，不仅吸引来了当地居民，还有从东京一带来的很多游客。那么"番屋"到底是怎样经营的？采用了什么样的战略和结构？其成功对促进地区经济活力带来了什么贡献？本章将从市场的视角来分析案例以解开谜团[5]。

另一个例子是由江口渔协在2003年4月开始运营的"蓬莱馆"这一复合商业设施。在这里，渔协开展了加工买卖事业、海鲜餐馆事业和直销事业。接下来我们就来分析一下这些事业到底是怎样的结构，带来了怎样的社会经济效益，以及是在什么样的条件下成立的。[6]

这两个案例都是在鱼价低迷和生产的低迷等背景下，为了打开渔家经营而进行的，且都是作为渔协直营的自营事业开展。从这个意义出发，这两个例子都可以定位为渔村社区商业。而且，后面会详述，在这两个案例中，作为水产品需求市场的地区市场的成功创出也是一致的，还有值得注意的是在第八章我们重点关注了渔村社区商业，但是那个案例是满足海洋休闲需求的事业，与之相对，本章所述满足鱼类食品需求的社区商务就不一样了。

二、千叶县锯南町保田渔协的餐厅"番屋"和市场战略

1. 地区概况和地区渔业问题

千叶县锯南町保田渔协直营的海鲜餐厅"番屋"，位于南房总市的入口，开设在西邻东京湾、北邻锯山的山海围绕的渔港用地内。锯南町东西长10.75千米、南北长7.3千米，是个总面积为45.16平方千米的普通的农山渔村地带，因为山逼近海岸线，所以该町的大部分都属于山间部地带。年平均气温17摄氏度，得益于温暖的气候和靠近东京的地理条件，自古就盛行农业和水产业，并成为了该地区的支柱产业，但是在1990年以后持续衰退。此外，这里自古就作为海水浴场也是

海业时代
—— 以激活渔村为目标的地区挑战

客如云来,在海洋休闲潮的背景下成为很多乘快艇横穿东京湾的游客喜欢停靠的好地方。

如果利用东京湾滑行艇和东京湾渡轮(横须贺、滨金谷间),从都内和神奈川只需要一个小时就可以到达,所以锯南町成为无论从东京还是横滨出发都可以轻松到达的市区近郊渔村之一。1959年安房郡胜山町和保田町合并成锯南町,至今仍有保田和胜山这两个地方,而保田就是建在町北部的渔村地区。

由农林水产业构成的第一产业是锯南町的支柱产业,从每个产业的就业者人数的变化可以看出,第一产业就业者人数在年年减少,同时占全体的比例也在持续减少。从2010年的每个产业的就业者人数的比例来看,第一产业占4.0%,第二产业占24.8%,第三产业占70.2%。

和全国的农山渔村所处的境遇一样,以地区经济的主力产业——农林水产业的萎靡不振为背景,锯南町人口减少、继承人不足、老龄化严重等问题随之产生。根据《国势调查》,锯南町的人口在30多年间持续减少,2010年比起1975年的13 000人减少了三成变为8 953人。而且,2010年65岁以上的高龄者的比例高达37.2%,高于全国平均水平,老龄化问题不断变得严重。

地区渔业在战后以6个大型围网为中心变得繁荣起来,1980年左右达到顶峰,全部渔获量达到8亿日元,其中光围网渔业就达到5.5亿~6亿日元。之后在资源恶化和操作规则强化等背景下,当中也有转型为中型围网渔业的,这也在1988年左右开始衰退,到了1998年最后的经营体也不得不退出市场。为了阻止渔业的衰退,从1985年开始组织自营事业,

第九章　适应鱼类食品需求的渔村社区商业和地区市场的创建

开始了比目鱼的养殖，但是次年由于遭到天灾，养殖设施被冲走，所以未能顺利地步入正轨。

保田渔协在 2010 年时正式会员数为 101 名，准会员数有 110 名，地区内主要的渔业是渔协自营的大型定置网、刺网、鱿钓、一本钓渔业、采贝业。根据 2008 年的《渔业统计》数据，经营体数合计 114 家，其中最多的是经营刺网的 43 家经营体。其他的 4 家中型围网现在也停业了。

曾经繁荣一时的渔业，随着环境的恶化和资源的减少，持续处于低迷。近年来渔业的生产量保持在 1 100 吨，渔获金额一直在 3.3 亿日元左右徘徊。其中由定置网产生的渔获量占全体的比例虽然有所变动，但其基本数量占四到五成，基本金额占三到四成，定置网渔业已经变成了最重要的支柱渔业。定置网渔业可以分为渔协自营和会员经营（取得外地的营业权）两种形态。每个经营体经营 1 张定置网。由这个定置网捕获的渔获物，会成为海鲜餐馆里的主要食材。

和全国一般的渔村一样，保田渔协经过这几十年变迁，不得不从大规模渔业退出，提高了对沿岸零散渔业的依存度，还要面对渔业的继承人不足、渔业从业者的老龄化等问题。保田渔协为了应对这样的危机摸索出了各种各样的方法，在海鲜餐馆下的功夫是尝试这种新事业的一环。

2. 作为渔协直营事业的餐厅"番屋"的开设

(1)"番屋"的开设

"番屋"本来是为了定置网的船员和渔协的船员的福利而开设的餐厅。1995 年，听取了来访地区的很多人的意见，还

海业时代
——以激活渔村为目标的地区挑战

有组合长"想让更多人吃到当地的鱼"的建议，附近的居民向来访的游客开放了一部分设施。

当初渔协单独出资把 2 个集装箱改造成小店铺，雇用了 2 名打零工的女性，提供拉面和咖喱。但是，由于想要吃当地鱼的订单增多，为了满足此需求，半年后组合长自己开创了有生鱼片、烤鱼、煮鱼菜的菜品。之后，又雇用了会烹饪鱼的 2～3 人，厨房和大厅各请 3～4 人，真正办起了渔协直营的海鲜餐馆——番屋。

后来"番屋"的评价随着口耳相传和新闻的报道，受到越来越多的好评，顾客迅速增加，又出现了像以前集装箱店铺时的拥挤场面。因此，1990 年在既存店铺的旁边又开了一家容客量高达 210 人的店铺"第二番屋"，以前那家店铺就改名为"第一番屋"。"第二番屋"是在千叶县的东京湾渔业综合对策事业的帮助下建成的。

随着"第二番屋"的开张，团体客等的访问，客流量变得更多，设施不足再次变成问题。因此，在 2002 年 3 月改建了最初的店铺"第一番屋"（改造费 8 000 万日元），计划扩大店铺，使其能容纳 132 人。同时，2003 年 12 月作为组合单独事业的高浓度碳酸温泉"番屋的温泉"（建设费 9 709.9 万日元）开始营业。番屋温泉也是给组员提供福利而建造的设施，不仅仅是成员工作后洗澡和喝茶的地方，也是当地老年人的社交场所，更是被用作游客们休息的场所。

因为跟团游的客人和单独游客的增加，两个店铺无法应对周末的客人，2008 年更是制用农林水产省的"农林促进渔村经济活力工程支援的补助金"，以周末的团体游客为对象的

| 第九章 | 适应鱼类食品需求的渔村社区商业和地区市场的创建

"第三番屋"也开张了。"第三番屋"的用地是和渔具保管修理设施用地（辅助用地）的一部分和船舶保管设施用地（单独用地）的一部分进行等价交换而建造的。此外 2011 年 12 月也建造了烧烤用地（塑料大棚），开拓了新市场。

图 9-1 反映的是"番屋"开店以来的游客数和销售金额。自从开店以来，游客数和销售金额不断上升。2004 年包括"番屋的温泉"在内年游客数达到 42 万人次，销售金额达 6.1 亿日元，比起 1995 年开店时，游客数增加了约 23 倍，销售金额大概增加了 26 倍。特别是自"番屋的温泉"营业以来的 2003 年，销售金额和游客数都大幅度增加，并且 2008 年开始了"第三番屋的营业"，总销售额达到 8.1 亿日元，总游客数超过了 56.2 万人次。并且，在 2010 年时，总销售额达 7.5 亿日元，总来客数达 52.6 万人次。现在的情况是，一天的平均游客数是 700~800 人，休息日时有 2 000~2 200 人，

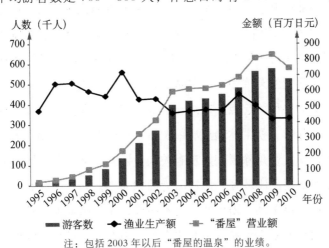

注：包括 2003 年以后"番屋的温泉"的业绩。

图 9-1　食堂"番屋"年度销售业绩变化

（资料来源：保田渔协资料）

每个月有 3 万～4 万人来店，特别是 5 月黄金周和 7—8 月的暑假的游客数量比较多。

（2）经营的内容

经营的主体是渔协，职员除 4 名渔协职员以外，在工作日有 40～50 名兼职人员，周末从当地雇佣 60～70 人。这是店铺为了不让顾客久等而采取的增加员工人手的对策。保田渔协一共有 11 名员工，其中有 4 名是"番屋"负责人，从中我们可以知道渔协在"番屋"倾注了多少精力。

现在的设施，包括 1999 年建立的"第二番屋"和 2002 年改建的"第一番屋"，然后是 2008 年才开张的"第三番屋"这三个店铺，还有 2011 年 12 月开始营业的烧烤棚等。"第二番屋""第三番屋"的费用的一部分是来自国家、千叶县以及城町的辅助，"第一番屋"的改建和"番屋的温泉"以及烧烤棚等全部都是渔协自己承担建造的。作为其他设施，伴随着"番屋"事业的开始，有不断充实和增强的直销设施"番屋小巷"，2000 年设置的游客停车位，2006 年 5 月投入使用的游览海中透视船"番屋丸"、游览船、观光定置网等。现在渔协也研究有关新事业的开展中必要的基础设施和关联设施是否完备，渔协以海鲜餐厅为起点，以综合的海洋娱乐产业的形成为目标。

在开店之初主体顾客层以游艇之类的海洋娱乐相关人员为中心，现在则是除了和娱乐有关人员以外，从关东地区来的游客和本地居民比较多。店铺因为面朝渔港，渔港后面有开阔地可以作为停车场，团体游客自不必说，还可以确保开私家车来游玩的个人游客和家庭游客的需求，为他们提供足够的停车空间，其他的泊位也设置在渔港内用来招揽乘坐游艇来的客人。

第九章　适应鱼类食品需求的渔村社区商业和地区市场的创建

另外，最近的保田站和"番屋"之间的免费公交车平时是一天四次，在休息日是一天运行五次，电车是客人到店的重要交通工具。

在像围住"番屋"一般而设置的"番屋小巷"，有将在本地捕获的鱼加工成干货直接销售的土特产店和咖啡馆等，在满足食客们购买土特产的需求的同时，也给当地增添了热闹的氛围，创造了地区市场。

3. "番屋"的市场营销战略

"番屋"成功的条件，在于其选址条件和地区资源相结合并由此展开事业的结构以及优秀的领导能力、可以灵活迅速应对事业环境的变化的决策、基于多种事业的开展而发挥出的协同效应，还有其采取适当的市场营销战略而开创的当地市场等，在这里我要特别以市场营销战略为焦点来进行探讨。

（1）食材的采购

"番屋"使用的食材有六成是由渔协负责职员在由渔协运营的产地市场的拍卖中采购的，剩下的四成是从胜山、馆山、富津、鸭川等附近的渔协市场采购的，也就是说，不够的食材和在保田无法获取的食材，比如说金眼鲷、小鰤鱼（イナダ）、鰤鱼等都是从附近的渔协电话投标购入的，可见他们非常重视当地的特产。因为是以定置网捕获的鱼类为中心，所以可以利用多品种的食材，有着可以拓宽菜单的范围的优点。

（2）菜单的构成

因为可以利用多品种的海鲜，菜单上海鲜的寿司、刺身、炖菜、油炸食品等超过一千种，其中的活鱼都是通过现场拍卖得到。店内挂着一个很大的菜单，上面的四十种鱼名是横着写的，烹饪方法是竖着写的，顾客可以自由搭配鱼和烹饪方法。人气菜是 850 日元的"早上新鲜材料做的寿司"，将本地卸货的鱼用作材料所做的 9 种寿司和味增汤。设定的是 800～2 000 日元这种便宜的价格，套餐的量是一定的。但是，因为必须选用当地产物所以无法确保食材的量，因此一道菜可以提供的食材有限。为了应对这种情况，就会在一道菜卖完时贴上"已售罄"的红色标识。因此即使是在卖完时，客人在点其他菜的同时，也可以知道各种各样鱼的供应情况，这里也有提醒客人下回尽可能早点来店的意图。另外，作为菜单整体，哪怕是最后一个客人也要在提供服务方面下足功夫。也就是说有几种高级的食材都冷藏保存常备着，以稍微高点的价格出售避免"售罄的尴尬"的同时，也让当地土产的海鲜能尽快地周转。

（3）价格的设定

价格要定得尽可能低。原则上是按买入价的三倍，活鱼则按两倍标准设定。"番屋"的正中间有一个大鱼塘，提供的活鱼就是从这里选的。因为活鱼的价格很低，顾客的订单量增加，提高了储存在鱼塘里鱼的周转率，随时都可以提供优质的活鱼。另外，鱼塘在提供活鱼的同时，还能使顾客因为可以看到活鱼而感到有趣，从而提高了整个店铺的新鲜感。

（4）公关

以口碑和广告宣传为中心。本地人把像"番屋"这样隐藏起来的好店口耳相传，渐渐拓展了其市场，此外在 1996 年一次、1997 年两次前后三次接受了媒体采访，而且都是应对方的要求而进行的采访，渔协并没有提出意向，也就没有花宣传费。基于这类推广活动的公关现在也在持续,现在不光是电视,全国有名的杂志等也刊登了"番屋"的特集和介绍的新闻,也就是说公众在尽力帮忙提供正确的信息。几年前也在广播上进行了广告宣传,渔协也在探讨真正的公关战略。

(5) 制造氛围

当地正在构思店铺构造和整体的氛围营造。"番屋"是简单朴素的平房建造风格,营造出一种素朴接地气的印象。在把"番屋"的由来——值班房扩大的想象下,一共有将近 350 个座位的店里,天花板又高又广,两边有榻榻米席和桌子席。并且大海就在眼前,夏天天气好的时候会把所有窗户都打开,营造一种开放式的气氛,这也是"番屋"高人气的秘密。之前说的土特产店的配置和可以停靠游艇的浮桥码头,也是为了营造氛围而设置的。

(6) 人才培育

对于"番屋"的成功,一个不可或缺的重要因素是人才培育。从开业之初,组合长等的指导、有能力的干部员工的培养和雇佣、从业人员的教育等一直在持续进行。这些和新鲜食材一样,与良好的"真诚招待"和提供服务密切相关。

4. "番屋"的效果和地区资源的价值创造

根据保田渔协上述的市场营销战略,以"番屋"为核心的地区市场创建成功。也就是说,消费者的购买、消费行为是通过"番屋"在产地内完成的,地区市场就此形成。此外,"番屋"的事业开展对于地区经济的影响效果可以总结为以下几点。第一个是由于从渔协购买食材,渔协的销售将会上涨。第二个是"番屋"的利益对渔协经营做出了很大的贡献。第三个是渔协稳定经营后，作为归还组合员利益的一个重要环节，实施汽油的降价销售等措施。第四个是从本地雇佣店铺员工可以为地方创造就业机会。第五个是渔协职员作为店铺员工可以在接待客人的同时，实际参加拍卖，这样可以重新发现捕捞上来的水产品的价值，起到保持对渔协经营的关心等教育效果。第六个是一部分来"番屋"消费的客人会顺便到那边其他的商店购物，在经济上发挥了协同效应。

在"番屋"，用固定网捕获的新鲜的海鲜专门供应给渔师料理和乡土料理使用。这一系列的地区资源的利用可以看作地区资源中价值创造的路径。因为新鲜的海鲜本来就是可贸易的，其本身就有价值，通过附加现做现吃的烹饪和服务，海鲜的价值提升了。即使是批次参差不齐的鱼和原有的流通"杂鱼"也被当成"番屋"的材料，这样一来，它们不仅没有被便宜处理，反而可以加价售卖。也就是说，这是海鲜餐厅里新鲜海鲜这样的地区资源增加价值的好方法。总之，通过"番屋"满足消费者的需求可以实现海鲜的高价化，这就是在本地捕捉到新鲜海鲜这样的地区资源的价值创造。

5. 以新事业开展为目标作为股份有限公司独立

如上所述，创造了地区市场的"番屋"的成功之处在于存在可以稳定提供多种海鲜的定置网渔业，创造了符合当地布局条件和地区资源实际情况的事业体制，开展了适当的市场营销战略，并且很大程度上依靠了地方领导的领导能力。从这个意义上来说，作为海鲜餐厅的"番屋"，为了今后也能继续稳定

第九章　适应鱼类食品需求的渔村社区商业和地区市场的创建

地经营，不光要保证作为稳定的食材供应链的定置网的稳定生产，还要进一步开展市场营销战略和保持发挥优秀的领导力这些必不可缺的要素。

保田渔协针对"番屋"至今为止的核心事业的邮轮和快艇等海洋娱乐措施的要求，顺应观光渔业需求，致力于疗养和地区服务，不断推进都市和渔村间的交流。基于各项服务的相互合作，使其效果加倍，从而获得了更大的成果。目前，他们致力于研究渔场的设备以及取得新用地等措施，探索开展能让地区经济取得巨大飞跃的新事业。并且从2012年9月开始，至今一直作为渔协直营的自营事业的"番屋"，作为渔协100%出资建设的子公司"番屋株式会社"独立出来，在提高了自主经营和独立性的同时，谋求餐厅"番屋"、游艇停靠区事业、观光渔业相结合的一种新的发展模式。期待着今后能适当地应对持续变化的经营环境，新经营形态的确立和新事业的开展能使得海鲜餐厅产生更强的效果，使得以渔业振兴为基础的地区经济可以得到更进一步的发展。

三、鹿儿岛县江口渔协的复合设施"蓬莱馆"的开展和意义

1. 地区问题的出现

"蓬莱馆"在鹿儿岛县西部，萨摩半岛接近中间位置的日置市的北部的东市来町江口滨，是江口渔协经营的自营事业，进行自产自销以及海鲜餐厅、加工贩卖等，开展所有综合性经

海业时代
——以激活渔村为目标的地区挑战

营的复合设施。

江口渔协是1949年10月设立的东市来町渔协和日吉市渔协在1967年12月合并形成的协同组合。到2011年1月31日，组员数有253名（其中正式成员99名）。干部中有理事8名和监事3名共计11名，职员中13名男性和1名女性共计14名。组员有154艘动力渔船，其中未满1吨的有35艘，1~5吨的船有105艘，5~10吨的船有13艘，10吨以上的有1艘。

东市来町自古以来渔业就很兴盛。作为主要的渔业种类有机船船拖网渔业、刺网、杂渔建网等的网渔业和曳绳的一本钓等。根据渔协的《业务报告书》，2010年机船船拖网的捕鱼量占全体的50％以上，是最重要的渔业种类。2010年的主要鱼类有干沙丁鱼、鲷鱼、平鳍旗鱼（当地亲切称之为"秋太郎"）、乌贼类、比目鱼等。干沙丁鱼是由机船船拖网渔法捕获的，2010年其贩卖金额占渔协总金额的70％。在开展"蓬莱馆"事业之前，渔协就开展了干沙丁鱼的加工事业。

鱼价低迷是渔协开始加工事业的背景。也就是说，当时想用加工的附加价值来应对低迷的鱼价。鱼价的低迷趋势时至今日都一直在持续着，再加上资源减少导致产量的减少，渔家经营陷入了一个严峻的局面。结果是，渔业后继者不足和渔业从事者老龄化的加剧，导致地区区域的活力低下成为严重的问题。致力于"蓬莱馆"事业，就是为了解决地区经济的活力低下所采取的一个方案。

第九章　适应鱼类食品需求的渔村社区商业和地区市场的创建

2. "蓬莱馆"事业的开展

江口渔协和其他沿岸地区的渔协一样，把渔业权管理事业和经济事业作为渔协事业的两个支柱来开展相应的业务，其经济事业进一步可以分为互助、购买、销售、加工、直销、利用、制冰冷冻冷藏、指导八个部分。在直销事业之中，可以将直销处和海鲜餐厅的事业纳入其中，再加上加工程序，便构成了"蓬莱馆"的事业。现在的"蓬莱馆"即使是在渔协之中也是非常重要的经济事业部门。

江口渔协曾经在露天市场上试卖过卖不出价格的杂鱼和干沙丁鱼，因为销售不稳定，因此 2000 年渔协从产地市场取得投标权，建造了把收来的水产品加工后再销售的店铺。那时的店铺名称是来自江口滨的后面耸立的白沙崖，因为和中国山东省蓬莱的风景相似，因此叫作"江口蓬莱"，设施名也附上了"蓬莱馆"的名字，这便是今天的"蓬莱馆"的由来。

"蓬莱馆"产业以解决江口渔协所在地区需要解决的课题为目标，以旧东市来町提出的设置计划书为契机而得以实现。2002 年以町的农林产业的振兴和活跃为目标，町变成事业主体，通过灵活利用渔港促进渔村经济活力对策事业（渔村社区基础设备事业）以及种子岛周边渔业对策事业等，作为餐厅和带有直销设施的物产馆和水产加工厂的合并设施，江口滨海滨公园里配备了"蓬莱馆"（物产馆 598 m^2，水产加工厂 363 m^2）。2003 年 4 月 18 日举行了竣工仪式，次日开始营业。

在那之后，2005 年 5 月，东市来町和其他三个市町合并成为日置市，"蓬莱馆"的事业主体也从东市来町变更成了日置市，2006 年 9 月导入了指定管理者制度，江口渔协成为指定管理者，作为设施的运行管理主体进行设施的管理。日置市成为设施管理者，向江口渔协支付委托管理费，江口渔协作为设施利用者，也要向日置市支付设施出租费用。

"蓬莱馆"的事业顺利地进行，由于最初的设施场地狭小，2007年接受了农山促进渔村经济活力工程支援交付金，扩建了销售物品的空间，2008年4月19日将更新的"蓬莱馆"再次开业。现在，"蓬莱馆"的占地面积达8 662 m^2（物产馆919 m^2，其中包含水产加工厂363 m^2和1 795 m^2 的停车场）而成为复合的商业设施，事业的总投资额共计5.747亿日元。

3. "蓬莱馆"事业的构造

根据渔协运行而改造整合的"蓬莱馆"产业如图9-2所示。"蓬莱馆"将海鲜餐厅、加工销售、直接销售三者进行有机的组合并展开。

海鲜餐厅的菜单是以本地产的食材为中心的。餐厅的食材，原则上使用本地产品，鱼是通过渔协在本地市场选入的。在本地捕获不到的食材和不充足的食材都从附近地区的市场买入。执着于使用本地食材的特色和食材的新鲜度等为消费者熟知，海鲜餐厅变得很有人气。

加工产业方面，在本地捕获的海鲜会在本地的市场销售，一部分会在直销角销售。其他的作为减少损失的一种对策，把在直销角卖剩余的生鲜水产品在加工厂进行加工。

直销产业中，除了本地的水产品，也销售本地的农产品和日用杂货等。如果除去一部分直销用的水产品，渔协在市场直接购买的产品就成了主体，而购买农产品有关的就当作委托销

第九章 适应鱼类食品需求的渔村社区商业和地区市场的创建

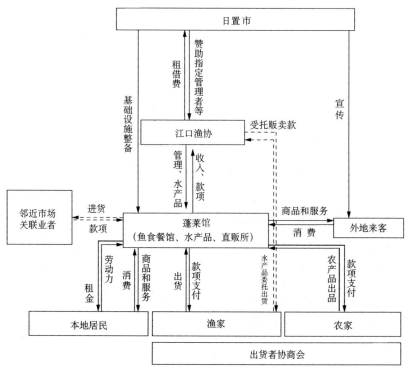

图 9-2 "蓬莱馆"的组织构成

售品对待,采用由农家个人直接付款、直接陈列后清算这样的方式,"蓬莱馆"征收销售手续费用。因为销售的都是当地产的新鲜产品,所以便可以给予消费者"安心、安全"的感觉,以此获得消费者的有力支持。

"蓬莱馆"里的顾客层有既是消费者也是生产者的本地居民以及外地游客这两大类,后者又可以进一步细分为鹿儿岛县内和县外的。根据渔协的推算,以近年来的销售额划分,本地居民(日置市内)和外地游客几乎各占一半。另外,从外地来的顾客中,鹿儿岛县内的客人占了大半,这些顾客大部分都来自一小时圈内的鹿儿岛市内和川内市。随着九州新干线的全面开通，县外游客的增加，加上NHK电视台大河剧引发的"笃姬热"，游客的消费也变得日益重要，并且根据本地需求和鹿儿岛市民的需求，地区市场形成的侧面很大。

地方自治体的支援对于这种事业运行也至关重要。前面说的除基础装备等的设施装备之外，行政上也开展了积极的公关活动，相关事业的侧面支援以丰富多彩的形式开展着。

4."蓬莱馆"的业绩

图9-3所示的是开业以来的"蓬莱馆"各部门的销售额的变化。从总销售额的变化来看，事业开展后的2004年已经达到11亿日元，之后一直上升，2009年达到近14亿日元。开业以来的6年间，年平均增长率为7.1%。

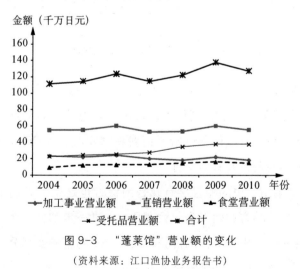

图9-3 "蓬莱馆"营业额的变化

（资料来源：江口渔协业务报告书）

其中，渔协直接采购后销售的直销营业额约占整体的一

第九章　适应鱼类食品需求的渔村社区商业和地区市场的创建

半。而水产品的购入量达 2 亿日元，其中本地市场的买入额接近本地总卸货量的 50%。加工行业近年来有些许减少的趋势，因为包含支持购买本身没有多少价值的东西这种价格支持政策的意思在里面，所以这个产业的有效的展开也受到各种各样的制约。海鲜餐厅的销售额年年增长，今后也将会作为增长部门来看待。委托销售产品的主要是农家和一部分的渔家等，这样的委托产品的办理额在逐年上升，特别是近年来以参加生产的人数增加和生产者意愿的提高为背景，销售额在年年提高。

重新整理"蓬莱阁"产业所带来的经济效果，我们可以得出以下结论。

第一，创造就业这方面的效果。在江口渔协，"蓬莱阁"产业虽然只有 3 名专职人员，但在管理人员以外，"蓬莱阁"产业到 2010 年为止，大约有 90 人以兼职或打工的形式被经常雇佣，在当地它也是一大雇佣产业。此外，每年支付给这些被雇佣者的总额达到了 7 000 万日元。

第二，"蓬莱阁"产业对以往不能创造出全部价值的海鲜以及只有在不利条件下才能交易的水产品的稳定的价格形成做出了贡献。同时，"蓬莱阁"通过加工销售产业，给未利用或低利用的鱼增加了附加价值；通过直销产业，使被过低评价的海鲜价格恢复正常；通过海鲜餐厅提高当地产的海鲜的附加价值，对渔获物的合理的价格形成也做出了贡献。

第三，对提高个体生产者（渔家、农家）的所得的贡献。到 2010 年，在直购所参与展出农产品和一部分渔获物的农家或渔民的数量达到了 370 人，其农产品和水产品的展出总额达到了 3.6 亿日元。农民和渔民在展出产品的时候要得到发货人协商会的批准，通过这个组织，发货人的利益也可以得到保护。

第四，对渔协的经营做出了巨大的贡献。"蓬莱阁"产业开始之后，渔协产业的利益得到了巨大的提高，说渔协经营支撑着整个有关产业也不为过。2010年，江口渔协的产业总收益占加工产业收益的16.8%，包含餐饮产业的直销产业占70.9%。由此可知，这两个产业对渔协产业的总收益做出了87.7%的贡献。

第五，"蓬莱阁"产业激发了地区生产者的生存价值和干劲。该地区的老龄化农家很多，农民逐渐丧失了从事流通大量货物这样的商品生产的体力，正因为有"蓬莱阁"这样轻松就能销售的部门存在，很多的高龄者才能再次鼓起干劲进行农业生产。在这个意义上，也可以说"蓬莱阁"产业让该地区的老年人重新回到了生产线上，重新与农业和渔业连接起来，又重新得到了生活和生产的乐趣。

这样一来，"蓬莱阁"产业开辟了直销、餐饮、加工相结合的经营模式，创造了当地新的就业机会，专注于当地产物品的特色，提高了当地生产者的生产积极性，提升了第一产业和第二产业的经济活力，对生产者和渔协的经营改善做出了巨大的贡献。在这背后，有着当地消费和观光等第三产业的合作以及行政部门的支援，更不用说由渔协本身的各种市场方针和努力而创造出的地区市场了。

四、地区市场的创建

针对鱼类食品需求而展开的两大案例的本质特征，可以归

第九章　适应鱼类食品需求的渔村社区商业和地区市场的创建

纳为"创造地区市场"。

水产品与蔬菜果品、肉类等生鲜食品不同，它大部分是从产地市场收购并进行流通的。但是这并不意味着水产品的流通只停留在产地市场，大部分水产品也不是只在产地被消费。在参加产地市场交易的产地经纪人之中有鱼店、旅馆、民宿甚至是和经商有关的人，但是形成产地市场大部分需求的还是被称为"送り"和"卸"的发货商和批发商，根据产地的不同，一部分加工商甚至扮演着主角。他们往产地外的市场（用于消费地市场和附近地区的业务用需求的市场）批发出售水产品和加工品，根据这一做法进行交易，一般来说，水产品的产地市场有调整价格的作用。在没有开创产地市场的地区，以渔协共同发货的形式将旗下成员的渔获物销往消费地市场等的例子有很多。

至今为止，这些水产品主要的销售目的地是以城市为中心的消费地批发市场，主要的消费者是以都市部为中心的城市居民。也就是说，在既存的水产品流通系统中，渔业，特别是沿海渔业，其大部分生产物成为一些巨大的消费市场的基础，而这些消费市场则是根据渔协共同发货和产地市场等流通系统，将产品流通、销售到和渔业根据地以及渔村地区相距甚远的城市去。

像这样以大城市为中心而形成的全国性的水产品需求市场（全国市场）如果称为"广域市场"的话，那么与之相对的，消费者的水产品购买和消费等在渔村内进行的各种经济性的交易活动则可以称为"地区市场"。

渔业协同组合则形成了这种经营方式的基础。这种经营方式是指，作为"广域市场"的存在前提，经营产地市场业务，或者展开以附近产地市场和消费市场进行的共同发货为中心的共同销售活动。另一方面，渔家经营也可以以渔协共同销售为前提进行渔业生产。在以上的水产品流通政策中，如何改善渔协共销，如何整顿产地市场，以及如何迅速并有效地实现水产品流通的批发市场机构等，这些基础的问题成了政策的焦点[7]。也就是说，为了更容易地向这样的"广域市场"靠拢，应该以整顿批发市场制度，构建高效的水产品流通系统为目标。以批发中心为顶点，构建能进行大量生产、大量流通、大量消费的系统，就是这个系统形成的结果。

但是，从进入1980年开始，伴随着200海里体制的确立和日元汇率的持续上涨，在进口水产品的增加以及资源条件恶化的背景下，日本渔业陷入了产量下降的局面，在国内市场的占有率也持续下降。另外以象征着"川下规定"的流通结构、零售结构的急剧变化为背景，对渔家经营来说，在形成价格方面产地市场应该有的价格形成力度也明显降低了[8]。所以，以既存的广域市场为对象开展的渔业经营早已面临走入绝境的严峻现实。

在本章中所举出的两个案例，并不仅仅只是以全国市场这样的"广域市场"为对象，还响应地区需求，能够确保在地区上的一定的需求规模，成功地创造了作为辅助系统的"地区市场"。像"番屋"和"蓬莱馆"这样，因为加上了一直以来被看作是主要渠道发挥作用的"广域市场"的流通渠道，而确立了面向"地区市场"的新的流通和销售渠道。

在面向"广域市场"的销路变成了支配性的当今水产品市

第九章 适应鱼类食品需求的渔村社区商业和地区市场的创建

场的基础之上,今后,如何创造以地区需求为中心的"地区市场",是解决促进渔村地区经济活力问题的重要课题。

注释:

(1) 日高健:《都市和渔村——新的交流商业》,成山堂书店,2007。

(2) 斋藤修:《食品流通的革新和企业行动》,农林统计协会,1999。

(3) 娄小波:《促进渔村地区的经济活力和市场问题》,《地区渔业研究》第 44 卷第 2 号,2004。

(4) 斋藤修:《南房总千仓地区的直销系统的展开》,《渔村地区的交流和合作——平成 14 年度报告》,东京水产振兴会,2003。

(5) 关于"蓬莱阁",参考了五十岚玲:《地区资源的价值创造和促进渔村地区经济活力》(东京海洋大学硕士学位论文,2006 年 3 月)。

(6) 关于餐厅"番屋",参考了吕婕:《关于渔村地区经济构造和社区商业的研究》(东京海洋大学硕士学位论文,2012 年 3 月)。

(7) 仓田亨:《产地流通加工据点匹配和渔协的作用》,《西日本渔业经济论集》第 17 卷,1976;长谷川健二:《沿岸渔获物的流通和渔协的市场对应——几个渔协的案例研究》,《西日本渔业经济论集》第 30 卷,1989;娄小波:《水产品产地流通的经济学》,学阳书房,1994;娄小波:《围绕产地流通在编的效率性和技能性问题》,《渔业经济研究》第 47 卷第

3号，2002；加藤辰夫：《产地市场统合——在编匹配的课题和现实矛盾》，《北日本渔业》第37号，2009。

（8）娄小波：《产地价格问题的构造要因》，《水产品产地流通的现状和课题》，东京水产振兴会，1999，第235—348页。

第十章

地区资源价值创造的构想及其经济含义

一、从事业的构造来看海业

在本章中，基于上文案例的分析来探讨创造地区资源价值的实业构造有何种特征，这个构造的特征是依据什么样的结构来发挥作用的，这个构造包含怎样的经济意义等问题。

渔村地区存在很多地区资源，因为其存在形态有很多种，相应形成的海业的形式也多种多样，这一点已经在第二章中进行了阐述。另外，以海业为对象的地区资源实际上很多就是"共有资源"，因此，进行地区资源管理无须赘述，为了其能高效地创造出价值，必须形成经济主体间的合作和协作关系以及获取经营资源。也就是说，必须要弄清这些问题的结构，而这个结构正是创造地区资源价值实业的构想。因此，怎样的事业构想对促进渔村地区经济活力更有效这一问题是在考虑促进地区经济活力时不可避免的一个课题。

本书第二章讨论了海业的四个模式，与之对应的，从第三章开始到第九章举出了九个案例来分析实业的设想。在本章中我们会基于之前的分析结果，同时提取出各种模式下对应的实业的设想的特征，来重新考虑其理论性的意义。

二、地区资源价值创造的构想——案例分析的经验

首先，我们来重新提取创造地区价值构想的特征。图 10-1 总结了反映海业的四个模式并提取了代表性实业构想的特征。也就是说，基于之前的讨论，作为开展海业的实业的构想特征，提取出五方面内容：①地区内利益循环系统的形成；②地区资源的管理；③中间支援组织；④社区商业的形成；⑤创造地区市场。

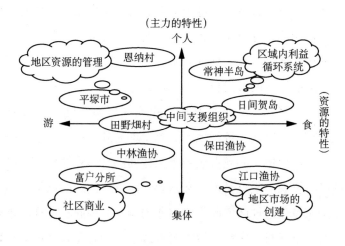

图 10-1　海业的事业结构特征

| 第十章　地区资源价值创造的构想及其经济含义

区域内利益循环系统的形成和地区资源的管理以及建立中间支援组织是海业的主要参与者——个体经营者经常采用的构想。这三个构想可以说是个别零散的经济主体所采取的，面向地区内的经济发挥了更大的效果。与之相对，社区商业的形成和创造地区市场则在作为海业承担主体的渔协等地区组织这种情况下起作用。以下是关于各种内容的重新归纳。

1. 地区内利益循环系统的形成

作为隶属于"个人·食"模式的海业构想的本质特征，可以说是形成了"地区内利益循环系统"。属于这个模式的案例，有爱知县日间贺岛（第六章）以及福井县常神半岛（第三章）开展的旅游业（其中尤其是民宿业）和渔业之间的合作，其共同的特征可以说是作为地区产业的渔业部门和观光部门，或者说观光部门和商业部门之间在地区内建立了一种构想，这个构想是指利益或者附加价值得以循环的这种"共同获益"的构想。但是在日间贺岛，地区干部的领导能力和由其产生的"地区性思维"成为形成地区内利益循环系统的原动力，与之相对的，在常神半岛，渔协和旅游协会等中间支援组织则是系统形成的原动力，从这里我们可以看到它们的不同之处。尽管如此，无论是两者的哪一个，通过持续的交易都实现了利益循环，也形成了"共同利益"或者说"双赢关系"。

2. 地区资源的管理

作为隶属于"个人·游"模式的海业构想的本质特征，我们可以举出"地区资源的管理"的例子。这个案例是冲绳县恩纳村（第七章）开展的渔业部门和潜水等休闲部门之间的合作，在神奈川县平塚市（第四章）开展的休闲渔业，在这些案例中，对以海洋为中心的地区资源进行管理作为形成地区内利益循环系统这种合作关系的原动力而发挥作用。同时，渔协自身做出的努力也获得了作为管理地区资源的主体的正规性，其结果就是随着全球化的脚步地区资源再次回归当地团体，开始创造价值。

3. 中间支援组织

岩手县田野畑村（第五章）采取并开展了 NPO 法人"体验村·田野畑网络"的例子可以看作是兼海业的"个人·游"和"集体·游"两个模式的特征案例。作为该事业的构想特征，可以提取出"中间支援组织"的存在。在和中间支援组织相关的"个人·食"模式中也被指出了其存在，并阐述了其所起到的重要的作用。为了克服个别经济主体散乱地利用渔村地区资源这一局限性，进行地区全体协调化和完善各种经营资源的中间支援组织的存在非常重要。

4. 社区商业

"社区商业"可以看作是海业作为隶属于"集体·游"模式构想的本质特征。作为"集体·游"模式的案例，德岛县中林地区的"地拖网观光"和静冈县伊东市富户区的潜水服务（第八章）这两个例子比较典型。在各种各样的案例中，被利用的地区资源的种类也是不一样的，但是其共同特征就是肩负重任的组织都是渔协。同时，在第九章中谈到的案例也有这样的特征。

5. 创造地区市场

最后,作为隶属于"共同·食"模式的海业构想的本质特征,可以提取出"创造地区市场"这个特点。在这里,属于"共同·食"模式的案例,有千叶县保田渔协经营的餐厅"番屋"和由鹿儿岛县江口渔协经营的特产馆"蓬莱阁"这两个例子。保田渔协经营"番屋"和"番屋的温泉"这种直营产业,另一方面在观光渔业和商品销售上招募并委任个别渔民。与之相对的,江口渔协则是将销售、海鲜餐厅、加工等全都作为渔协的自营事业一体化开展,在这一点上两者有所不同,但是两者肩负重任的组织都是渔协,在成为社区商业和开展以"创造地区市场"为基础的事业上具有共通之处。"地区市场"和以全国为中心的"广域市场"相对,生产者和消费者之间的关系在产地上就已经形成,它也是和消费者之间具有最"安全、安心"的距离的食物系统。

因此,接下来要考察这五个基本的实业构想特征的经济含义。创造海业既然已经是促进渔村经济活力的一个方向,验证支撑海业成立的基本系统对于今后考虑激活渔村地区也一定有意义。

三、关于区域内利益循环系统

创造地区资源价值的首要目标是通过充分利用地区所拥有

的多样的资源,并对其加以整体利用来提高收益。提高收益包括增加以渔民为中心的个别经济主体收入这样的微观水平以及增加地区内生产总额这样的宏观水平两种基准。最让人期待的形式是通过由这两个水准带来的收益的提高,能够实现地区社会得以维持(例如,确保人口规模,确保地区的接班人,防止老龄化,形成健全的产业结构等),经营体得以再生产(例如,确保接班人,财富的公平分配),地区资源得以再生产(例如,地区资源的维护、保持、创造等)。更不用说解决地区振兴和促进地区经济活力这些最终目标,因为这些目标本来就是建立于对所举出的众多目标的追求和实现的基础之上的。

在渔村地区,根据地区的条件和目标资源的状态,个别经济主体担负创造地区资源价值责任的现象十分常见,常神半岛(第三章)和恩纳村(第七章)的案例正验证了这一现象。而且,作为负责人的个别经济主体普遍存在着除作为渔业经营体之外,还包括经营民宿产业和经营旅馆、宾馆甚至是存在于休闲产业等众多的产业部门当中。

但是,由个别经济主体所创造的地区资源价值受地区资源的资源共享性、零散分散的分布、非市场供应性、被利用时的排他性、消费的区域性等因素所制约,这很容易引起市场的紊乱以及以此为基础的资源的枯竭和环境的破坏,导致规模经济很难发挥作用。甚至进一步地被个别经营这样的经营形态所制约,经常可以看到很难产生能够最大限度地发挥地区资源的价值创造的经营资源。曾经也有人提出过把经济主体间的合作当作克服这些诸多制约的手段,以合作为前提,来达到宫泽健一所说的实现"连结的经济性"[1]的观点。也就是说通过联合协作，可以实现充分利用外部资源，实现知识的学习、共有以及地区资源的最恰当的利用（管理）；能够发挥经济主体间或是经济组织间相辅相成的作用；将外部资源的内部化考虑在内，也能发挥节约交易成本和提高生产总额等这些优点。

备受期待的"连结的经济性"合作，作为固定经济主体间最基础的原理，能够促进形成地区内（或者经济主体间）利益循环系统。地区内利益循环系统连接了地区资源的有效的价值创造和相关经济主体收益的提高，由此促进经济活力成为了可能。也就是说，由地区资源的价值创造这一新的经营活动而产生出的新的价值（利益）不仅仅积蓄在特定的产业部门和一部分经营主体之中，而是通过最大限度的合作还原了地区内相关的产业部门，地区内的经济循环在能更加顺利地形成"共赢"这一构想中变得更重要了。

不过，这并不意味着无偿地将好不容易获得的利益分给其他部门或其他人。以基于市场机制的经济活动为前提的同时，在所得分配和环境问题上，在弥补动辄出现的"市场失灵"以及不得不受种种制约的个别主体的"弱竞争力"的地区内的新联合系统建设，我想强调的是，就像它在短期关系到地区全体最优，在长期也关系到个体最优那样，它关系到地区整体的系统形成。这些和在食品市场的食品系统结构、在产品市场的供应链管理或是新的价值链的形成相类似，并且可能也是由此而得到启示，享受着协同合作的效果和合作的经济性，并以获得由此产生的地区系统总体的强大竞争力为目标。

因此，可以将地区内利益循环系统定位为构成地区整体系统的基本特征之一。地区内的利益循环系统的存在固定了地区内地区资源价值创造的新型实业形态,它也被看作是能够产出利益的强大源泉,很可能的结果是基于这样的价值循环系统由各部门之间合作产生的地区总价值量会比各部门单独产生的价值量要大得多。这就意味着,利益循环系统存在与否是决定创造地区内地区资源价值是否成功的必备基础系统。

以上提出的各案例能够证实这种区域内利益循环系统的存在。比如说,在日间贺岛由渔业工作者、渔协、旅游协会、旅游业者、商家之间形成的各种各样的业务合作关系构成了优秀的地区内利益循环系统,也提高了地区的竞争力。此外,中林渔协所展开的"旅游地曳事业"也以地区内利益的循环为目标。此外,以位于恩纳村的海边度假民宿为中心的观光产业部门和渔业部门形成了有着共同规则的合作关系,通过利用现有的地区资源的秩序,在地区内形成了合作共赢的体系。像这种地区内合作共赢模式本身就是地区资源价值化的成功条件。

产业部门之间的相互合作以及产业部门内部的协作等,实现了某种经济层面上的相互关联。通过互相弥补现有的经营资源,我们对合作共赢的效果拭目以待。这种合作共赢的体系以实现相互性的经济性和协同作用为目的,在形成相互合作纽带的同时,也起到作为地区经济的复苏和良好的经济循环润滑剂的作用。

四、关于地区资源管理

前面已经提到的海业已经成为新的地区资源可调节利用的

第十章　地区资源价值创造的构想及其经济含义

产业，通过以渔民为核心的地区居民积极地进行沿岸海域管理，创造地区资源新价值的海业形成了，同时关于渔协在沿岸海域的管理中取得新的合法性变得可能这件事，通过恩纳村和平塚市渔协的案例分析能够得到确认。在这里我将站在渔业者的角度来思考地区资源的新型利用和管理的合理性。

渔业一直以来在海洋利用方面都有最高的使用权。特别是在日本沿海区域，渔业发展的历史很悠久，说日本沿海地区的利用秩序根据渔业来调整也不为过。

由于渔业海洋使用权的调整基本上是通过以尊重旧俗为前提而制定的渔业法来确立现有的结构，在这种前提下确定下来的渔业权的种类、取得的相关权利，行使的具体内容和资格要点，进一步地从赋予的权利大小来看，日本的沿海区域中给予了渔民优先利用海洋的权利。其结果让日本沿海区域的渔业形成了世界上独一无二的可持续发展的渔业，实现了高度的资源管理[2]。

这种能够实现高度资源管理的根本在于存在以渔业权相关规定和渔业相互协作组织制度为前提而形成的自主管理模式以及由此形成的"渔业共有地"[3]。渔业是以无所有权的天然产业和以先取先占为基础而形成的产业。借用哈丁提出的"公地悲剧"来说，毫无节制地利用渔业资源直至枯竭的话，也可以说是一种宿命吧。

然而从世界范围来看，日本的沿海区域中，几乎毫无例外地成功地避免了这种毫无节制利用资源的后果。由渔民发起的自主管理组织的形成与实践的过程中，也可以说是起到了"另一块公地"的作用。按井上真的公有地论来说，通过这种渔民自主管理的形式，由日本的渔民实行的沿海区域的渔业资源管理也可以说起到了既符合实际又具有地方特色的"紧密的地区公有地"的作用[4]。

与之相对应的是，1980年代后期急速发展的海洋休闲娱乐的兴起，给日本的海域以及沿岸地区带来很大的冲击。一方面，资源的属性发生了完全改变，从代表性的海洋休闲产业，例如游钓以及潜水来看，至今为止单纯作为食材的鱼类变成了休闲资源和观赏资源。现在赋予了海洋资源一种新的价值，在利用方面法律上没有制约条款，无论是谁都有自由探索利用的权利。作为休闲资源的海洋和鱼类，由于新型的利用方式，不知道什么时候变成了全球性的公共资源。1980年以后，全国各地关于海洋利用纠纷的根本原因是曾经通过渔业利用作为单一"当地公地"的地区资源已经变成了全球性的公共资源。

因此，解决这类纠纷最好的方法是必须重新看待已经全球化的"当地公地"，重新回归到"紧密的当地公地"这种形式。

由渔业者所主导的向海业方面的发展，站在渔民的角度来看，恢复这种"紧密的地区公有地"的必要工作就是获得地区资源管理的积极因素和取得主动权，是以创建各种各样的企业利害相关方面持续利用地区资源为目标的管理行为。这种模式在没有明确法律约束的现状下，结果是从事海洋休闲产业的相关者、渔民、消费者以及地区领域中与此密切相关的人逐渐形成了合理的沿海区域管理系统，形成了地区资源可持续利用的组织结构。从中体现了在资源利用方面最重要的"义务与权利"的平衡模式。

第十章　地区资源价值创造的构想及其经济含义

五、关于中间支援组织

1. 中间支援组织的重要性

近年来，中间支援组织特别是在城市建设、地区建设或者是在地区建设促进经济活力中的作用，使人逐渐认识到中间支援组织的重要性[5]。在本书中，通过对常神地区和田野畑村以及日间贺岛的案例进行分析，指出了中间支援组织的重要性。其中特别是在以骨干分子为核心的渔家和个别企业所处的地区中，中间支援组织把大家紧密联合起来，起到了纽带的作用。通过这方面的作用，个人和企业开展了互相合作的经营活动，宛如把一个地区全部包含在内的组织变成了一个有机的合作体、组织体，并且形成了"地区商业"。

社区商业是从事业的构想阶段开始利用地区资源，在整个地区解决地区问题的策略。与之相对，"地区商业"就是把个别企业和个人开展的散乱的经营活动通过中间支援组织有机整合，将其理解为作为总体的地区产业的形态。不过，社区商业也是地区经济的一种，这里硬要区别使用的话，就是要达到强调核心主体的不同和中间支援组织的作用的目的。

可是与中间支援组织的重要性不断提升相反，迄今为止，明确地选择渔村地区中中间支援组织的存在进行的研究，除指出了"中间组织"[6]在渔业资源管理中以及海洋管理和内海建设中重要性的研究[7]之外，接近空白。因此这里以至今为止的案例分析结果为基础，来重新探讨促进渔村地区经济活力的中间支援组织具有何种性质,起到怎样的作用,寄希望于何种组织形态,这些都是根据中间支援组织本身的概念中,"中间"是什么,"支援"是什么,"组织"是什么,对于这些疑问而做出的探讨。

2. 中间支援组织——何谓"中间"

如果要思考促进渔村地区经济活力的中间支援组织是什么,首先有必要知道"中间"指的是谁与谁之间的关系。在内部组织的经济学中,中间组织的"中间"被认为是作为市场和组织之间所存在的事物。中间组织是能克服"失败的市场"和"行政的失败"的第三组织以及起到"中间系统"的功能的组织体[8]。根据这种对中间组织的理解,中间组织发挥了"市场的补充"以及"行政的补充"的作用。前者的"中间"指的是市场和企业之间(或者是消费者和供给者之间)的关系,后者的"中间"指的是政府与企业之间,或者说企业内部或者组织与组织之间的关系。

因此,位于渔村地区的中间支援组织所说的"中间"可以认为是消费者和渔业者之间,渔业者与政府之间,渔业者与渔业者之间所存在的组织。中间支援组织可以认为是斡旋于消费、生产、行政之间在以地区经济促进经济活力这种共同的目的的基础上进行的有机的合作,起到了支援的组织作用,这些起到了"市场的补充"和"行政的补充"作用的同时,在地区也有促使经济主体之间的合作和有机功能补充的"组织间的相互取长补短"的作用。

3. 中间支援组织的作用——"支援"指的是什么？

下面要探讨的是中间支援组织的"支援"所起到的作用的具体内容。关于支援，至今为止的案例分析中已经有所涉及，在这里将从经营资源这个角度重新进行总结。既然地区经济也好社区商业也好都是经济商业活动，那就需要开展规模宏大的经营活动。而且因为这种经营活动，各经济主体必须要投入各种各样的经营资源，一般来说只有具备资金、资源、人力、信息这基本的四大要素，才能理解这种经营资源所相关的东西。

作为中间支援组织的基本作用，有如创业支援的功能、中介的功能、基础设施建设功能等三大项[9]。从上面所列举的经营资源要素分别来看，在中介功能之中特别是资金周转功能或者说资金居中调停功能近年来越来越受重视，这正是与资金相关的支援功能的体现。另外，在创业支援功能之中最被重视的是经营者领导人才的培养功能，成为名副其实与人才资源息息相关的支援功能。而且，基础设施建设功能，与培养地区商业所必要的完备的硬件与软件相关联的基础设施和制定相关规则等相关联，特别可以说是与资源和信息有关的支援。根据地区的不同，在制定物品（地区供应的资源、理念、服务等商品）生产和为此投入的地区资源的管理制度，然后是为此而获得的信息和面向普通消费者提供的服务等方面，中间支援组织的支援必不可少。

像这种通过中间支援组织提供的支援，在地区的经济主体展开商业活动的基础上，也意味着起到补充必要经营资源的作用。在渔村地区中，很多情况都是相当于渔业者的当地居民和组织、渔协和下属团体（例如青年组织和女性团体和各种部门）等成为主要的经济主体，在展开新型的商业模式的基础之上，很多也欠缺必需的经营资源。因此在开展新型的商业模式的基础之上，中间支援组织对经营资源的支援极其重要。一直以来我们都没有清楚地意识到这一点，实际上也是与地区居民和渔业者为主导的新型的组织相比，由政府组织和渔协以及旅游协会所进行的支援更为普遍。所以明确政府和渔协所起到的支援功能并加以强化是今后所追求的目标。

4. 中间支援组织的组织形态——"组织"是什么？

行政、渔协和旅游协会至今为止所起的作用某种意义上就是"支援"功能本身，从这件事上我们也能认识到在渔村地区，行政和渔协组织是作为传统意义上的中间支援组织而存在的。当然，为了避免因为地方财政的恶化而导致公共服务低下以及"行政上的失败"，也有地区有意识地创建 NPO 和协议会组织等新型的中间支援组织。因此，中间支援组织的组织形态并不必相同，应对不同地区实际情况的组织设计是可能的。与其这么说，倒不如说理应能根据不同地区的实际情况来选择组织形态。

5. 中间支援组织的组织形态

最后来看一下这种中间支援组织的形态，以至今为止的理论为基础，中间支援组织基本的组织构造可以归纳为图 10-2。

第十章 地区资源价值创造的构想及其经济含义

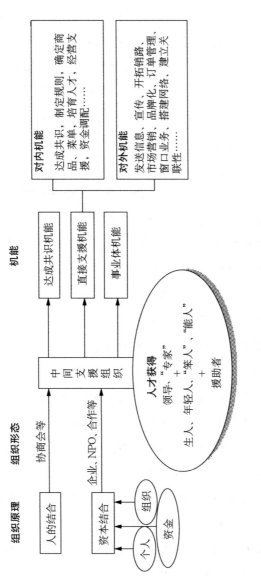

图 10-2 中间支援组织的组织化

首先，中间支援组织是作为人的结合体或是作为资本的组合来进行组织化的，在前者的情况下，形成了协议会、委员会等任意团体，后者的情况下，企业和 NPO 和协力组织等是基本的组织形态。今天，NPO 虽然被认为是中间支援组织的代表性存在，但它并非单纯以中间组织来获得最大利益为目标的，而是以社会价值和地区价值最大化为目标，可以说是和组织的目的相同。实际上，渔协和旅游协会作为中间支援组织也发挥了很大作用。

资本是如何形成的？这个问题是在形成中间支援组织的基础上所面对的重要问题，由本地有志者出资的部分自不用说，由相关方面的出资或者行政方面的支援，或者进一步利用政府的基金也不失为有效的方法。当然，为此强化作为事业体一面也有必要。无论怎样利用各种各样的公共制度，顺利地进行事业的资本储备和获得资金是很重要的。

中间支援组织的功能，可以分为与地区资源利用管理相关联且当地社会达成一致的相关功能、直接支援功能及作为事业体的功能这三种。在组织层面上，既有这三种功能全部施效的情况，也有偏重其中一种功能的例子。该以哪种功能为重点来开展事业是根据该中间组织的环境条件和使命所决定的。而且关于直接支援功能，在第五章里已经做过分析，分为对内功能和对外功能来行使组织功能很重要。特别是根据不同的事业内容，各种功能本身的内容也大不相同。

最后，如何确保人才不流失，是在形成中间支援组织之始就不得不考虑的最重要的主题。为此，确保地区的领导，培养出自本地区的"专家"[10]，确保"外地人、年轻人、菜鸟，有才干的人"等形形色色的人的存在以及需要确保由研究者、专家、志愿者等构成的应援组织。在渔村地区社会中如何去保证人才将成为政策方面急需调整的课题之一。

六、关于社区经济

1. 所谓渔村社区商业

在第八章和第九章中,提出了渔村社区商业这一理念,这里重新考虑社区商业的特质以及意义。

关于社区商业,虽然很多人从不同的角度和不同的立场给予了各种定义,但是并非意味着随着这种印象推广,其概念就会固定下来。因此在这里我们参考日本经济产业省的定义,把利用全地区的地区资源并用商业手段来解决渔村地区的课题的事业活动理解为渔村社区商业。

在本书中所列举的四个关于地区课题的案例,汇集了在传统的地区资源中鱼类价格低下和如何解决在这种情况下收入减少的地区经济低迷的问题。而且,在这四种案例背景下的渔村经济中,为了解决地区经济的低迷,在全区域内开展了创造地区资源价值的商业活动。

在这个意义上,本书中讨论的渔村社区商业、以从前的城中贫民区问题为开端的英国社区商业[11]、瞄准并主要由 NPO 负责雇佣问题和环境问题、福利问题等城市问题的日本式社区商业[12],还有为了保全"作为不可移动资源的土地"而自发共同作业的农村版社区商业[13],其问题的出发点被认为略有不同。也就是说，利用商业的方式去解决地区存在的诸如雇佣问题、环境问题等社会问题与现有的社区商业论不同，本书中所列举的各个案例，可以看到用社区商业的模式去解决渔村地区所存在的经济问题，可能会导致出发点有所不同。因此，仅从本书所列举的渔村经济的案例来说，虽然和一般的社区商业同样具有社会性和商业性，但是和为社会做贡献而参加志愿组织所具有的社会性相比，不如说通过商业活动而使地区经济活跃起来这种商业性更明显。

话虽如此，渔村社区商业具有和社区商业经济相同的本质性的特质，作为社区商业的特征，例如金郁容子所列举的五条性质："①使命性——具有贡献社区的使命性，以推进其进展作为首要目的；②追求非营利性——并不追求利益最大化；③持续性的成果——呈现（营利性或非营利性的）具体的成果，使活动得以继续开展；④自发性地参加——参与到活动中的人是自发参加；⑤以非营利的动机参加到活动中的人不是以金钱为第一位，而是追求生活意义，助人为乐，对地区社会有贡献等非实利的动机为主"[14]。另外，石田正昭也指出了农村版的社区商业是：①追求生活意义，乐于助人以及对地区做出贡献等，拥有这些同样志向的人自发地集中在一起（自发性）；②提供以及生产对地区内的大家有帮助的资金以及服务（公益性）；③为了事业的可持续性而追求效率（可持续性）；④不以产生的利润为目的（非营利性）这四种特征，也就是说社会性的企业和社会性的经济应该具有的各种特征[15]。石田把金子所说的"使命性"和"以非营利的动机而参加"当作"自发性"统一整合起来。在渔村地区商业中，我们可以看到中林渔

第十章 地区资源价值创造的构想及其经济含义

协的女性部就是以非营利的动机而参加的这种特征，从事业的出发点来说，这种特征不太明显。

举出来的四个渔村地区经济的承担者都是渔协，相对于渔协直营的"蓬莱馆"，餐厅"番屋"和"富户DS"，中林地曳观光却是作为独立核算制的事业部门存在。另外，"番屋"早在2012年9月开始就从渔协直营中分离，作为具有渔协100%出资的独立法人独立存在。像这种在渔村地区经济中承担重责的组织形态和法人形态可能会变得多样化。渔协作为自营事业，独立出来也有可能由单独的法人管理。按道理来说，渔协的下属组织（青年部门、女性部、各种部门）、地区协议会、生产组合、任意团体、NPO、个别渔家群体、合作会社、株式会社、有限公司（股份公司、合资公司、合同公司）等被认为是优秀人才管理的组织。

2. 渔村社区经济的成立条件

决定渔村社区经济的执行组织形式需要根据该地区的未来规划以及当地资源的特性而定，一概而论也许没有意义。但是为了使渔村地区经济得以发展，我们可以通过案例分析从案例中找出几个共同点。

第一，为了开展地区经济而获取的合法性。既然地区经济常被认为是在公有地情况下展开的地区资源的价值创造，那么就必须确保利用当地资源的权限以及确保将资源商业化的相关协商得以实施。为此，得到当地群众的信任以及达成共识是得到人们的共感与积极地参与计划中的必要条件。而且，提高相关责任人动机的激励计划也很重要。

第二，是确立主体性。地区经济活动是当地居民自发参与的一环，既然它的作用与社会性的企业具有共通之处，那么根据地方自治团体赋予其社会重任，为此在执行者身上确定主体性比什么都重要。通过确立主体性，相关活动的合法性得以确保。

第三，是需求的体现。在地区基础上采取商业模式，以解决地区所面对的问题为目标的渔村地区经济商业化必不可少的条件是，提供给当地商业的资金服务以及理念等必须体现出消费者的需求。换言之，必须要在当地的商业系统中具备一定的市场性。渔村当地经济需求的体现有：普通消费者的需求，当地居民的需求，从自身的喜好、服务来创造消费的生产消费式[16]的需求等。当然，具体的需求构成根据不同的区域以及自身不同的资源条件而有所不同。

第四，事业存在独特的优势。伴随着事业自身的创新性和变革性，围绕象征"地区垄断"的该事业存在一定的进入壁垒和风险，有必要对此进行提示。事业的创新是属于事业执行者的自主领域，而关于进入壁垒则由该地区的地区性规定。如果说有无新规加入的限制、风险的大小以及非价格竞争的激烈程度这三点是决定商业模式成败的最重要的经营条件的话，在展开渔村社区商业活动时，确保这三种经营条件也很重要。在这其中最重要的是是否存在新加入的限制以及减轻风险，这两点是在开展渔村地区商业方面必须考虑的第一准则，要时刻询问是否确保了作为支持经营能力的经营资源，包括人力、资金、信息等因素。在这当中，特别是与"人"相关的人才确保和地区领导的存在，都是必不可少的条件。地区领导的存在和合法性的取得以及主体性的确立有着很深的关联，所举的四个案例归根结底是依靠地区领导的经营能力和领导力来完成的。

为了获得经营能力，如何与相关经济主体联合协作、互助和取得行政支援、如何构建协作结构等也成为了课题。渔村社区商业是通过自助来开展事业活动的，从这一出发点来说，因为人才的限制和地区资源的限制或者事业规模的限制，展开有用的、有效的事业活动受制约的情况也有很多。因此，有必要借助通过行政而得到的支援与帮助来弥补经营资源的不足，避免投资成本负担和降低风险等。与地区商业同样重要的是，中间支援组织围绕着这种经营资源的支持也是很重要的一环。

3. 渔村地区商业中的经济含义

在现代社会中，渔村社区商业组织究竟为何能发挥作用？它的经济含义是什么？最后我们来讨论这方面的问题。

首先，渔村社区商业与其说具有"行政补充"这一功能倒不如说它在"市场补充"功能方面更能发挥作用。"番屋"和"蓬莱馆"或许就是很好的例子。

社区商业是成为第三部门的新社会部门、市民部门之一，到目前为止，我们都期待它打破由第一部门行政以及第二部门营利企业承担的公共性和经济活动引起的社会闭塞感和僵局的任务。这是继"政府的失败""市场的失败"这两个既存系统失败之后出现的另一个受到期待的系统。

至今为止政府的作用是把不能安定地供给的具有非排他性和非竞争性等特征的公有财产以大家希望的水准进行供应，而市场结构是通过竞争让私有财产能够更好更有效地进行分配。

但是,围绕着医疗、福利、教育、环境、艺术等也就是所谓的在公有财产和私有财产之间存在的"准公共财产",其全面供给如果单纯依靠政府的话就会有局限,另外如果根据行政统一供给的话就很难做到顺应消费者需求的多样性[17]。这样一来,作为社区商业的基本原理为人熟知的就是针对政府供给在量和质方面的局限性采用"行政的补充"来进行填补,在国家和地方公共团体的财政困难以及公共服务低下局面持续的状况下,提倡"新的公共"和"新的公益"。

但是,渔村社区商业比起"行政的补充",其"市场的补充"作用更强。在提供水产品之类的实物商品以及海洋休闲和观光渔业之类服务商品之际弥补了市场构造的缺陷,发挥了渔村社区商业的功能。

水产品是除非亲自品尝否则不能体会到它的美味的商品,有着购买后如果不马上确认它的状态就无法确定是否"安全、安心"的复杂一面。因此,以物质商品的形式存在的水产品作为"探索财产"的同时,也拥有服务商品"经验财产"的一面[18]。服务性商品存在于供需双方的"信息非对称性"的背景下,如果没有这个服务经验的话,无法判断该服务的好坏,所以也拥有"信用财产"的性质[19]。渔村社区商业可以认为是作为适当供给"信用财产"功能而存在的。渔协经营海鲜餐厅以及直接售卖等之所以能得到消费者的支持,是由于其超越了供给双方的"想法"不一致,取而代之的是在提供实物、对安全、安心的商品的信赖和服务过程中产生的支持。从这个意义上来讲,渔村社区商业弥补了至今为止的市场构造上的缺陷。

第二点是渔村社区商业作为有效创造渔村地区既存资源功

第十章　地区资源价值创造的构想及其经济含义

能存在。从中林渔协的旅游地拖网渔业的例子中就可以看出，渔村地区资源一般在各个地区分散分布，把这些分散在各地的资源用来创造价值的话规模又太小，很难取得投资和收益的平衡。因而，为了创造这些零星分布的各地资源价值，相关主体应该互相协作从而更加有效地创造资源价值，这样社区商业才能作为最具效果的事业典范来发挥作用。

第三点是确保作为地区资源的协调利用的构造性功能。渔村地区资源拥有非采购性、非市场性、先到先得、共有性等特征。而且，在以利用这些地区资源为目标时，存在自由利用、利用的排他性、非广域消费、地区消费等特征。因为这些地区资源的特征和利用特征，在利用渔村地区资源时，也就很容易产生"公地悲剧"，利用者之间的冲突，利用者与地区居民之间的冲突，甚至渔业新老利用者之间的冲突都有激化的可能性。

因而，为了利用有这些特性的渔村社区商业，无论如何管理都很有必要，既然社区商业是地区所开展的事业，事业范畴就应该包括围绕地区资源的利用调整机构在内。例如，伊东渔协富户支所所提供的潜水服务的开展，从制定海洋利用规则开始到该事业的正式开启，所有的内部关系都已做出调整。

所以，渔村社区商业的展开伴随着当今多样化不断深化的海洋性娱乐需求的同时，从地区角度积极解决了海洋资源的利用纷争。在追求实现对资源的持续利用和确保事业的可持续发展的同时，渔村社区商业的事业主体就这样作为共同管理地区资源的组织而存在。

七、关于开拓地区市场

就如第九章所分析的那样，自古以来以都市为中心的"广域市场"自不用说，在各种各样的渔村地区根据自身需要同样形成了"地区市场"。这样的地区市场的形成，是在顺应国民需求的多样化、高度化的背景下形成的。

为了应对这样的"地区市场"，形成了各种各样的供应流通渠道。也就是说，形成地区市场的形态是多样的，除海鲜餐厅和贩卖店之外，产地直销市场、点单贩卖、网络销售、通过邮局的快递配送等这些典型的形式也有很多。为什么会出现这种现象呢？因为基于这样的贸易体系，生产者和消费者的关系全部都通过产地连接起来了。

以前，生产者所面向的市场是由城市消费群体为中心所组成的"广域市场"（图10-3），经济的贫富差距悬殊，由没有

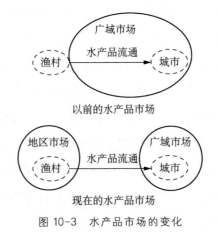

图10-3 水产品市场的变化

第十章 地区资源价值创造的构想及其经济含义

充分购买力的渔村周边地区群体形成的"地区市场"规模极小,所以对于渔业者来说,怎样更有效地销售自己的捕捞物到市场上是一个很大的问题。但是,现今随着零售产业结构的变化,在消费者的需求及水产品市场环境变化等的背景下,"地区市场"有了很大的发展潜力。因而,可以把消费者的需求显著化,有意识地培育"地区市场"。

"地区市场"的创出是供应链管理最终的到达点之一,它将生产者和消费者之间的"距离"定位为最近的食品系统。新创出的"地区市场"与原来的"广域市场"相比,两者的性质差异很大(表10-1)。

表10-1 "广域市场"和"地区市场"的比较

市场特征	广域市场	地区市场
① 交易场所	消费地	产地
② 需求特性	不特定多数的普通消费者 全国需求 大众市场 食材市场	地区倾向的特定消费者(生产性消费者、本地消费者、游客、志愿者等) 地区需求 缝隙市场 食材市场+休闲市场
③ 价格形成构造	全国的需求动向 买方主导	地区的需求动向 卖方主导
④ 流通体系	流通链长且复杂 生产者承担成本 信息混乱	"透明"关系 生产者和消费者分担成本 安全、安心体系
⑤ 商品特质	物品	物品、服务、点子

首先是贸易场所的不同,在"广域市场"上,供应商和买方的会合地是在消费地,目前为止来看产地市场的交易基本上

只不过是围绕着消费地市场的一个供应系统罢了。与此相对，在"地区市场"中基本的贸易场所是生产地，也有配送以及产地直销这样基本在产地完成的方式。

从需求特性来看，"广域市场"说到底还是针对一般消费者，以全国性的市场为目标且以食料需要为对象的市场，与之相对，"地区市场"是根据当地消费者的某些特定地区需要等形成的市场，这个需要除食品需要之外，还有娱乐需要以及舒适性需求等，应该具有很大的不同。

从价格构成上来看，"广域市场"说到底是在全国的巨大需求供给动向的强烈制约之下由买方主导形成价格，与此相对，"地区市场"在细分化的需求中，一定程度是由生产者、供给者掌握主导权来设定价格。曾经农产品和水产品市场就是被称为典型的完全的竞争市场，这个描述反映了以广域市场为对象的"竞拍、购买"基本原则的批发市场系真实的一面，然而在"地区市场"上，生产者有可能把价格政策作为有效的市场手段。

如果说到流通系统的话，既然是以"广域市场"为对象，必然要通过现存的复杂冗长的流通渠道，流通成本有一大半都不得不由生产者负担。生产者不得不直面昂贵的中间流通差额和承担昂贵的流通成本等流通问题。此外生产者的信息也难以传递，容易招致消费者对食品的不放心。针对这种现象，在"地区市场"容易构建"透明关系"，也能让消费者一方来共同负担流通成本，生产者可以拥有提供"安全、安心"产品的手段。

在"广域市场"和"地区市场"，处理的产品的种类不同，

第十章 地区资源价值创造的构想及其经济含义

即使是同类商品，其性质也有很大差异。例如，在广域市场的情况下，商品＝水产品说到底就是作为"物"来看待。而在地区市场的情况下，物品除被看作食品外，还可以作为"服务"和"想法"或者是附加商品来提供。除提供面对面销售的生产信息以及商品信息的说明、地区景观、食文化以及传统等的附加信息来提高满足度之外，作为料理直接提供的场合下的"接待"等优质的"服务"和"想法"也成为了提高地区魅力的手段。

这样一来，在地区市场上的"商品"的概念变得多样化。随着商品性能的多样化，在渔村地区展开的产业姿态也超出了既存渔业的框架而呈现出多样化，这也使得我们能把它看作是在渔业中的食品系统构造变化中的一环[20]。

"地区市场"成立的经济条件是符合以下任意一个选择就能成立：流通成本、交易成本加上管理成本这三个成本的总和是否能够更节约；生产者生产的物品能否实现富有更高价值或者说比起追加的负担成本能否享受更多的附带利益[21]。从这个意义上来说，符合"地区市场"的创出条件就在于，如何减少追加成本，如何增加附带利益等。

原先"地区市场"的市场规模因为受到其所需人口的制约，很多地区的捕获量供给的所有的水产品的消费容量不足。因此，作为"广域市场"的流通系统的子系统，"地区市场"流通系统的位置很重要。根据地区的不同，它能够实现"小经济"，这个"小经济"的流转，也可以在既存的"大经济"的健全化方面起作用。

这样想来，海业并非一定是拥有很大的市场规模，因为这个"小经济"能让地区现有的经济更大、更健全的循环成为可能，海业发挥的就是作为地区经济促进活力的一种引擎的作用。

注释：

（1）宫泽健一：《制度和信息的经济学》，有斐阁，1988。

（2）娄小波：《日本渔协的渔权管理功能针对的问题》，《渔业经济研究》第30卷，1989。

（3）娄小波：《渔业的一般功能和管理组织的作用》，浅野耕太编《自然资本的保全和评价》，密涅瓦书房，2009。

（4）井上真：《作为自然资源的共同管理制度的团体》，井上真、宫内泰介编《入会的社会学》，新曜社，2001。

（5）高桥桂子、保坂仁美：《在关于地方时代"中间支援组织"的有关预备考察》，《新潟大学教育人类科学部纪要》第6卷第1号，2003。

（6）娄小波：《日本渔协的渔权管理功能针对的问题——关于沿岸渔业的发展以及从资源管理的视点来看》，《西日本渔业经济论集》第30卷，1989，第21页。

（7）日高健：《从社会科学来看的"里海"的特征和管理作用》，山本民次编《"里海"作为沿岸地区的新开发》，恒星社厚生阁，2010。

（8）伊丹敬之：《内部组织的经济学》，东洋经济新报社，1983。

（9）同注释（5）论文。

（10）敷田麻实：《在外人和地区构建方面关于它作用的研

究》,《国际广报媒体、观光学日报》第9号,2009;敷田麻实:《关于地区建设专家的研究:"宽松的专门性"和"有限责任的专家"的提案》,《国际广报媒体、观光期刊》第11号,2010。

(11)石川两一:《社区商业的现状和课题》,《市政研究》第143卷,2004。

(12)桥本理:《社区商业论的展开及其问题》,《社会学部纪要》第38卷第2号,关西大学,2007。

(13)石田正昭将共同作业型他助组织,在除医疗、高龄者福祉外,食农教育、环境保护、市民农园、乡村生活等的以"农"为中心的地区共同活动(城镇建设活动)中发挥的各功能,定义为"志同道合的人们(有相同目的、目标的合作社社员、地区居民、消费者等)聚集在一起,反复、持续地供应的农村版社区、商业"。石田正昭编著《农村版社区、商业的推进——地区再激活和JA的作用》,家之光协会,2010,第2页。

(14)金子郁容:《那从社区开始》,本间正明、金子郁容、山内直人、大泽真知子、玄田有史编《社区商业的时代——NPO改变的产业、社会及个人》第一章,岩波书店,2004,第21—24页。

(15)同注释(13)书。

(16)加藤惠正:《社区、商业的展开及其评价——英国的经历和我国市、街、地激活的任务》,《都市问题研究》第51卷5号,1999,第58—75页。

(17)岛田恒:《非营利组织研究——本质和管理》,文真堂,2003,第53页。

（18）浅井庆三郎：《服务和市场营销》，同文馆，2000，第20页。

（19）同注释（17）书，第52—53页。

（20）土井时久、斋藤修编《食品系统的构造变化和农渔业》，《食品系统学全集》第6卷，农林统计协会，2001。

（21）娄小波：《生鲜水产品流通系统的变化和供应链的构造》，《食品系统研究》第16卷第2号，2009。

第十一章

>>>

海业的现代意义和渔村的再生

一、海业的现代意义

我们需要思考一下,对于现代社会而言海业究竟具有何种经济意义呢?

第一是改善以渔家为主体的地区经济主体的经营,为振兴地区经济做出贡献。如果缺少经济效应,就很难刺激到以海业为主要经营主体的人。其实这种经济意义本来并非是首要的追求目标,有的地区和居民是为了追求城市居民和地区居民之间的交流从而达到实现自我之目标,但是终归还是经营利益至上。从这个意义上来说,海业最重要的作用是能对经营海业的渔家等地区经济主体的创立和发展做出贡献。因此可以说,海业的成立赋予了实现地区经济和以渔家为中心的地区经济主体的经济丰富性之意义。

第二是从事海业来响应国民的需求,从而能够提供给国民真正的"富裕"。在现代日本社会，由于经济发展、人民收入水平提高，人们对于"富足"的追求从追求量的扩大转向了对于质的提高[1]。从物质消费转向空闲时间的娱乐消费成为人们生活的一大主题，作为空闲时间和剩余资金投入的对象，海洋娱乐备受瞩目，形成了好几次风潮[2]。这种满足人们需求的真正的空闲时间的消遣即追求"富足"是海业成立的不可或缺的条件之一。

第三是尽可能最大限度地发挥渔村和渔业所拥有的地区资源的价值。渔业是把水产品中对于人们来说有用的东西作为资源认知和利用的行业，海业却是独立于至今为止的水产品资源观之外的，是把在海中生存的所有生物资源、在海中所存在的所有自然资源，再加上渔村社会中所存在的景观和传统文化等作为与海洋有关的所有资源加以认知和利用的行业。至今为止，虽说捕鱼活动是有"技术的""与自然进行对话"的过程[3]，但是这也还是单纯地认为是作为艰苦劳动的其中一个环节，像固定网观光和旅游地拖网渔业所看到的那样，在海业中捕鱼的过程也是很重要的旅游资源。另外，一直以来，波浪除引起渔业灾害之外别无他用，在渔港工程和护岸工程中始终要花费很大的成本去做消波块，但是对于冲浪者来说波浪就是无上的娱乐资源。海业就是通过这样有效的活用资源来促进地区经济活力。

第四是海业性地利用可以确保海域利用的效率性和公平性。进入20世纪80年代娱乐休闲方式开始盛行的时候，"海是属于谁的"这种问题尤其突出[4]。当时，针对海面利用，存在着与允许优先利用的传统法律性渔业的首发者以及海业娱乐

第十一章　海业的现代意义和渔村的再生

中的新参与者之间的摩擦。但是，正如目前所进行的讨论一样，这是一场没有结论的讨论。现在所能给出的答案是从当今国民经济上来看，怎样的海洋利用秩序、怎样的海洋利用管理体制是最公平且具有效率的？超越渔业利用的非效率性和海洋娱乐性利用的单纯的不公平，也许就是海业利用的第三条路或者就是"再一个"选择项。

从这个意义上来说，海业避免了现代日本所拥有的渔业和娱乐之间的冲突，解决了沿岸海域的利用调整问题，重新整顿了海洋的利用管理系统。

第五是维持了渔业最根本的提供水产品的能力。现在为了能够达到维持作为政策目标规定的水产品自给率，必须根据经营的效率化来实现生产力的提高，我也想提出由渔家来维持水产品的供给力作为政策性课题之一。

第六是在渔村地区必须确保担任生产的一方，而海业正不断地补充正在持续衰退的渔业，提供了确保地区执行者这样的产业条件。

第七是通过创造地区资源的价值，让至今为止只能提供水产品这样的"物"的渔村地区，对于社会、对于市场，能够供给"服务"和"想法"等。例如，在直销市场和海鲜餐厅等，面对面销售所产生的生产信息和商品信息的解说以及提供地区景观、食文化以及传统等的附加信息使得游客满足感得到提高的同时，也能在提供料理等这种面对面"接待"的同时提供优质的渔村地区的"服务"和"想法"。

二、作为业态转换的海业

如果我们执着于把海业当作创造地区资源价值的手段的话，除转换该地区产业的业态之外别无其他方式。通常情况下，业态转换，从宏观方面来讲是国家层面和地区层面的决策，从微观方面来讲是企业水平或者是个别经营体水平的转换。就如现在我们所感受到的那样，理所当然地使用着的"渔业""渔业者"和"渔民"或者"渔村"等这样的概念，如果还原历史来看的话，意外的是能够确认这也是业态转换的结果。也就是说，现代产业暂且不论，扎根于当地的生计和传统产业的成长过程因为其悠久的历史背景而增添了色彩。渔业作为传统产业也是如此。既然作为在渔村地区人们的谋生手段，其实它也是历经多少代历史变迁和时代要求才能形成的。

1. 国家、地区、个别经营体水平的业态转型

从国家水平来看，支撑日本经济的主要产业从钢铁业、制造业、重化学工业过渡到银行、证券业等，现在是IT产业和观光产业承担着这个作用。这种情况通常被称作产业结构变化，无疑就是支撑着日本经济的主要产业的业态转型。从地区水平来看，过去依赖由农林渔业所支撑的地区完成了向制造业和建筑业，再到服务业等的业态转型。

即使是限定在渔村地区来看，这样的业态转换也是常见的。例如，过去以沿岸渔业为支撑的地区以某个时间段为界，

第十一章 渔业的现代意义和渔村的再生

远洋、近海渔业和养殖业等发生了转换,变成了支撑地区经济的产业。还有进一步地在远洋、近海渔业和养殖业当中随着时代的变化也经常进行捕渔法和养殖对象品种的转换。此外,就个别渔民而言,这种作业对象鱼种和使用渔法等是顺应对象资源的动向以及渔业海洋状况的变化还有市场环境的变化等产生的历史变化,是一种宿命般的结果。

在市场上进行交易的商品(产品)都有寿命,商品的整个使用过程根据其使用寿命的各阶段可以分为引进期、成长期、成熟期、衰退期等四个市场阶段,这和其所形成的商品周期(产品、生命周期、循环)这种市场性的思考方式相同,在特定的地区甚至特定的企业和经营体所经营的事业也有"寿命"。在现实的经济社会中也是,除了几个例外的商品类别,有数百年历史的"老字号"经营体要在相同的事业领域里持续经营非常困难。实际上,100年持续相同的事业内容,所谓的"老字号"企业在世界上也非常少见。在信息化和全球化发展的现代,这种企业的事业"寿命"变得越来越短。

响应事业周期缩短现象,从事经营最有效的方法是对事业范畴进行重新评估,转换经营业态。一般企业会考虑自己公司的资本、技术、人力资源等经营资源,运用资产组合等市场营销策略,进行最合适的经营业态转换或事业选择,对此,地区的经营业态转换由富有企业家精神或挑战精神的经营体以及地区的意志力和设计能力等来决定方向,因此,首先必须选择适合地区资源的经营选择。比如,如果当地能够容易确保原材料和劳动力,以及拥有加工技术和原创的地区特产品牌,为提高附加价值而从事加工行业是不错的选择;如果是拥有传统捕鱼方法、当地拥有特有的食材、食文化的地区，或许非常适合体验、学习或从事渔家民宿、鱼类食品餐厅等事业开发。另外，如果想要进行潜水向导业，以及海豚、鲸鱼观赏事业，必须拥有美丽海底景观、海豚、鲸鱼等丰富的自然、生物资源才能够实现。休闲渔业也是一样。而且，如果当地有新鲜的海鲜，开设以低价格对那些被称为"杂鱼"的鱼类的产品在直销市场或直销店等进行大量流通也是一种方法。不管怎样，开展新经营状态的方向由地区资源形态和丰富程度决定。

2. 渔民、渔村和海人、海村

从某种意义上来说，渔民、渔村的概念也可能是历史上经营状态转换的结果。在古代中国，捕鱼这个人类的渔业劳动行为被称为"渔猎"[5]。这个"渔猎"不知从何时起，被"渔业"、"水产业"等概念替换，探寻到底是如何形成这些近代的概念是今后我们要思考的课题，但是肩负渔业的"渔民"（或渔业者）、作为渔民的生活基础的"渔村"是近代的概念这点毋庸置疑。

那么，曾经的"渔民"是什么意思呢？在"渔猎"时代的中国，从事"渔"的人们被称为"渔人"[6]，在现代日本也是，樱田胜德的著作中，把从事海上活动的人称为"渔人"[7]。另外，在古代和中世纪的文献中，好像把以大海为活动舞台的人称为"海人""海部""白水郎"等[8]，野地恒有把这些统称为"海人族"[9]。在《万叶集》中，也有这样一首诗："山头月西斜，捕鱼忙，遥见渔火，漂浮在海洋。"（第 15 卷第 3263 首）从中可以看到海人自古代就活跃的情景。

第十一章　海业的现代意义和渔村的再生

另外，在朝鲜半岛，也有把海边生活的渔民称为"海尺"的俗称[10]。而且，把从事捕鱼的人称为"海民"，把分业形式记载为"弁济史"和"网人"，这些历史资料也已得到确认[11]。网野善彦指出，10世纪以后的公文书、记录中出现的"海人""网人""海夫"等，在17世纪确立的近代国家，包括商人、驳船人等和海人一起被视为"百姓""水吞"，因此，海民独自的称呼消失了[12]。

但是，即使在现代，关于"海人"的研究也有很多[13]。这意味着即使在现代，把海边生活的人定义为"海人"而不是"渔民"的世界依旧存在。

在现代被称为"渔民"的人们其实原本就有着各种各样的称呼，而且这个职业的内容也不仅仅是捕鱼。海边生活的"海人""海民"中，有捕鱼的人，也有从事海运、通商的人。提出日本文化"海洋性"的柳田国男写道，"海人逐渐放弃了自己的本业，这个群体逐渐和周围融合、消失"，指出了他们作为农民的移居史[14]。

关于渔民居住地的渔村，也和具有各种各样称呼的渔民一样内容丰富多彩。过去，使用浦、浜、津、泊、凑等作为沿岸生活的人们的村落名称，在河海交通再次成为交通体系中心的10世纪以后的日本，也曾把浦、浜、津等作为行政单位[15]。即使在现代，特别是在文化人类学和经济地理学等领域，也把海边生活的人们的村落称为"海村""渔村"来进行各种研究[16]。

此外，海边生活的人职业种类也非常多，由于其多样性，随着时代变迁其称呼也变得非常多样化。不仅如此，关于海边生活的人们的生活场所的称呼也随着时代变迁而变化。让我们再一次认识到，海边生活的人们的职业和生活场所，就像生物一样变幻莫测，有着可以随意改变名字的历史。但是，这里要再次强调，虽然渔民、渔村的称呼随着历史变化，"依靠大海生活"这个职业的本质，不管时代怎样变化都几乎没有改变。也就是说，海业的振兴正是从"依靠捕鱼的职业"向"依靠大海的职业"的原点回归。

在这样的历史背景下看待作为新职业的"海业"、进行重新定位，对现代日本来说具有极为重要的现实意义。

三、作为渔村地区经济激活对策的海业

1. 渔村地区经济的激活

目前为止，我们把海业看作是促进渔村地区经济活力的事业，把焦点放在其结构上进行了分析，但是，对于促进渔村地区经济活力是什么并没有进行讨论。在本小节，我想对这点进行适当补充。

我们就从渔村是什么这一点开始思考吧。以前可以把渔村定义为开展渔业活动的渔业者居住的村落，但是在现代社会，在迁徙、混住或城市化发展的背景下，渔村、渔村地区的地理分界线变得越来越模糊。就像作为行政用语的"渔业地区"、《渔业统计调查》的"渔业村落"，或《渔港港情调查》的"渔港背后村落"等用词所代表的一样，在现代社会对渔村一概而论变得非常困难。但是，这不一定就意味着渔村、渔村地区的

第十一章 海业的现代意义和渔村的再生

消失。在混住持续发展的都市近郊、城市里埋没了许多曾经的渔村或者是渔业村落,即使在失去了清晰的空间领域的今天,只要有依靠大海来维持生计、从事相关职业的人们在那里生活,那里就一定存在着作为渔村社区的功能。在此,我把具有这种功能的、人们生活的社会空间统视为渔村地区。

另一方面,就像地区建设、村落建设、地区振兴、地区再生、村落再生、促进地区经济活力等名词一样,关于促进地区经济活力的策略也引入了广泛的概念,其中包含了人们各种各样想法的观点也有很多。而且还有从地区社会系统改良到人们意识改革的各个层面的观点,但是本书在这些观点中,特别限定为从经济学的角度出发来分析。如果不能保证一定水平的收入,就无法在当地定居、实现安稳生活,因此考虑到渔村地区的未来,促进经济活力是最重要的因素。此时,促进经济活力是指通过某些措施获得额外的利益,从而阻止当地经济的衰退倾向,或者说是能够更好地改善现状。

那么,从经济的观点来看,渔村地区采取了怎样的促进经济活力对策或振兴对策呢?

2. 关于渔村地区振兴

战后的日本渔业,在 1949 年为实现渔业生产率发展和渔村民主化而制定的《渔业法》的成立以及在 GHQ 的规制缓和、废止等背景下逐渐恢复,1952 年的生产量超过了战前水平。但是,渔业本身是劳动密集型的,在渔村的丰富劳动力被称为"过剩人口"的背景下,与其他行业从业者相比,渔业从业者的收入较低。

海业时代
—— 以激活渔村为目标的地区挑战

为了改变这种状况,特别是对于处在条件不利地区的离岛,日本在 1953 年制定了《离岛振兴法》。时限为 10 年的该法案在 2013 年迎来第六次延期。另外,1963 年,以 1960 年农林渔业基本问题调查委员会的报告《渔业的基本问题和基本对策》为基础,制定了《沿岸渔业等振兴法》。该法案从①水产资源的维持增加、②渔业的生产率提高、③渔业经营的现代化和稳定经营对策、④水产品的流通合理化等、⑤水产品的出口振兴、进口调整等、⑥确保渔业从业者的培养、⑦渔业从业者的福利提升等方向进行制定,致力于生产力的提高和渔业经营的现代化。直到后面提到的 2001 年开始实行水产基本法之后该法废除为止,该法案对渔业振兴起到了重要作用,其中,特别是从 1962 年到 1982 年实施的"沿海渔业结构改善对策事业",在改变事业名称的同时,长年为振兴沿岸渔业做出了贡献。

但是,1960 年代的时候,从地方向城市流动的人口流失问题已经较严重,在经济高速发展的背景下,也加速了渔村地区的人口流失。另外,在经济增长的趋势中,以"从沿岸到近海,从近海到远洋"为口号的大资本主导的大规模渔业发展导致了沿岸渔业规模相对缩小。而且,不仅是渔村人口减少,在渔村地区不断发生建设工业用地填海造陆导致渔场丧失和公害、与海洋休闲使用的冲突等这些问题。此后,还发生了石油危机所引起的燃油费高涨、水产品价格下跌等问题,生活环境的不完备、人口流失导致劳动力不足等问题也变得更加严重。也就是说,从 1960 年代至 1970 年代,随着日本经济的高度增长,第一产业的相对地位逐渐下降,农村渔村的人口稀疏化,

第十一章　海业的现代意义和渔村的再生

村落的崩溃、消亡现象成了大问题,地方上发生了很大的变化[17]。在这样的背景下,1970年实行了《稀疏化地区对策紧急措施法》(《过疏法》),1977年的三全综(第3次全国综合开发计划)提出了"定居圈构想"等,开始意识到与自然和谐共处的社会建设的重要性。

像是配合上述法律执行一样,当时开始出现响应"地方的时代"这一号召,主张摆脱依赖统一的国家政策,倡导资本引进的外向性发展志向以及强烈追求地方自立的"地区主义"[18]。1979年,当时的大分县知事平松守彦氏主导的"一村一品运动"就是其中具有代表性的例子。这样的将经济现象进行理论化的自发性发展论,和以企业招商引资为依据的外向性发展论的相反主张,是地区振兴的有效手段之一[19]。

尽管如此,在渔业经济研究方面,对地区问题的关注度提高,是在日本渔业规模全面缩小的80年代以后[20],"直到70年代,由于'地区'在日本型福利国家体制的'庇护'之下,议论主要集中在渔业生产力的改编问题上"[21]。也就是说,直到1980年代为止的渔村地区振兴,基本都是通过振兴渔业,追求可谓"渔业振兴中心主义"的基调。作为其典型手法,可以列举出如"营渔计划"、附加价值提高对策、鱼价对策、省力省能源等经营成本对策、资源管理对策等。这些不是渔村地区的促进经济活力对策,相反这种"渔业振兴中心主义"之类的地区振兴政策成为了目前为止的主流政策,为此投入了巨额补助金和预算。

但是,1980年代中期开始,伴随着泡沫经济,资源全部向东京集中的倾向加速,农业水产品的进口也有了增加,第一产业的弱化、地区的崩溃进一步加剧。1988年，以农村为对象的"界限村落"论也开始展开[22]。1991年虽然泡沫经济结束，但之后经济全球化日益发展，日本国内产业空洞化成为严重问题的同时，第一产业产品的进口压力增大、价格下降等问题也更严重了。

1980年代后期开始，在政策方面开始重视渔村地区的激活问题。实际上，日本水产厅预算中第一次使用"激活"一词，是在1985年开始实施的"沿岸地区激活紧急对策事业"[23]中。但是由于该事业属于提高渔业生产、经营的范畴，名副其实地促进地区经济活力政策的实施是在1980年代后期。

于是，在1987年度的《渔业白皮书》中，开始倡导"为了促进经济活力，渔业者首次提议要积极地把渔业和海洋休闲相结合，和城市居民进行交流"[24]。也就是说，从1980年代后期开始，突然提出激活渔村地区的经济，提出充分利用渔村地区资源之一的海洋性娱乐资源。例如提出了对以水产业为核心的沿岸地区及近海水域的综合整顿开发的海洋改革构想，实施了"海洋改革据点渔港渔村综合整顿事业"。

然后从1994年开始制定了以促进水产业振兴和激活渔村地区为目的的"新海洋改革构想"。而且在1999年为止实施的"沿岸渔业激活结构改善事业"中，除渔业生产、供给体制、劳动生活环境外，还明确提出"促进与城市居民交流等的渔村社会的激活"。2000—2005年，实施了"沿岸渔业村振兴结构改善事业"，除了生产方面和产地功能的强化，还包括"通过地区资源的活用，进行面向城市居民的地区社会建设"的促进地区经济活力事业。

第十一章　渔业的现代意义和渔村的再生

2001年制定了水产基本法。该法律提出"渔村的综合振兴（第30条）""城市和渔村的交流等（第31条）""关于多方面功能的政策的充实（第32条）"，因此，对于渔村地区的认识变得更广泛，之后还实施了各种角度的渔村地区振兴方案。

1990年代以后，渔业经济研究方面也开始积极研究促进渔村地区经济活力问题。其开端是西日本渔业经济学会（现在是地区渔业学会）在1991年举行的"渔村激活的条件"研讨会[25]，之后也进行了各种各样的研究[26]。其中，对于海洋娱乐[27]、休闲渔业[28]、海豚和鲸鱼观赏[29]、观光渔业[30]、游艇[31]、生态和蓝色旅游[32]、直销[33]、品牌化[34]等进行研究的"不同领域事业论"，致力于分析个别领域的促进经济活力事业。

此外还有研究把这种个别事业领域的内容归结为"渔业、渔村的多方面功能论"，研究渔村的激活问题[35]。为了确保渔家生活（经营）的持续性，形成能唤起渔业者内发力的环境，目标是找回渔村水产品的供给功能和多方面功能，使得渔村能健康发展[36]。

另一方面，不单单是个别领域，也有关于贯穿激活事业的诸多因素，比如领导者的作用[37]、作为激活经济条件的渔村生活文化[38]、作为体现者的女性的作用[39]、渔协的作用[40]、地区市场的意义[41]等的"要素分析论"的研究。

对于个别事业，或者事业的个别因素进行分析也是不同的研究方法，着眼于"城市渔业"的"城市、渔村交流论"，也是应该特别写出的研究成果[42]。日高健在其著作《城市与渔村》《城市与渔业》中,对城市中的渔村地区激活方案进行了系统分析,并提出了渔村地区的新商业模式(渔村商业)[43]。

不局限于城市中的渔村,关于渔村地区开展的激活行动,有小野征一郎提出的"作为综合产业的水产业"[44],定义是"鱼类商业"[45],也有岛秀典的"地区资源活用型渔业"的观点[46]。

像这样可以称为"新商业理论"的促进渔村地区激活论和古典的"渔业振兴中心主义"政策、"不同领域事业论"、"要素分析论"之间最大的区别,应该是渔业这种和一般商业不同的新型商业是以地区振兴为基本。这符合木幡牧提出的促进渔村地区激活的两个方向之一的经济活动扩大带来的"渔业地区的激活"(另一个是渔业、渔家收入增加带来的"渔业的激活")[47];或者龟田和彦等人指出的"考虑当地生产者的生活构造"的地区政策[48];还有岛秀典提出的作为以人为主体的工作、生活场所的"地区渔业论"[49]。或者,和志村贤男提出的"关系到当地居民生活、就业基础的新'地区论'的理论性经营是必须的"观点也相通[50]。

3. 海业的振兴

在这种"新商业论"的地区振兴背后贯穿了把包括渔业在内的渔村地区的地区资源作为地区振兴的重要资源来进行利用,通过价值创造来展开新事业的理论。海业振兴正是从这个地区资源的价值创造开始起步,从这点来看,海业是渔村地区新商业的一种非常好的形态。

1986年"海业"作为选举口号,在1990年代成为神奈川县主要地区的政策之一，2009年成为水产厅渔村激活政策的主要内容之一。水产厅在2009年设置了"渔村激活模式研讨委员会"，对日本的新渔村激活政策方式进行讨论，其结果作为《关于渔村激活模式（中期汇总）》（以下简称报告书）发表。

在报告中，激活的方向有以下三种：①发现或重新发现有魅力的地区资源，并创造附加价值，传播产品的信息等，提高当地的魅力（想去的渔村）；②高度卫生管理型设施、整顿轻劳化设施，创造地区资源价值，提供稳定的雇佣和收入机会（想在那工作的渔村）；③整备生活基础设施、整顿防灾相关设施等，实现可以安全、安心生活的环境（想在那生活的渔村）。

然后，为实现这些方向的必要政策方案的重点内容，按照下列进行整理，也就是：①为实现"想去的渔村"，有"促进和城市交流""地区资源的保护、活用""振兴海业"三个主要政策；②为实现"想在那工作的渔村"，有"振兴海业""振兴水产业""改善生产环境"三个主要政策；③为了追求"想在那生活的渔村"，有"改善生活环境""提高减灾能力"两个主要政策。

上述"渔村激活的方式"中，作为最特别的主要政策必须提到"振兴海业"。为了实现作为"促进经济活力的方向"提出的"想去的渔村"和"想在那工作的渔村"，明确指出了"振兴水产业"和"振兴海业"。海业作为给渔村地区带来新魅力和财富的产业，必须得到振兴。

四、海业的理念和课题

1. 政策理念

从目前的分析中可以看出,海业振兴是实现促进渔村地区经济活力的有效手段。但是,仅靠这一点还不足以说明振兴海业的政策含义。为了振兴海业,我们还需要重新讨论政策理念和课题。

经济政策的最终目标是给归属于这个社会的人带来更多的财富并将其最大化,换句话说是实现国民福利的最大化。不过,这种情况下的"富裕"只是经济意义上的,没有包含精神层面的东西。

经济政策的理念必须根据价值合理性原则进行设定,作为政策上促进海业的价值合理性,与之前的海业的现代意义也相关联,我们可以提出以下三点。也就是说,通过满足作为国民生活一大重要主题的闲暇需求(其中特别是对海的需求),海业可以对福利的最大化做出贡献,从而提高以渔家为中心的地区经营体的收入,还能为维持、保护渔村社会环境和沿岸地区环境价值做出贡献。

海业的上述三个价值合理性是实现维持渔业和渔村地区社会的重要功能的契机。第一种功能是能维持水产品的自给力和供给力。现在,虽然水产品自给率的维持、提高是重要的水产政策目标,但是自给力、供给力的维持、提高和自给率的提高具有同等的重要性。不过,自给率提高的目标导致政策上必须

第十一章 海业的现代意义和渔村的再生

干预消费者的消费行为，有可能导致和国民福利最大化的经济政策的最终目标相矛盾，对此，自给力、供给力的维持目标要能够充分对应产业内部的政策性措施。海业对维持自给力、供给力能做的贡献，是在海业带来的渔家收入上升的背景下，确保渔业经营体的接班人，保持船舶等渔业生产力，以及最重要的是渔业者的渔业生产技能、技术和关于海洋的"隐性知识"得以继承，等等。这样在"紧急关头"，从事海业的人们可以成为负责渔业生产的供给者。

第二种功能是可以在渔村地区社会确保一定规模的地区经济负责人（渔业负责人）。渔业和农业等其他产业不同，具有如果当地没有一定数量的从业者，产业活动就难以成立的产业特性。渔业由于生产的季节性、移动性、不规则性，导致必须要有让渔业者的孩子和家人可以得到充分教育和安心生活的地区社会存在的需求。另外，虽然比起海洋休闲等其他海洋利用形态，渔业拥有很高的优先权，但是渔业权只有作为准物权的权利，如与后面详细叙述的农地所有权不同，基本上，渔业不是渔业者个人的，而是属于地区社会（这种情况下指渔协组织）。（实际上，如果个人放弃渔业，其行使权利会留在渔协，分给其他的渔协成员）。因此，在渔业者极端减少的渔协，权利保护就会成为问题。现实中，特别是在离岛和偏远地区持续发生的渔村地区加速崩坏现象，已经在这些比最小规模渔业人数还少的地区得到确认。

第三种功能是可以为渔家经营的持续性做贡献。从渔业的历史来看，效率高的大规模渔业经营体不一定就是持续性的经营形态。许多远洋渔业和近海渔业或一些大规模养殖渔业经营体已经从渔业部门撤退，完成了"供应水产品食材"的使命。但是，渔业是供应人们维持生命所必需的食材的生命产业。因此，产业的自由退出，必须以自由参加和供给维持为条件。但是，确保这些条件一直都非常艰难。为此，也必须把追求效率和持续经营作为政策目标之一来设定。从以上角度来看，海业的振兴可以通过维持和提高收入水平，对确保经营的可持续发展做出巨大的贡献。

这三个功能可以说是振兴海业的目的或目标。海业振兴和现在的渔业状况、渔村状况、渔家经营状况以及国民需求状况等现实状况相一致，是非常现实合理的判断。

2. 政策课题

为了根据地区资源的形态而创造出新的海业，有几个必须搞清楚的经营性课题。

首先是如何获得作为经营第一基本要素的资本、劳动以及技术。不用说，投资是创造地区资源的价值所必要的，为了利用地区资源，技术和知识等基本技术和劳动能力也是必要的。而这种劳动力在很多的渔村地区因为相关劳动的熟练度的欠缺，很多都用自家的劳动力来维持。

与之相对，资本和技术的获得方法可以分几种。吸引外部资本也许是能想到的最迅速的办法。但是依至今为止的经验来看，依照这样的"外部开发方法"无法给地区充分返还利益，地区资源被霸占，环境被破坏，甚至会在以此为背景的地区社会中产生各种各样的矛盾，我们有必要就地区资源可持续利用这一点进行充分的讨论。

第十一章　海业的现代意义和渔村的再生

与之相对的就是由地区内存在的经营体来开展新的业态。为了避免由于外部资本的开展而引起的上述问题的同时，也希望对地区的维持和再生做出贡献。但是，为了达到这个目的就必须制定获得资本和技术的对策。这里面有政策性课题，虽然有关技术的获取在很大程度上是依靠经营者自身和地区领导的努力来实行的，但是至今为止讨论设立的"中间支援组织"以及以此为基础的经营资源的获得和补充等都是为了克服此类问题而采取的有效手段。在这种情况下，对资本、资金的支持和对确保人才所做的支持是一个重要的政策课题。

还有一种超越资本和技术界限的方法是和渔业以外的产业部门进行合作。根据合作关系，对于双方来说在可以节约资本投资的同时，也能够使得轻易获得开拓市场和确保销售之类的市场营销专业知识成为可能。这个案例和有外部资本加入之后的案例之间很大的区别就在于这种情况下事业的主导权终究是在本地区，作为外部资本的其他部门终究是事业合作的关系。不用说"地区内利益循环系统"的形成是支撑这样的结构最本质的方法之一。

再看前文所述案例，保田渔协的"番屋"，中林渔协的"旅游地拖网"，三方町的"渔家民宿"，甚至平塚渔协的休闲渔业是由渔业方自己所开展的新业态的案例，也符合恩纳村渔协的海洋休闲和其他部门合作的案例。在这些情况下，以渔业部门为中心的地区主导权活动自发地展开了。

应该攻克的第二个经营性课题是获得技术经验之类的市场力量和经营管理能力。新的事业形态很多都是作为第一产业的渔业，和产业性的特质有很大差异，它属于第二产业的加工业和第三产业的服务业。在渔村地区，渔业的技术作为一个默认的"经验"世世代代相传承，与之相对特别是服务业几乎可以说是没有相关经验和技术积累的行业。因此为了达到此目的，提高新的技术和经营管理能力就成为了一个课题。

在保田渔协经营的餐厅"番屋"和中林渔协的"旅游地拖网"的案例中，根据现有的技巧，以组合长为首的职员们积极开展 OJT（on-the-job training：在职训练），找出合适的市场战略，进行灵活的经营管理。比如说三方町的渔家民宿，为了学习如何将河豚作为招牌菜品，他们去各个地区参加了烹饪讲习大会；为了学习接待客人的知识，他们去有名的温泉旅馆考察来努力提高自己的经营能力。这样一来，作为获得技术和经营管理能力的方法，他们灵活运用现有的技术和在职训练去学习新的知识，除此之外还灵活运用外部人才。这样一来还可以期待他们在关于中间支援组织或者和社区商务的合作方面发挥良好的作用。

第三个经营课题是发现合适的市场和确保接近市场的能力。无论地区资源是多么丰富、事业规划多么完美，都必须确定可以开发、供给地区资源的产品和建议或者提供适应市场需要的服务，想要获得符合努力的成果极其困难。为了实现这个目标，必须有效地创造地区市场。

第四个课题是如何对地区资源进行适当管理并实现持续利用。很多的地区资源都是共享的，因为大多是零星分布状态，在"公地悲剧"总是发生的风险下，如何对这样的情况进行管理成为了一个重要的课题。在这个问题上，解决以渔协为中心的生产者组织对地区资源管理的正统性和适当的管理、地区的利用(社区商业的形成)问题、解决中间支援组织的调整之类的问题成了极为有效的手段。这个时候,从创造地区资源的观点来分析也很重要。

五、渔村的再生——写给日本"3·11"大地震的复兴

1. 通过修复来实现复兴

这本书作为"地区再生系列"中的一本,主要的课题是实现渔村的再生。渔村的重建是日本"3·11"大地震或者承受更大灾难地区的一个主题。就像"如果没有渔业、渔村的复兴,就没有三陆地区的复兴"所说的那样,可见这场灾难给渔业、渔村带来的损失之严重[51]。

还有,到此为止围绕着日本"3·11"大地震所开展的重建,即使在地区的重建方面大家的设想都一样,如"重建""修复""通过修复来重建""通过重建来修复"之类,每个人的主张并不相同[52]。本书写了自古以来就有的关于探索渔村再建的课题,通过创造海业来帮助灾区早日复兴,那么海业的振兴对受灾地地区的经济复兴究竟能起到什么样的作用呢?本书对相关问题做了总结。

笔者认为渔业、渔村的重建首先必须从修复开始。然而,"通过修复来重建"这个大家都懂的理论却无法实现。很多人反而会诗意地在"通过修复来复兴"这样的理论基础上讨论复古主义的趣味,我对这种仅仅涉及皮毛的修复到复兴之路论还存在着诸多疑问。尽管如此,在渔业、渔村方面,必须以修复

为前提的理由是灾区渔民的"生存权利"应该是超越一切的头等大事,应该在遵守此前提下追求社会的正义。

2. 作为"生存权利"的渔业权

渔业权是根据日本沿海地区渔民的"生存权利"来制定的,但是,这终究还是在日本的渔业法之上制定的,与渔业的许可权和自由渔业相对立,必须注意这是有所限定的渔业权(共同渔业权、区域渔业权利、规定渔业权)。但是,近年来在主张"改革"的人中间,关于渔业权的"美丽的误解"还没有消失,他们把被限定的渔业权所支配的沿岸渔业和以知事许可渔业和大臣许可渔业为对象的近海渔业和远洋渔业进行有意识或者无意识的混淆并讨论,在主张"美好的日本渔业"的人们中间,毫无意义的争论仍在持续着。一般意义上对渔业权的广泛使用是关于渔业行业规定所享有的权利,如此看来,日本的渔业权应该不仅仅是单纯的行为权[53]。

日本的渔业权从法律角度来看,有准物权、财产权以及生活权[54],另外也具有属地权的特性。

在渔业法里有"渔业权,可视为物权,对有关土地的规定做备用"(第二十三条)的规定,给渔业权赋予了准物权的相关权利。所有权和总有权的设定和农业用地不同,渔场的基本是共同利用,从事渔业的个人不能对其进行排他利用。因此,渔业权决不能代表拥有其权利的渔业者对渔场的所有权。但是,根据准物权所被赋予的权利,在规定范围内对水产品的捕捞、养殖以及所获得的利益,权利享有者将得到优先享受的法律保护。

第十一章　渔业的现代意义和渔村的再生

因为是准物权,所以渔业权也具有作为财产权的特性。所有强烈的物权都是对物品使用的请求权。所以在民法的基础上,当根据渔业权所得到的利益被制止的时候,就会行使所规定的物权防止妨碍、排除妨碍的请求权,这是其中一种私人财产权所发挥的作用,以财产权的方式来保护渔民的渔场利用权利。

第一种共同渔业权是保障渔业者生活所在地区的最低限度的自给性、商业性的渔业活动的权利。渔业法规定,若涉及关于这种渔业权的变更和废除,必须经过全体成员的同意。可以说这是出于对和生活权有关的渔业权作用的重视而做出的规定。所以正如第 1 种共同渔业权象征的那样,渔业权对生活权也有作用,这是在海边工作的渔民的工作权利以及对其家庭生活所起到的法律保护作用。这意味着渔业权是地区内生活的渔业者所需最基本的保障生活的"共生权利"。

渔业权乍一看是属于渔协组合成员的渔业者的权利,实际上有该组合成员在居住地所享有的归属于该地区的特权。也就是说渔协成员行使作为准物权的渔业权时,首先要满足这一地区居住的现职者的条件才能制定相关制度。当渔业者退出渔业时,不能进行这个行使权利的转让和分割等,中途权利自动消失,实质上的渔业权转变为渔协的管理组织所保留。相反,只要现役是从事渔业的渔业者,该渔业权就可以自动地为该渔民所享有。

农业和渔业都是以自然为对象的生计,也都属于第一产业,但渔民和农民还是有一定的区别,如果祖先世世代代都是从事渔业的话,则没有像农田这样物权性的财产,当然,在法律上也未被授予可以像农田一样进行处分和继承的财产。因此，在停止从事渔业的时候，其权利属于地区是作为一个默认前提而被大家公认。

但是，由此来看，其所拥有的渔业权并不是不被保护，从上述例子来看，和法律相关的准物权、财产权，以及涉及生活相关特性的渔业者的"生活权利"是有保障的。从这个意义上来看，排除掉无条件"渔业权开放"的渔民的"生活权利"受侵害的话，就不得不说是违背社会正义了。将渔业的改革、支援和加入企业的复兴作为讨论的大前提，就必须尊重这种渔民的"生存权利"。

3. 活力幸福的渔村

渔村所拥有的活力远远超出了我们的想象。一般工薪阶层到了差不多的年龄就要退休，在渔村这个年龄还属于青年段，还有很多渔村地区这些年龄段的人还发挥着带头人作用。我走访了几个渔村，还经常碰到即使超过了80岁还依然每天出海捕鱼、作为渔业中坚力量的渔民。"以海为生"的渔民也有很多，抱着只要能出海就能收获幸福的想法的人在现在的渔村中也很常见。以恢复这样"健康的渔村"和"幸福的生活"为根源，在保障渔民的"生活权利"的基础上，毋庸赘言，"修复"肯定是赈灾复兴的大前提。

话虽如此，"恢复了之后，没有人负责的话也令人担心"，这样的担心还是无法消除[55]。为什么呢？因为比一般社会更早进入老龄化社会的渔村会有渔业继承者不足的情况出现，另外，渔民的老龄化问题已经超过了预警危险线，随时都有可能崩溃的"极限村落"不在少数。受灾地区已经有很多的渔村形成了老龄化社会，继承者很少这一现实的问题我们不能视而不见。

就算是健康和幸福的渔村，但是如果年轻人很少，没有继承人的渔村社会虽然是优秀的"福利社会"，但考虑到将来，无论是"看不到未来"的社会也好，或是成为"没有将来的社会"也好，都必须引起我们十分的注意。

4. 通往复兴之路——朝着前途光明的渔村迈进

在这种情况下，如何将"通过修复来复兴"变为现实，或者如何从"修复"开始来构建"有未来"的渔村社会就成为了一个主要问题。山下东子揭示了促成渔业地区复兴的道路：渔民在沟通修复活动而组成的合作化组织等的基础上，自发组建股份公司等企业法人和渔协旗下的中间生产法人等"海滨公司"，该事业领域也从传统的捕捞活动拓展到加工、贩卖、流通[56]。

"海滨公司"承担着当地最丰富的水产资源的新价值创造活动，其开展的"生计"就是海业。和以传统的渔业活动所得到的收益相比，在新的事业领域上创造出来的收益如果多的话，地方就能享受到那部分经济利益，这些附加的经济利益的多少是决定渔村地区继承者和年轻人能否扎根于此的经济条件。

在日本"3·11"大地震中受灾较严重的地区，都是水产品和各种各样有形或无形的地区资源丰富的地区，比如第五章中的的岩手县田野畑村就是拥有很多地区资源的地方。通过利用地区资源来对价值进行重新创造的海业振兴,可以说是复兴的道路之一。

实际上,田野畑村在2011年9月策划的"日本'3·11'大地震田野畑村复兴计划"和"实施计划"中,决定推进作为地区内新的产业的"海业"计划。田野畑村有北山崎和鹈之巢断崖等日本全国知名的优美的海岸线景观,并且还有依赖于丰富的自然环境经营的农林水产业,这些历史文化能给人带来许多浪漫和感动。另外,以机滨渔村平房建筑群之类为代表的产业文化形成了其地方文化遗产,而渔业形成了其基础产业,通过渔业发展而获得的捕捞物形成了其独具魅力的地区资源。这样一来,田野畑村以此地区资源作为发展海业价值的源泉就具备了非常良好的条件。

"3·11"大地震之后,在田野畑村,机滨建筑群和小型机械船只之类的贵重财产和村里的渔业都受到了破坏,大家都希望这些地区资源能尽快恢复。因为基于此振兴海业就有很大的可能性。比如"体验村·田野畑网络"海业项目的开展,也同时形成了新的海业体验和加工体验之类的产业旅游资源。随着田野畑村的修复所带来的鲍鱼、裙带菜、沙塘鳢等"食材"便成了很好的地区资源,渔业和旅游业作为创造新兴海业的素材受到期待。

这样一来,通过修复来达到渔业的复兴成为了当务之急,为了复兴比渔业更富魅力的产业,致力于海业显得更加重要。现在当地对包含加工、餐饮、民宿、旅馆或者酒店在内的新型食品产业的全面振兴,越来越显示出海业的形态。通过这种方式对海业进行振兴,将"健康幸福的渔村"和"有未来的渔村"一起变为现实是值得期待的事情。

六、走向海业的对策

渔村有着数量众多的优质地区资源。有关这些地区资源的利用里面存在着国民的需求。人们对于海洋休闲活动的体验、学习的潜在需求也在扩大，蓝色旅游、绿色旅游、生态旅游等的方式给出了一个好的启示，饮食要求的变化给扩大海业经营空间又提供了一个新的商机。考虑到很多渔村地区还有资源未被利用的现状，基于振兴海业以确保追加收入为基础的渔村社区之间的维持效果不可小觑。

这样一来，海业和渔业之间绝不是贸易往来的关系。因此，以市场原理与生活原理的协调为目标，不能仅仅议论渔业或是海业二者之中的其中一项，这就像一架马车的两个轮胎，缺一不可。构筑一种理想的多元化政策来追求渔业的持续性发展才是今后促进渔村经济活力发展中的重要一环。海业展现的终究只不过是政策的一个结果。

注释：

(1) 日本总理府：平成10年度《观光白皮书》，1998。

(2) 村串仁三郎、安江孝司：《休闲和现代社会——意识、行动、产业》，法政大学出版局，1999。

(3) 三轮千年：《现代渔业劳动论》，成山堂书店，2000。

(4) 仓田亨：《海面（海洋）的高度利用化和渔业》，西日本渔业经济学会编《面临转机的日本水产业》,九州大学出版会,1988;小野征一郎:《200海里体制下的渔业经济》,农林统计协会,1999。

(5)杨瑞堂:《福建海洋渔业简史》,海洋出版社,1996,第13页。

(6)同上。

(7)樱田胜德:《渔人序文》,《樱田胜德著作集》第2卷,名著出版,1980。

(8)野地恒有:《渔民的世界——"从海洋性"看到的日本》,讲谈社,2008。

(9)同上书,第26页。

(10)三品彰英:《增补日鲜神话传说的研究》,《三品彰英论文集》第4卷,平凡社,1972。

(11)佐伯弘次:《中世对马海民的动向》,秋道智也编著《海人的世界》,同分馆出版社株式会社,2008,第116—142页。

(12)网野善彦:《海民和日本社会》,新人物往来社,1998。

(13)宫本常一:《日本民众史3 海上生活的人们》,未来社,1964;秋道智也编著《海人的世界》,同分馆出版社股份公司,2008。

(14)柳田国男:《海女部史的练习曲》,《定本柳田国男集Ⅰ卷》,筑摩书房,1968。

(15)网野善彦:《海和海民的支配》,秋道智也编著《海人的世界》,同分馆出版社株式会社,2008,第134—142页。

(16)柳田国男:《海村生活的研究》,国书刊行会,1981;

| 第十一章　渔业的现代意义和渔村的再生

小沼勇：《日本渔村的构造类型》，东京大学出版会，1957；岩切成郎：《渔村构造的经济分析》，恒星社厚生阁，1989；益田庄三：《渔村社会的史的展开（上）》，行路社，1986；柿本典昭：《渔村研究》，大明堂，1987。

（17）安达生恒：《村庄的再生》，日本经济评论社，1979。

（18）玉野井芳郎：《地区分权的思想》，东洋经济新报社，1977。

（19）鹤见和子：《村庄的再生》，日本经济评论社，1979。

（20）志村贤男：《渔业在编论方面所具备的地区性视点的推移和产业构造》，渔业经济学会编《渔业经济研究的成果和展望》，成山堂书店，2005。

（21）同上。

（22）大野晃：《极限村落和地区再生》，京都新闻出版中心，2008。

（23）玉置泰司：《渔村的激活》，渔业经济学会编《渔业经济研究的成果和展望》，成山堂书店，2005。

（24）同上。

（25）片冈千贺之：《研讨会——围绕促进渔村经济活力的条件》，《渔业经济论集》第33卷，1992。

（26）田中史郎：《当下濑户内海促进渔村经济活力面临的课题——以兵库县家岛町为例》，《渔业经济论集》第34卷第2号，1993；矶部作、伊藤康宏：《内水面渔业资源的活用和中山间地区振兴》，北川泉编《中山间地区经营论》，御茶水书房，1995。

（27）小野征一郎：《海洋休闲和渔业》，《西日本渔业经济论集》第 35 卷第 1 号，1994。

（28）山下东子：《平塚市的休闲渔业》，财团法人全国休闲渔业协会《平成 10 年度休闲渔业渔村　固定化调查事业报告书》，1999。

（29）中原尚知、娄小波、松田慧明：《观光渔业的社会效用——以野间池观鲸为例》，《地区渔业研究》第 39 卷第 2 号，1999。

（30）玉置泰司：《茨城县霞浦、北浦的引帆网渔所具备的传媒评价》，《渔业经济研究》第 44 卷第 1 号，1999。

（31）竹之内德人：《沿岸区域的游艇问题——"竞争合作"与"共存"的视点出发》，《地区渔业研究》第 39 卷第 3 号，1999。

（32）矶部作：《海之旅和渔协——针对海之旅的渔协和渔业者的对应和措施》，《地区渔业研究》第 40 卷第 3 号，2000；竹之内德人：《日本沿岸渔村振兴方面海之旅的效果和课题》，《地区渔业研究》第 46 卷第 1 号，2005。

（33）伊藤康宏：《鱼市中心和地区振兴》，《地区渔业研究》第 37 卷第 1 号，1996；田坂行云《围绕着渔协的直贩零售事业的对策和方式》，《地区渔业研究》第 37 卷第 1 号。

（34）娄小波、波积真理、日高健：《水产品品牌化战略的理论和研究——把地方资源进行价格创造的市场》，北斗书房，2010。

（35）山尾正博：《全球化下的渔村振兴：为了实现"有责任的渔业"和发挥多面性功能》，《地区渔业研究》第 44 卷第 2 号，2004。

第十一章 海业的现代意义和渔村的再生

（36）岛秀典、滨田英嗣：《促进渔村地区经济活力的现代诸论点和课题》，《地区渔业研究》第 44 卷第 2 号，2004。

（37）岛秀典：《乡村建设的到达点和地区领导的作用》，《渔业经济论集》第 33 卷第 1 号，1992。

（38）岛秀典：《渔村社会的经济激活》，八木庸夫编《渔民——那个社会和经济》，北斗书房，1992。

（39）若林良和：《渔村地区的生活文化和女性》，《地区渔业研究》第 39 卷第 1 号，1998；关泉水：《追求可持续的渔村——作为地区激活的起爆剂的渔村女性的创业活动》，《水产振兴》第 44 卷第 2 号，2010。

（40）若林良和：《伴随着地区渔业变容渔协的对应和作用》，《地区渔业研究》第 46 卷第 3 号，1998；岛秀典：《渔村建设和渔协社区》，铃木喜编著《地区建设和协同组合》，青木书店，1990。

（41）娄小波：《渔村地区激活和市场问题》，《地区渔业研究》第 44 卷第 2 号，2004。

（42）马场治：《都市近郊沿岸区域所处的渔业在海面方利用的位置》，《地区渔业研究》，第 37 卷第 3 号，1992；三轮千年、马场治：《都市近郊化的渔业、渔村激活——从渔业方来对海的再评价》，日本水产厅《水产经济研究》第 48 号，1991。

（43）日高健：《都市和渔村——新交流商业》，成山堂书店，2007；日高健：《都市和渔业——沿岸区域交流和合作》，成山堂书店，2002。

（44）小野征一郎：《水产业、渔村的多面性功能的意义》，日本学术会议《学术的动向》，2004。

（45）小野征一郎：《作为鱼的商业的水产业》，《时代迹象》2002年2月号；小野征一郎：《水产政策的转换》，仓田亨编著《思考日本的水产学——走向复兴之路》，成山堂书店，2006。

（46）岛秀典：《面向地区资源活用型转换的渔业——以鹿儿岛县南萨摩市笠町为案例》，大西辑编著《节能社会的创造和展开——农山渔村再次焕发活力的条件与构造》，农林统计协会，2007。

（47）木幡牧：《渔业的理论和实践》，成山堂书店，1994。

（48）龟田和彦、井本康裕：《"第48届大会研讨会"大会后记》，《渔业经济研究》第46卷第3号，2002。

（49）岛秀典：《面向地区渔业的构筑》，《地区渔业研究》，第37卷第1号，1995。

（50）同注释（20）书。

（51）山下东子：《鱼的经济学——利用市场结构的活用来保护资源》，日本评论社，2012。

（52）山口次郎、铃木宜弘、宫本兴一：《轻视"修复"的"创造复兴"论的欺瞒与不道德》，《复兴的大义——践踏受灾者尊严的新自由主义复兴论批判》，农文协宣传册，2011。

（53）田中克哲：《最新·渔业权读本——渔业权的正确理解和运用》，まな出版企画，2002。

（54）青塚繁志：《渔协职员的渔业权制度入门》，渔协经营中心出版部，2004。

（55）同注释（51）书。

（56）同上。

后 记

　　农文协的丰岛至编集局长和阿部道彦先生一起光临鄙人的研究室邀请本人执笔本书是在 2009 年 4 月左右，在那以后已经过去了 3 年半的时间，这次终于能把当初的计划变成一个具体的形式出版，真是非常感谢。

　　我第一次接触到"海业"这种地区经济现象是 1995 年的夏天在"渔家经济调查"的实习课上，当时本人是近畿大学农学部仓田亨教授和榎昭德先生的助手。在那次实习中，学生们手持"仓田式渔家经营调查表"，并拿着一块答谢用的毛巾和学校老师的介绍信，辗转于渔港、渔业从业者的作坊，甚至有时还会造访民家，一碰到渔业从业者就马上展开突击性的采访，现在回想起来当时真的是初生牛犊不怕虎。

　　每年的实习地都是在学生们共同表决后决定的，那年凑巧多数学生希望去福井县调查，于是选定把有近畿大学毕业生的常神半岛作为调查地。调查之前收集了所有有关调查地的统计资料和信息，发现资料里显示常神半岛只有一些零星的渔家经营体，并没有能够提供给学生作为经营调查的"像样的渔家"，这也是事实。但是，在所有调查的住宿和行程安排，以及向学生的说明会等都已经完成的节点，只能提心吊胆地奔赴实习地了。

虽然现在回想起来那是一次担心多于期待的调查之行，我却在那里邂逅了"海业"。记得到了调查现场两三天后，为了达到 10 份现场调查样本的要求，师生一行人奔走在半岛，在不懈的努力下，调查表终于逐渐提交来了。虽然依据事先查到的资料并未达到预期的结果，只能算是一次半吊子的调查，然而浏览了调查表之后，我却惊喜地发现这里虽然渔业收入的确很低，但是渔家的收入却比当时的我所了解到的其他渔村地区都要高。

一开始的"要是只有零星几家渔家的话恐怕无法达到经营调查结果"的顾虑此时一扫而光，但是我在松了一口气的同时又产生了如下疑问：为什么此地的渔家经营如此成功？其经营模式又是如何展开的？

因此，带着这些疑问，翌日开始我和学生一起再次拜访了回复我们问卷调查的渔家，知道了渔业外收入的大部分是靠民宿和游钓向导业等带来的。之后，为了进一步了解常神地区渔家经营实态，我在多次造访当地的过程中逐渐了解到当地开展了民宿、垂钓船、饮食店以及物产店等多种经营，正是进一步发挥这些经营的魅力之处和地区渔业达成了一体关系，这种地区经济的模式在我的脑海浮现并清晰起来。

这么说来，这本书多亏了那年的盛夏，近畿大学的诸位学子及仓田先生和榎昭德先生在被误认成可疑的宗教团体和强行推销的销售员而遭到大众的斥责，虽然受气挨骂却仍然尽全力说明事情原委并坚持完成了采访的情况之下才有的，在此我十分感激他们。

后　记

　　在那之后，我知道了"海业"这样一个词，并试着通过"海业"这一产业形式重新审视了一番在常神半岛所获悉的渔村地区经济的情况。由此发现，当时所感受到的那与过去明显不同的渔村世界这一想法绝不仅仅是心理作用。

　　自1997年转职到鹿儿岛大学以来的际遇也给予了我研究海业的勇气。我在向鹿儿岛县厅原水产振兴科科长前田一己请教关于作为奄美渔业振兴策略而提倡的"三维渔业"的时候，还得知前鹿儿岛市渔协会长日高功元也经营着钓具店和休闲渔业。鹿儿岛是渔业繁荣的"渔业县"，其中的锦江湾已经成为日本第一的**鲕鱼**（包括幼**鲕鱼**、大型**鲕鱼**）水产养殖基地。

　　我原以为将锦江湾作为"生计"据点的渔业从业者们会理所当然地开展专门的渔业经营，可结果并非如此，即使在鹿儿岛市将游船行业作为副业的渔业从业者也不少。

　　在此向全力支持我渔业研究的前田一己氏、鹿儿岛大学理事长、岛秀典教授以及在鹿儿岛相遇的许多人士表示衷心的感谢。

　　经过以上种种才完成了我这（独一无二的）关于海业为主题的研究，虽说受到过两次出书的邀请而感到十分荣幸，却在其后的三年半时间里一直有所耽误，实感抱歉。本书也可说是在阿部先生强烈期待与激励下的产物。

　　人生之事可谓无法预知。至今为止一直孜孜不倦的渔业研究能以该系列作品中的一册呈现给大家，实在是倍感高兴。这三年半的时间于我个人来讲也发生了一系列的"预料之外"之事。最伤感的是"3·11"东日本大地震，一瞬间熟悉的风景

海业时代
—— 以激活渔村为目标的地区挑战

消失了，去调查时给予我们多方关照的当地渔协和渔业从业者们以及当地的百姓遭受了巨大的伤害。更令自己感怀的是在这可以称之为日本国"国难"面前，自己却对渔村的复兴无能为力。虽然这是一个荒谬的世道，但是即便是迟到之作，还是希望把此书谨献给经历了种种不合理的人们，要是此书对渔村的复兴能起到些许作用，则幸之甚也。

在进行促进地区经济活力研究的过程中，深切地感受到决定地区和组织未来的是领导者，是人。有优秀的领导者，能够确保培育出优秀人才的地区和组织，这是发展的真理。反之亦然，可以成为一个经验教训。所谓的"性善说"并非指世上全是善人，也有为了一己之欲滥用组织权力之徒，只要有一个这样的人存在，这个组织的"氛围"或者说这个组织生存的社会理念也会恶化，丧失组织的活力。考问领导的价值就在这种关键时刻，优秀的领导能带领组织走向正确的方向，明哲保身或者中饱私囊的领导只会让组织恶化，这是我所知的另一个组织的经验。从这个意义上来说，选择什么样的领导是地区建设和思考组织问题时至关重要的课题。

这样想来，地区的未来是依据现在地区的领导的决断所决定的。生活在海边的人们的"生计"，正因为形式多样变化多端，所以领导们的决断尤其关键。本书所提及的海业的振兴如果能成为其中一个选项也深感荣幸。那是建立在"离海不离渔""离渔不离村"的基础上，能对建设"有未来的"渔村做出贡献的对策。所以期待着在建设"健康且幸福的有未来渔村"上地区领导们发挥出巨大作用。

本书是在已经发表的论文和新写的论文基础之上撰写而成

后 记

的。已经发表的论文如下（需要补充的是，这些论文都经过了大幅度的修改，按照本书的主旨进行了重组，各章节都有了明确的对应）。

娄小波：《海业的振兴和渔村的激活》，《农业和经济》第66卷第15号，2000。

娄小波：《从渔业到海业的转换》，祖田修编《对持续性农业农村的展望》第8章，大明堂，2003。

娄小波：《新渔家经营的诸类型和"资源"的多样化》，《渔村地区的交流和联携——平成14年度报告》，东京水产振兴会，2003年3月，第41—44页。

娄小波：《渔村地区激活和市场问题》，《地区渔业研究》第44卷第2号，2004年2月。

娄小波：《都市近郊型休闲渔业的展开——以平塚市渔协的休闲渔业为例》，《渔村地区的交流和联合协作——最终报告》，东京水产振兴会，2004。

娄小波：《渔村地区资源的利用和管理》，《渔村地区的交流和联合协作——最终报告》，东京水产振兴会，2004，第325—326页。

小野征一郎、娄小波：《渔村民宿的展开——以三方町为例》，《渔村地区的交流和联携——最终报告》，东京水产振兴会，2004，第175—184页。

娄小波、五十岚玲：《地区资源的价值创造和海鲜餐厅的展开》，*Aquanet* 第9卷第1号，2006。

娄小波、五十岚玲：《渔家民宿带来的地区激活和地区资源的价值创造——以福井县若狭町常神半岛为例》，*Aquanet*

第 9 卷第 2 号，2006 年 2 月。

娄小波、原田幸子：《渔业和海洋休闲联合协作带来的地区经济激活——以冲绳县恩纳村为例》，*Aquanet* 第 9 卷第 3 号，2006 年 3 月。

娄小波、佐藤佳奈：《观光渔业的展开带来的地区资源的价值创造——以德岛县中林渔协"旅游地拖网渔业"为例》，*Aquanet* 第 9 卷第 5 号，2006 年 4 月。

娄小波：《海业的经济——思考渔业、渔村的危机和再生》，仓田亨编著《思考日本的水产业——走向复兴之路》，成山堂书店，2006 年。

娄小波：《地区资源的形成和价值创造》，*Aquanet* 第 9 卷第 7 号，2006 年 7 月。

娄小波：《地区资源的价值创造的结构和海业》，*Aquanet* 第 9 卷第 8 号，2006 年 8 月。

娄小波：《思考今后的促进渔村经济活力》，《渔港渔场渔村研报》第 26 卷，2009。

浪川珠乃、原田幸子、娄小波：《沿岸区域管理主体问题和渔业者的作用——以神奈川县平塚市为案例》，《沿岸区域学会志》第 20 卷第 4 号，2008。

娄小波、五十岚玲：《发挥地区资源价值创造的鱼类食品餐厅——验证保田渔协食堂"番屋"的成立条件》，《ていち》第 116 号，2009 年 8 月。

图书在版编目(CIP)数据

海业时代:以激活渔村为目标的地区挑战/娄小波著;余丹阳译. —上海:复旦大学出版社,2022.2
ISBN 978-7-309-16107-6

Ⅰ.①海… Ⅱ.①娄…②余… Ⅲ.①渔业经济-经济发展-研究-日本 Ⅳ.①F331.364

中国版本图书馆 CIP 数据核字(2022)第 007743 号

海業の時代:漁村活性化に向けた地域の挑戦
By 婁小波
Copyright ©2013 一般社団法人　農山漁村文化協会
All rights reserved.
Originally published by 一般社団法人　農山漁村文化協会,東京
Chinese simplified translation rights ©2022 by Fudan University Press Co., Ltd., Shanghai.
By agreement with 一般社団法人　農山漁村文化協会

上海市版权局著作权合同登记号:图字 09-2020-344

海业时代:以激活渔村为目标的地区挑战
HAIYE SHIDAI: YI JIHUO YUCUN WEI MUBIAO DE DIQU TIAOZHAN
娄小波　著　余丹阳　译
责任编辑/谢同君

复旦大学出版社有限公司出版发行
上海市国权路 579 号　邮编:200433
网址:fupnet@fudanpress.com　http://www.fudanpress.com
门市零售:86-21-65102580　团体订购:86-21-65104505
出版部电话:86-21-65642845
上海四维数字图文有限公司

开本 890×1240　1/32　印张 9.625　字数 208 千
2022 年 2 月第 1 版第 1 次印刷

ISBN 978-7-309-16107-6/F·2868
定价:48.00 元

如有印装质量问题,请向复旦大学出版社有限公司出版部调换。
版权所有　侵权必究